MANUAL DE SUPERVIVENCIA

WALTER A. MARTÍNEZ

MANUAL DE SUPERVIVENCIA

DÉCIMA EDICIÓN

LIBRERÍA Y EDITORIAL ALSINA

Paraná 137 – (C1017 AAC) Buenos Aires
Telefax: (54) (011) 4371-9309 / (54) (011) 4373-2942
info@lealsina.com   www.lealsina.com
ARGENTINA

2012

Queda hecho el depósito que establece la ley 11.723

IMPRESO EN ARGENTINA

I.S.B.N. 978-950-553-205-6

Martínez, Walter A.
    Manual de supervivencia. - 1a ed. - Buenos Aires :
Librería y Editorial Alsina, 2012.
    352 p. ; 20x14 cm.

    ISBN 978-950-553-205-6

    1. Supervivencia. I. Título
    CDD 613.69

Por la colaboración prestada se desea agradecer
en forma especial a las siguientes personas:

Dr. Alejandro Urs Vogt
Profesor en Ciencias Biológicas / Zootoxicología (ofidios)

Marta Elida Miranda
Profesora en Ciencias Naturales (ofidios)

Gabriel Esquivel
Militar (R) de la Fuerza Aérea Argentina. Instructor de
Supervivencia y Orientación de NORTHLATITUDE.
www.northlatitude.com.ar

ÍNDICE GENERAL

PRÓLOGO

Este libro contiene información fidedigna que lo convierte en un necesario texto de estudio para sobrevivir o trasladarse por algunas remotas regiones de Sudamérica. No encontrará en él ninguna narración de aventura novelesca. Exime cualquier comentario el hecho que la Gendarmería Nacional Argentina, años atrás lo haya recomendado como bibliografía de interés.

Este trabajo se ha confeccionado sobre las más recientes experiencias técnicas, estudios y tratados especializados en esta materia. Se ha logrado que éste sea un manual que contenga la información esencial y, sobre todo, que contemple las características geográficas de nuestro extenso país.

La finalidad que se persigue es la de poner a disposición de aquellos que lo necesiten, sean inexpertos o profesionales, y en especial de las patrullas de rescate, un elemento de consulta eficaz y objetivo, que proporcione la información adecuada y en el momento oportuno, tratando de salvar vidas humanas y evitando inútiles sufrimientos por ignorancia.

De la importancia de esta materia pueden hablar, entre otros, aquellos que han tenido que afrontar una desagradable experiencia de este tipo.

Debo hacer referencia a que algunas anécdotas de las que se nutrió este libro fueron tomadas de la Guerra de las Malvinas. Es por ello que deseo rendir aquí un respetuoso homenaje a aquellos bravos varones, que por la recuperación de ese suelo patrio supieron pelear en él y en nuestro Atlántico Sur. A los maravillosos pilotos de combate que asombraron al mundo y se ganaron el manifiesto respeto del enemigo y compensaron con su bizarría el estrepitoso desastre terrestre. A los que con honor ofrendaron sus vidas por la colosal soberbia de quienes decidieron, planificaron y ejecutaron la peor operación militar en los dos últimos siglos.

A todos ellos y en especial a esos héroes desconocidos que no pasaron a la historia porque sólo la muerte conoce su sacrificio y su valor, mi eterno reconocimiento y el más dulce de los recuerdos.

EL AUTOR

INTRODUCCIÓN

Este libro contiene información útil para personas experimentadas en la vida de campaña, militares, montañistas, geólogos, guardaparques, cazadores y profesionales en actividades de rescate en cualquier terreno y bajo cualquier circunstancia. Pero también es un texto de consulta práctico para aquellos principiantes en campamento, turistas o simplemente por jefes de familia. Para estos últimos también se dan algunas "reglas de oro" para una temporada feliz.

Una persona sana puede sobrevivir en cualquier zona inhóspita si sigue una serie de simples reglas y hace buen empleo de su sentido común. Los conocimientos necesarios son: captación de las particularidades naturales de la zona, formas de obtener agua y alimentos, métodos para conservar la salud, y maneras de hallar auxilio. Asimismo el conocimiento de las técnicas de supervivencia reducirá las posibilidades de verse sometido a presiones psicológicas y de cometer errores peligrosos. Pero previamente debemos precisar lo que debe entenderse por supervivencia, y ello es:

"Encontrarse imprevistamente en el límite de toda resistencia física y psíquica normal en un medio ambiente hostil, y sobrevivir esa circunstancia, empleando un mínimo de medios y sin estar acostumbrado a ello".

Se desprende de esta definición, que son muy pocas las personas que en el mundo han visto o han tenido que afrontar una verdadera experiencia de supervivencia. La mayoría nutre sus conceptos de apreciaciones equivocadas o inexactas sobre montes, selvas, desiertos y montañas, motivadas por su propio desconocimiento. En casi todos los casos está influido por historietas y series de TV. que exageran grotescamente los peligros con fines sensacionalistas. En ellas se suele mostrar enormes y feroces fieras en cada recodo de la senda, acechando el paso de un explorador que debe bordear insondables ciénagas dispuestas a "tragarlo". Nada de ello ocurre exactamente.

Ud. tiene en sus manos la décima edición de un Manual de Supervivencia, apto para Sudamérica, y específicamente para Argentina. No dudo de su utilidad informativa, pues numerosas personas ignoran que en nuestro país existen extensas zonas agrestes poco conocidas sin habitantes, que para un individuo de ciudad supone un violento choque emocional permanecer aislado, pero en la mayoría de los casos es una exageración pensar que deberá comer insectos y serpientes para sobrevivir.

ADVERTENCIA

Cualquiera sea el medio de transporte elegido, todo aquel que viaje por nuestra América, tan extensa y poco poblada, está expuesto a un extravío o una emergencia. Basta observar las grandes selvas y bosques, los desiertos o los imponentes cordones montañosos del Macizo Andino para comprenderlo. Curiosamente, algunas personas han perecido por no saber orientarse o efectuar señales pidiendo auxilio, a corta distancia de una aldea o al alcance visual de quienes los buscaban.

Antes de iniciar nuestro estudio, daremos una recomendación básica. A todos aquellos que se aprestan a realizar un camping, se les advierte que tengan siempre como norma la saludable costumbre de informar a la autoridad jurisdiccional más cercana respecto de la intención de armar campamento, de las excursiones planeadas, y de las rutas elegidas. Además de asesorarse sobre la factibilidad de esos proyectos, este simple trámite podrá evitarles serios inconvenientes e incluso salvar alguna vida.

Es notorio cómo la mayoría de los excursionistas que se aventuran por lejanos parajes lo hacen sin mayores precauciones. No informan a nadie sobre el viaje, se guían por una cartografía desactualizada y se internan por intrincados parajes o navegan cursos de aguas desconocidos por ellos, sin mayor información. Por el contrario, en zonas agrestes, es conveniente dejarle por escrito a una autoridad el itinerario planeado, los nombres de los integrantes, la marca, color y número de la patente del vehículo y la fecha de regreso. Todos ellos son factores clave para facilitar un eventual rescate.

En este sentido se sugiere recurrir a la Gendarmería Nacional Argentina, Prefectura Naval, Policía, Guardaparques, así como también a clubes deportivos de la zona. Ninguna medida relativa a nuestra seguridad debe ser considerada como exagerada. Este procedimiento es un hábito en los expertos, cualquiera sea el lugar elegido.

A los aficionados de esta materia y a todos aquellos que la enseñan con responsabilidad, les recuerdo que las prácticas reales no son posibles, pues para que ellas existan se debería llegar a límites peligrosos. Debemos tener plena conciencia que los temas que se verán en este Manual son mucho más serios que salir al terreno por unos días con una mochila. Con idéntico sentido, en las pruebas, exámenes o competencia, se debe computar más el ingenio y habilidad del alumno por superar las adversidades programadas por sobre el tiempo que ello le demande. **Supervivencia no constituye deporte alguno**, sino por el contrario es sinónimo de no apresuramiento. Se entiende que toda prisa que pueda agravar las condiciones de los sobrevivientes está contraindicada por la lógica.

Es erróneo pensar que leyendo un solo libro se pueda abarcar con las casi infinitas situaciones límite por las que podría pasar un individuo. Aún estudiando bibliografía de una determinada latitud geográfica puede haber omisiones. Tal es así, por ejemplo, que dentro de la misma selva tropical sudamericana tenemos distintas particularidades antropológicas, zoológicas, entomológicas, fitogeográficas, etc. y hasta sus propios peligros y enfermedades regionales, algunas de ellas en investigación. Por ello se aconseja a quienes desean incursionar por una determinada región, recabar información específica del lugar en distintas fuentes de indiscutible seriedad.

Ud no es superman, no haga nada descabellado. Piense que siendo protagonista de una aventura insensata, no sólo pone en juego su propia vida, sino la de muchas otras personas que voluntariamente se ofrecerían para salvarlo.

NORMAS PARA EXCURSIONES TURÍSTICAS

- No ingrese a un campo sin permiso y menos aun para cazar o pescar.
- No deje tranqueras abiertas a su paso.
- No camine sobre los sembrados.
- No corte los frutos que vea. ¡Son propiedad privada!

- No destruya plantas o árboles. No corte flores.
- No grabe ni pinte sus iniciales.
- No ensucie, no arroje basura, ni contamine.
- No arroje jamás un cigarrillo encendido.
- No olvide de apagar perfectamente el fogón.
- No deje canillas abiertas. Sea cuidadoso con el consumo de agua.
- No "guarde" objetos ajenos para recuerdo.
- No hable a los gritos.
- No se aleje por zonas desconocidas; podría extraviarse.
- Cuando se retire, deje el lugar, igual o mejor como lo encontró.
- En los refugios públicos, reponga la leña consumida.
- Salude con educación.
- Maneje su vehículo con precaución. ¡Los accidentes jamás ocurren; siempre son provocados!

Las personas que Ud. necesite, lo tratarán según las experiencias que tengan de otros excursionistas que lo precedieron. Generalmente, los grupos numerosos de "mochileros", no siempre dejaron buenos recuerdos.

EL LÍDER

Líder es aquel individuo que merced a sus cualidades personales, dirige un grupo con la participación espontánea de sus integrantes. En una situación límite hay dos opciones: o se es parte del grupo o se ejerce el liderazgo. Básicamente la meta de un líder en estas circunstancias es traer de regreso, sanas y salvas a todas las personas que lo acompañan. Para ello deberá tomar decisiones; la mayoría de las veces de gran responsabilidad.

El líder deberá:
1. Interpretar la situación y las necesidades.
2. Conocer a cada uno de los sobrevivientes.
3. Distribuir las tareas conforme a las inclinaciones y aptitudes personales.
4. Organizar el grupo, infundirle confianza, planear el regreso y conducirlo durante toda la travesía.

El líder debe tener:

a. La personalidad y el poder de persuasión necesarios.

b. Sentido común y "nervios de acero".

c. Capacidad para administrar justicia.

d. Buenas condiciones físicas para hacer frente a todas las situaciones.

e. Aptitudes para elevar la moral de todos.

f. Conocimientos generales de la zona.

g. Una persona que lo secunde si el grupo es numeroso.

El líder debe saber:

• Que no es posible, en un medio ambiente hostil, la existencia de un grupo sin un jefe.

• Que las características del grupo y de la situación determinan el tipo de líder deseado.

• Que deberá dar a todos los motivos de lo que se hará.

• Que las decisiones tomadas para el bien común, producirán fricciones y deberá estar preparado para superarlas.

• Que tendrá que dar el ejemplo.

• Que es responsable de todo lo que se haga o se deje de hacer, de la vida de las personas a su cargo, del rumbo elegido, del racionamiento del agua, alimentos, etc.

• Que deberá pensar detenidamente antes de dar una orden.

¿CÓMO HACER UN PLAN?

Para salir de una difícil situación o para organizar una expedición cualquiera sea el lugar elegido, se impone un razonamiento lógico pues los errores de imprevisión se pagan caro. Para una adecuada planificación es necesario contar con "información básica". Es decir, mapas de la zona para la ubicación geográfica y cartas topográficas que nos indiquen: sendas, caminos, tipo del terreno, cursos de agua y vegetación predominante. Toda la información que se logre por más insignificante que parezca puede ser importante en su debido momento. El esquema apto, recomendado por algunos autores, es el siguiente:

Preguntas lógicas

1. ¿Adónde queremos ir? Ello implica la elección de un rumbo, el tiempo máximo calculado para la travesía (horas, días o semanas), según la distancia a recorrer.
2. ¿Cómo lo haremos? Se entiende por la selección del camino más conveniente, sobre la necesidad de obtener agua y alimentos (cálculo por persona), estimación del combustible que se gastará, rol que desempeñará cada integrante del equipo, descansos y etapas previstas.
3. ¿Qué debe realizarse antes? Está relacionado con la toda la información posible del lugar, la selección del equipo a llevar, y la preparación del vehículo o caballos (si existieran).
4. ¿Cuándo partiremos? Es decir, el momento elegido para partir.

El siguiente paso es distribuir tareas entre los integrantes del grupo y elegir el equipo. Ver Anexo II.

PRIORIDADES PARA UN SOBREVIVIENTE

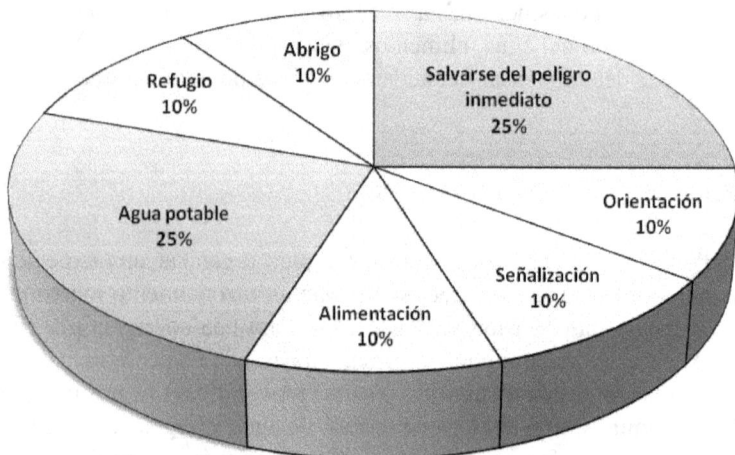

BASES DE LA SUPERVIVENCIA

Siéntase con voluntad de sobrevivir
Ubíquese en el terreno y haga un plan
Provéase de agua y refugio
Evite las imprudencias
Recurra a su habilidad
Venza el temor
Improvise su equipo
Viva de la naturaleza
Emplee su ingenio
Nunca tome agua dudosa
Camine sin prisa y cuide sus fuerzas
Intégrese al medio ambiente
Ayude a los demás.

Si la situación llegara a ser dramática, no admitiera demora y si fuese impotente para socorrer a todos, determine rápidamente prioridades de salvación, dejándose para una segunda oportunidad a los heridos y moribundos. En ciertas y graves circunstancias, éstos (lamentablemente) fueron sacrificados para que los más aptos vivieran. Indudablemente, es una decisión de conciencia de gran responsabilidad que procura el mal menor ante lo irremediable. La dificultad mayor reside en que, por lo general, no se dispone de tiempo, ni de la serenidad suficiente para analizarla. Al final del Capítulo VI hay un hecho histórico que sirve como ejemplo. Sepulte sin pérdida de tiempo a los muertos. Marque el sitio con algún objeto, señal o inscripción, de forma tal que luego se pueda ubicar tanto el lugar como el cuerpo de la víctima. Guarde los documentos personales de los fallecidos y aproveche lo utilizable de sus ropas y equipos. No se arriesgue para recuperar un cadáver en una zona peligrosa. De ser posible escriba un diario de lo acontecido en cada jornada; le será muy útil cuando todo haya pasado, en especial si está firmado por algunos testigos. Mientras tanto, haga una "bolsa común" con todos los

La camarería es la base de todo buen trabajo.

efectos y alimentos del grupo: caramañolas, cuchillos, linternas, ropas, etc. Todo es útil. Devuelva a su dueño lo que sobre o no sea indispensable para el bien común. Si piensa caminar, los elementos que no puedan contribuir a mantenerlo vivo, tales como cámaras fotográficas, armas rotas, souvenir y demás objetos sin utilidad práctica, deben ser desechados porque su transporte consumirá más rápidamente su energía. Descarte, pues, lo que no sea esencial.

Un grupo, **nunca debe separarse**, todos juntos serán ubicados más fácilmente por las patrullas de rescate.

En los siguientes capítulos se verá la forma de conjugar lo visto hasta ahora, según cada caso en particular.

CONTROL MENTAL, EXPERIENCIA E INGENIO

Supervivencia puede ser azar, pero también es la suma feliz de un adecuado control mental con experiencia e ingenio:

– El **control mental** permitirá dominar el miedo y obtener el necesario equilibrio psíquico para tomar una decisión acertada en circunstancias críticas. También nos ayudará para conseguir la suficiente fuerza de voluntad que nos permita superar todas las adversidades por más difíciles que parezcan. El hombre bajo condiciones de estrés está a merced de su mente. Esto puede ser la causa de más muertes que el frío, la sed, el hambre y otros factores. Es natural que el temor y la imaginación invadan a casi todas las personas que se encuentran en una situación límite. Por ello se buscará estar mentalmente preparado para contrarrestar todas las adversidades y, en especial el miedo a lo desconocido, pues sólo una persona consciente de sus actos y con absoluta fe en el éxito podrá sobrevivir a las situaciones que trata este libro.

Por más críticas que sean las circunstancias que se vivan, se evitarán los comentarios derrotistas que contribuyan al abatimiento mental del grupo y que influyen poderosamente en las decisiones y la eficiencia.

Los individuos que se extravían en alejadas e inhóspitas zonas geográficas, durante un lapso variable estarán sometidos a un cansancio agotador que los hará moverse con cierta torpeza e imaginar cosas y peligros que no existen. Podrán también sufrir un shock leve por la fuerte experiencia vivida.

Contribuyen a todo esto las tinieblas y ruidos extraños, las inclemencias del tiempo, las penurias, y el espectáculo que ofrecen ciertos parajes que se tornan lúgubres en los atardeceres. Esta enorme presión psicológica, producto del lugar y el infortunio (que se agrava en caso de desastre), tendrá que ser controlada, pues puede hacer perder el dominio emocional a personas completamente normales. Incluso hasta una soledad prolongada en este ambiente, puede incidir para que un individuo se auto elimine. Por el contrario, vivir en estas alternativas no hace mella en los nativos del lugar o en gentes acostumbradas a ellas. Hasta los ponen de buen humor y se suelen divertir con aquello que puede producir recelo a una persona de ciudad. Algunos psicólogos han sugerido que el enojo puede vencer al miedo. Rebelarse contra aquello que está causando el temor va a crear la positiva actitud de hacer algo, mientras que el miedo sólo tiende a una actitud defensiva.

No obstante, usted deberá saber que el miedo es normal, y hasta necesario. Es la forma natural por la que el organismo se prepara para afrontar un peligro y superarlo. Si ello no es logrado, el individuo queda impotente ante todos los riesgos y entonces su vida puede correr peligro. En casi todos los casos, el dolor convierte al temor en pánico y los sobrevivientes heridos de un accidente suelen entonces actuar en forma irracional. Como ello agrava la situación, se deberá estar preparado para disminuir sus efectos.

Es frecuente que una persona, después de algunos momentos de extrema tensión, tenga un ataque de histeria. Si ello no pone en peligro la seguridad del grupo, no es conveniente tratar de dominarla por la fuerza. Mucho mejor es permitirle que libere su angustia gritando o llorando hasta que se calme. Actúe con suavidad con quien ha perdido el dominio de sus actos.

En el caso de patrullas que operan en la noche, el movimiento del follaje combinado con la luz de la luna, se puede conformar en la mente de aquellos sin entrenamiento un cuadro de desenfreno nervioso. Este serio inconveniente puede empañar el resultado de la misión.

No tenga miedo de estar solo, el miedo conduce al pánico y éste le hará cometer graves errores. Con algunas excepciones, sobrevivir es

"Cuide su mente primero, luego ésta lo cuidará usted".

100% mental. Es una lucha contra el miedo, a nuestras propias limitaciones y a todo lo mencionado anteriormente. Lo primero es descansar. A pesar de la dramática experiencia vivida y ante lo peligroso que pueda parecer el futuro inmediato, se volverán a energizar los músculos y se pensará mejor.

La mente necesita descanso luego de la ansiedad y frustración de la emergencia. Por otra parte, la fatiga significa que Ud. está moviendo sus músculos demasiado rápido. Establezca un ritmo de marcha que pueda ser tolerado por su corazón y sus pulmones. La fatiga es el indicador de su cuerpo que le dice que se mueve demasiado a prisa y no está conservando la limitada reserva de energía.

El ser humano no tiene un panel de control como el automóvil y durante un período de actividad muscular extenuante o estrés emocional, los signos físicos como el agotamiento, el hambre y la sed pasan inadvertidos. Es entonces cuando la experiencia y el conocimiento lo deben prevenir sobre el peligro de "funcionar sin combustible". Es decir, el control mental debe prevalecer en todo momento.

Como probablemente nunca vivirá una circunstancia como ésta, cuando logre ver el mejor lado de las cosas, su cuerpo y sus preocupaciones se habrán calmado. Mire a su alrededor y a la naturaleza que lo rodea y disfrútela; aun en una tormenta existe belleza (en casi todo lo hay) si usted le permite a sus ojos verla. Recuerde entonces, que su cerebro es la mejor "herramienta" para sobrevivir, especialmente si está solo en un medio ambiente hostil.

Todos deben tener una tarea asignada y si no hay nada que hacer, "invente" un trabajo; el ocio en esas circunstancias genera graves problemas.

- **La experiencia**, se adquiere mediante la práctica y la observación, es casi insustituible, y sólo podría improvisarse en ciertas ocasiones mediante el sentido común.

- **El ingenio**, tan importante como las condiciones anteriores, es una facultad del espíritu humano que permite inventar y encontrar soluciones. Todo esto constituye los principios que rigen la vida en supervivencia. La adecuada armonía de esta trilogía que bien dominan tanto montaraces como montañeses, puede significar la diferencia entre la vida y la muerte.

LA MUJER EN SITUACIONES LÍMITE

Desde los orígenes de la humanidad el mal llamado "sexo débil", ha tenido que recorrer un largo y fatigoso camino donde a cada momento la mujer debió ponerse a prueba. El esfuerzo que hicieron dio sus frutos; hoy en día en el mundo hay cada vez más mujeres en todas las profesiones: médicas, deportistas, pilotos de avión, astronautas, etc. Hasta tienen reservado en algunos ejércitos el derecho a combatir por anteriores méritos logrados en combate. Las futuras guerras son casi inimaginables en su poder destructivo y la alta mortalidad no sólo se limitará a los frentes de batalla, sino a la población civil, que deberá estar consciente y preparada para amortiguar los efectos. Idéntico razonamiento cabe para los desastres naturales o siniestros de gran magnitud. En el siglo XXI, no es serio pensar que la mujer debería quedar fuera de toda capacitación referente a este planteo. Ciertos estudios revelan que, cuando se proponen un objetivo son más tenaces que los hombres y logran lo que desean. Contribuye a esto sus mayores condiciones naturales a la concentración y al orden. La supuesta "debilidad femenina" no es tan exacta como antaño. La mujer joven promedio es tan apta físicamente como el común de los hombres y de hecho lo ha demostrado practicando todos los deportes, incluso los de mayor violencia. Por ello, en más de 80 países se admite que las damas compitan en boxeo y lucha libre. Creer que todas las mujeres tienen cuerpos frágiles que necesitan de la protección de un varón es un añejo mito creado en la Edad Media que ya desapareció con el simple transcurso del tiempo.

Mujeres en combate

En las principales potencias militares, existen mujeres en casi todas las especialidades, aún las más peligrosas. A la tradicional enfermera, se sumaron tripulantes de tanques, radio operadoras, auxiliares de inteligencia, observadoras de primera línea, paracaidistas, francotiradoras, artilleras, jefas de batería de misiles, radaristas, psicólogas militares, pilotos de combate y hasta legionarias. Sólo les está vedado integrar la tripulación de submarinos. No hay dudas que ciertas mujeres pueden desempeñar cualquier tarea dentro de un ejército regular. Incluso si está debidamente entrenada y motivada, participar en combate. No obstante, es necesario destacar que el cuerpo femenino carece de suficiente fuerza física de la cintura para arriba, aunque es muy fuerte en los miembros inferiores. Esta única limitación, le impide levantar o trasladar objetos pesados en los que tenga que conjugar al mismo tiempo los brazos con la cintura. Tal es el caso de cajas pesadas o una simple olla de cocina de 30 litros. Es obvio que la fuerza bruta no es la virtud más importante de la mujer moderna. Entendido estos conceptos y con algunas limitaciones, no habría ninguna oposición destacable para un trabajo en equipo con el hombre en circunstancias extremas. Ser mujer y estar cerca del enemigo suele traer algunas complicaciones. Por eso el personal militar femenino en los últimos conflictos armados, solían llevaban en los amplios bolsillos de sus uniformes decenas de tampones para caso de ser capturadas. La experiencia es válida para este Manual.

Existe sobrada experiencia de los valores que prestaron en la Guerra de Vietnam (1965-1975), cerca de 4.200 enfermeras del Ejército de los EE.UU. salvando innumerables vidas, incluyendo la de enemigos heridos.

> "...El paciente ingresó a la sala de cirugía. Recuerdo, le faltaba parte de la pierna derecha y sangraba en forma abundante. Para no desvanecerme bajé la vista y me recosté sobre la pared. Me concentré, sabía que no podía fallar...Segundos después comencé a funcionar en forma automática haciendo lo que correspondía".
>
> "...Esa noche el campamento estaba sufriendo un ataque de artillería. Un proyectil de mortero o de bus al caer es puro azar, te pueden dar o no. Yo estaba cubierta entre unas bolsas de arena y confiaba en mi buena suerte. De pronto tuve realmente miedo, escuche disparos de armas ligeras y vi impactos muy cerca de mi. Eso no era azar; me estaban apuntando. La Base estaba siendo invadida por el enemigo. Empuñé mi fusil y me defendí".

Estos relatos son algunos de los miles que existen, pertenecientes a mujeres que pasaron por ese duro trabajo. Nadie conoce mejor los horrores de la guerra como una enfermera militar. ¡Son testigos de lo peor..! Ni aún un curtido soldado de infantería fogueado en cien batallas ha sufrido el dolor cotidiano como ellas.

En la operación militar "Tormenta del desierto" contra Irak (1990-1991), una mujer soldado algo baja de estatura que apenas podía asomarse a la torreta de su vehículo blindado, se ganó una Estrella de Plata cuando tuvo que hacerse cargo de la ametralladora para repeler un ataque enemigo. En esa guerra, del medio millón de hombres, 33.000 eran mujeres y no había intención que ellas participaran directamente en batalla. Pero algunas unidades del Ejército de los EE. UU estaban compuestas por tantas mujeres en lugares clave, que no podían funcionar si se las replegaba a retaguardia, en consecuencia debieron entrar en combate integradas con el resto de las unidades y lo hicieron bien. Debido a su eficiencia en este conflicto, a la mujer estadounidense también se le permitió pilotear aviones de transporte como el C-130, de caza como el F-16, incluso bombardeos B-52. El ejemplo cundió en otros países y ya no es una rareza.

Pero no todos son elogios. Ciertos estudios del Ejército de los EE.UU. (1977), descalificaron a la mujer promedio, pues no la consideraba apta física, mental y emocionalmente para desempeñarse bien en situaciones críticas por extensos períodos. Además de una innata tendencia a generar conflictos en clara competencia con los demás. Mientras que en el plano de la relación cotidiana frecuentemente anteponían directa o indirectamente su condición femenina para obtener ventajas. El Ejército inglés (2002), las habría excluido de unidades "cercanas al enemigo", pues algunas no reaccionaban del mismo modo que sus compañeros y su presencia podría hacer que los hombres en combate se distraigan para protegerlas. Ese concepto fue revertido hace años, existiendo en los ejércitos mencionados y en otros, mujeres con grado militar que participaron en distintos conflictos bélicos hasta el presente, incluso con mando en batalla y se estima que lo seguirán haciendo.

Existen razones que avalan ciertas falencias. A bordo de un velero amarrado a muelle vi cerca de la histeria a una mujer de 35 años, cada vez que el barco se balanceaba unos centímetros. Todo un estorbo que malogró un placentero viaje en aguas tranquilas con excelente tiempo. Conozco otros casos lamentables de descontrol cuando vieron una araña. Las investigaciones a las que someramente hago referencia tienen argumentos valederos a favor y en contra, encendiendo una vieja polémica que nunca tendrá fin. En mi opinión, una mujer adecuadamente entrenada y mentalmente abierta a la colaboración del grupo (motivación), suele ser más coherente para sobrevivir que el común de los hombres. ¡A buscarla que no existen muchas..!

Lea primero este libro, no después.

Capítulo I

EL MONTE Y LA SELVA SUDAMERICANA

GENERALIDADES

En este capítulo, analizaremos sucesivamente la actitud que se debe adoptar en el monte subtropical y en la selva sudamericana, se trate de una travesía planificada o de una persona aislada necesitada de auxilio. De este modo será útil un estudio comparativo entre el monte de nuestras provincias con la jungla de aquellas regiones cercanas al ecuador. Salvo, que en el caso de la selva tropical las precauciones a tomar serán ser mayores. La explicación de cómo lograr superar los problemas que se presenten, es el tema de las páginas que vendrán que usted deberá leer y estudiar atentamente.

EN EL MONTE SUBTROPICAL

Se entiende por monte subtropical las formaciones fitogeográficas, que en Sudamérica son muy extensas y comunes, en las que predominan árboles, matorrales y plantas que, sin tener la densidad de la selva, dificultan los movimientos. El monte de latitudes cálidas suele ser sucio y achaparrado, con arbustos duros y espinosos que crecen desordenadamente. La altura máxima de los árboles más elevados no superan los 15 metros. La luz solar que penetra en el interior es del orden del 70% de la existente en la copa de los árboles más altos, disminuyendo progresivamente en los lugares espesos y profundos. Ello origina crepúsculos más cortos. Suele ser fácil transitar, pero en ciertos lugares, las numerosas ramas a baja altura, tornan penoso el caminar y obliga a avanzar con el cuerpo agachado observando el suelo. Esta dificultad ocasiona distracciones que pueden ser peligrosas incluso hasta para un montaraz. Por ello y a lo enmarañado de la vegetación, una persona de pie o en cuclillas, no podrá ver a una distancia mayor de 10 a 15 metros. Peor aún cuando es espeso con espinillas. El autor pudo ver un toro a la carrera atravesar un "muro" vegetal de gruesas espinas abriendo un "túnel", que se cerró al instante no permitiendo que se lo persiga.

Pero no siempre el monte es de una masa homogénea, en las provincias del norte es muy común que se combine con grandes planicies de matorrales bajos donde es posible observar a la distancia. Son casi desiertos, donde sin darnos cuenta podemos pasar al país vecino. A veces el delgado lecho de un riacho es la frontera.

Cuanto más próximos estemos al ecuador, más difícil será hacer un pronóstico meteorológico. Ello es debido a que, especialmente en verano, los súbitos cambios atmosféricos hacen muy complejo aventurar las condiciones que presentará el cielo un par de horas después y aun menos. En invierno, el monte subtropical de Argentina es frío con temperaturas cercanas a 0 °C, llegándose a producir heladas que pronto se disipan. En los meses de sequía la superficie de la tierra es poco consistente, se agrieta y se convierte en polvo de partículas muy finas que penetra en las viviendas a la menor brisa. Por ello en los caminos de tierra, encontramos una capa mayor a los 4 centímetros de ese inestable polvo de densidad similar al talco. Esto hace muy penosa la marcha, la visión y hasta la respiración a las personas que viajan detrás de otro automotor. Por esa consistencia, apenas cae un breve aguacero el suelo se vuelve muy fangoso y resbaladizo hasta para un caminante. Pero al cesar la precipitación pluvial, bastarán unas pocas horas de sol para que los caminos se sequen, vuelvan a ser transitables y polvorientos. Después de varios meses de ausencia de lluvias, suelen encontrarse lechos de arroyos secos de tierra blanda que son cómodos para caminar sin necesidad de hacerlo por el monte. Son una tentación para instalar en ellos una carpa, pero nunca lo haga, pues se tornan pletóricos de vida con una lluvia inesperada.

Con la llegada del verano con temperaturas de casi 45 °C, se vuelve insoportable para quienes no están aclimatados y sobreviene el período de las lluvias que suele durar hasta el mes de abril. En ese lapso se registran fuertes precipitaciones que inundan enormes extensiones, sendas, caminos y hasta pueblos quedan cubiertos por las aguas.

En el monte seco y sin experiencia, es preferible iniciar un fogón en el interior de una zanja pequeña; ello permitirá controlar el fuego y podrá ser apagado con más facilidad.

El hambre no es un inconveniente tan serio como en la fría región patagónica, el mismo calor ambiental contribuye a que el cuerpo humano conserve la normal temperatura, y ello hace más soportable el deseo de alimentarse. Pero a no equivocarnos, cuanto mayor sea la actividad física, más calorías serán necesarias y más líquidos deberán beberse. Evite agotarse si no dispone de una buena provisión de agua potable. "Más vale llegar tarde pero vivo".

Adaptación al monte

Nadie debe ingresar al monte subtropical si no está debidamente aclimatado. El entrenamiento para patrullas, debería ser progresivo al menos durante seis meses. No obstante y después de ello, se recomienda que no penetren solos a lo más profundo del monte grupos menores a tres personas. Para sobrevivir en este ambiente hostil se necesita experiencia y de un considerable temple psíquico sumado a una buena vitalidad física. La cerrada vegetación, las alimañas, el hambre, la sed y la desorientación contribuye a que individuos no habituados al calor, desconocedores del medio geográfico y sometidos a exigencias físicas, a las pocas horas de estar caminando entre arbustos espinosos, se agoten y sufran desordenes nerviosos que agravan su situación. La mayoría pierde la capacidad de razonar cuando es evidente un mediano grado de deshidratación. La situación es mucho más seria en la selva y puede atemperarse descansando lo suficiente. Es aquí cuando el líder debe incidir para elevar la moral de aquellos que perdieron el dominio de la mente y vuelvan a serenarse. Por el contrario aquellos aclimatados y entrenados, se desempeñan con regocijo siendo su rendimiento mucho mayor.

El montaraz

Vivir en el monte o en la selva, no afecta a un duro montaraz pues de muy joven está en aptitud de bastarse asimismo, pero es erróneo pensar que cualquiera puede adaptarse a esa vida. Una persona de ciudad cuando ingresa por primera vez al monte subtropical observando la naturaleza que lo rodea podrá experimentar admiración o rechazo. Para él los arroyos y la enmarañada vegetación que crece en las márgenes, no son nada más que eso. En cambio para el montaraz cada árbol o metro de la senda puede tener otro significado, camina con atención y se concentra al instante ante la más mínima variación del follaje fuera de lo anormal. Ellos pueden distinguir entre la espesura lo que es ajeno y "leer" el suelo; una minúscula tela de araña intacta sobre la senda, le estará indicando que por ese lugar nadie pasó. Por el corte de una rama, sabrá cuando alguien lo hizo y la dirección que tomó. Un delgado tronco sobre una senda, en ciertas regiones es un claro aviso de "prohibido pasar". En otros casos una soga que atraviesa el sendero o ramas entretejidas a modo de valla, son inconfundibles señales para elegir otro camino. También saben reconocer los sonidos de la región; el comportamiento anormal (chillidos) de un grupo de monos, le advertirá a la distancia, la presencia de un jaguar o de cazadores. Tal vez por ello, el Ejército Argentino incorporó a sus filas a soldados de ambos sexos pertenecientes a pueblos originales: Tobas, Wichis, Mocovíes, y otros que están plenamente integrados a la sociedad. Una decisión inteligente para con estos austeros guerreros. Existen cientos de ejemplos. Estos hijos de la selva o del monte, aprenden desde niños los secretos de la naturaleza, no podrían sobrevivir de otra manera. Ud. tampoco.

Habitantes del monte

En las zonas limítrofes de Argentina, el indígena es más bien tímido y rehúsa la presencia del hombre civilizado. Posee la astucia y rencores de experiencias anteriores, es difícil que acepte el diálogo con un extraño y menos aún espontáneamente. Pero si actúa motivado, llega a ser un excelente intérprete y guía. Por ninguna causa se permitirá que se lo maltrate. Un acercamiento amistoso, y a la vez firme, podrá superar cualquier situación. Los pobladores autóctonos (gauchos), por lo general rechazan el contacto con los aborígenes. Este tema, por tener determinados puntos de coincidencia con otros grupos étnicos de zonas tropicales, es tratado con mayor amplitud en las páginas siguientes.

LOS PELIGROS DEL MONTE SUBTROPICAL

Los insectos dañinos son los verdaderos peligros y el principal riesgo de la salud, el clima caluroso condiciona un ambiente propicio para la multiplicación de distintas especies de insectos y de animales. Existen zonas montuosas, donde aun en pleno día, grandes nubes de mosquitos suelen dificultar el paso y el descanso de las personas, obligándolas a cubrirse con mantas y otras ropas a pesar del intenso calor. Los caballos tampoco escapan a esta tortura cuando cientos de estos insectos se precipitan sobre esos animales formando compactas manchas oscuras en su cuerpo. Para ahuyentarlos los pobladores de esas latitudes suelen encender guano seco de ganado para formar densas columnas de humo, pero no es mucho el efecto que se logra. En las noches cálidas cuando las familias se disponen a cenar a la luz de un farol, decenas de "hormigas voladoras" y polillas luminiscentes caen sobre la comida haciendo muy molesta la alimentación. Recuerdo que todas las noches, debía alejar la lámpara algunos metros y resignarme a cenar en la penumbra.

En esta latitud subtropical y más aún en los trópicos, deberá cubrirse las extremidades inferiores para caminar por pastizales. Si sólo cuenta con un par de zapatos, tendrá que improvisar unas polainas o envolver las piernas hasta las pantorrillas. Los habitantes de esos parajes, a falta de botas, usan género fuerte de loneta o cuero delgado. Esta necesaria protección es suficiente defensa contra la maleza espinosa y contra la mordedura de serpientes venenosas. Los insectos perjudiciales y ofidios peligrosos se detallan más adelante.

Al no tener el monte la cantidad y variedad de insectos y animales como la selva tropical, la ausencia de sonidos naturales es casi total las 24 horas. Sólo las chicharras romperán la monotonía. En esas zonas montuosas y fuera de toda visión, el sonido del motor de un tractor que lentamente se acerca, puede ser escuchado por nativos de la zona, 20 minutos antes que arribe a donde es esperado. Los tiempos se acortan según sea una moto o un coche, por lo que deberá acondicionarse el caño de escape si no quiere ser detectado con tanta anticipación. Este fenómeno también ocurre en la selva.

La deshidratación es un peligro de temer. Use ropas livianas y sueltas sobre el cuerpo; si se las quita, aumentará la transpiración aunque no se note. En regiones montuosas, las personas absorben calor del suelo y del aire. Durante la noche de la estación estival el suplicio del calor continúa, pues los rayos del sol que fueron absorbidos por la tierra, son irradiados por ésta al anochecer. Es decir, el suelo conservará en la noche todo el calor recibido. Por ello la deshidratación es tan común en el monte subtropical como en cualquier desierto de Sudamérica. En las horas de mayor temperatura no se exponga innecesariamente al sol ni ande con el torso desnudo. A falta de un sombrero, improvise sin tardanza un cubrecabeza con el pañuelo y con hojas anchas y verdes. Si hay mucha fatiga, es preferible descansar a la sombra. Recuerde que el objetivo fundamental es regresar en el mejor estado posible, sin prisas inútiles que puedan agravar la situación, por lo que deben dosificarse los descansos en tal sentido.

El autor observó en los meses de verano, como algunas personas durante un trabajo físico muy activo perdían más de un litro de agua cada dos horas en transpiración, que luego debían reponer y encontrarla es todo un problema a resolver. Tan grave es la situación, que en la en la Guerra del Chaco (1932 - 1935), soldados bolivianos y paraguayos, concientes de su supervivencia, luchaban ferozmente por el control de algún diminuto e ignoto pozo de agua. Se estima que, 4000 de ellos murieron por deshidratación. Es la mayor cifra por esa causa que se registra en Sudamérica en el lapso de tres años y constituye una verdadera tragedia. Ver Capítulo VII: Deshidratación.

Extravíos en el monte

Los extravíos en el monte sobrevienen por la imposibilidad de avanzar en línea recta, ello impone que constantemente se debe caminar esquivando gruesos arbustos en todas direcciones. Esto desorienta en pocos minutos a personas aún con experiencia y cuanto más tupida sea la vegetación con mayor celeridad ocurre. En la Guerra del Chaco a que se aludiera, numerosas patrullas de soldados bolivianos, desconocedores del monte, se perdían en la espesura vegetal. Cientos de ellos jamás regresaron a sus líneas, morían de sed, de hambre o a manos del enemigo.

Si por alguna circunstancia debe salir del camino para ingresar a la espesura vegetal, **nunca lo haga sin compañía**, ya que no es posible prever lo que sucederá minutos después. Pero si debe ir solo, camine lentamente prestando atención a posibles puntos de referencia identificables. En ciertas sendas dentro del monte cerrado suele verse en algunos árboles, pequeñas marcas antiguas realizadas por personas que viven en la zona para no extraviarse. Con idéntico sentido **marque los troncos de los árboles** con el machete o quiebre las ramas a su paso, procurando dejar bien visible su rastro. De esta forma podrá regresar por el mismo sitio en caso necesario. Establezca un código de señales con los que aguardan su regreso. Por ejemplo, tres disparos continuos pueden significar un pedido de auxilio, y tiros aislados, la caza de algún animal. No obstante debe saber que tanto en el monte como en la selva, los ruidos se propagan a considerable distancia y curiosamente no es fácil determinar con exactitud su dirección, distancia u origen.

En caso de extravío, el tiempo que permanezca alejado de la civilización puede depender en gran medida de su propia actitud, es decir, de sus aciertos. Lo más conveniente es **permanecer en el mismo lugar** esperando que lo vengan a rescatar. Si está oscureciendo, no intente seguir caminando en busca de una salida. Lo más probable es que la vegetación enmarañada le destroce las ropas y le lastime la piel, y le haga perder totalmente su dominio emocional, corriendo entonces su vida un serio peligro. La prudencia aconseja elegir un sitio donde pasar la noche para reanudar al día siguiente la búsqueda. Al extraviarse, como primera medida determine su propia situación. Estudie su mapa y el terreno que lo rodea. Observe los alrededores en busca de algo útil. Si existieran cerros sin vegetación densa, suba a uno de ellos desde donde podrá con calma observar el panorama. Trate de orientarse por el sol, las estrellas, arroyos, cerros o cualquier otro punto de referencia. Racione el agua y las vituallas conforme a la situación que se viva. Si posee un teléfono celular y puede dar la posición geográfica donde se encuentra, la mayoría de sus problemas habrán desaparecido.

Lograda una aceptable orientación sobre el lugar en que se encuentra, no habrá mayores dificultades en seguir el rumbo de una brújula o de un GPS hasta alcanzar un río o una senda que lo lleve enseguida a la vivienda de un poblador. Hable a sus acompañantes, tranquilícelos. Dígales que se los va a sacar de allí y se los conducirá a buen sitio. Sea calmo al tomar decisiones. Limpie el lugar donde se encuentra y estudie un plan que le permita regresar en las mejores condiciones. Informe a todos los que se ha decidido.

La compañía de uno o varios perros es una acertada costumbre que usan aquellos que se aventuran por cualquier región agreste. Pueden estar a gran distancia de su lugar de origen, en medio de un cerrado monte oscuro y elegir la senda justa para regresar. Para ellos es normal estar durmiendo, sobresaltarse y ladrar cuando se acerca una persona extraña o una alimaña. Cualquiera sea la raza, todos tienen esas virtudes que muchas veces salvaron vidas humanas. Ver Anexo II: Perros.

Los grupos, **nunca deben separarse**, pues invariablemente algunos no serán encontrados. Ver Anexo I.

La búsqueda de agua

La escasez o la ausencia total de agua, implica en ocasiones que varias manos se higienicen en un balde con la misma agua. Si ella estuviera racionada, suprima de la dieta los alimentos envasados, la carne y los que contenga féculas, como las papas y los porotos. No fume. Fuentes de líquidos son muchas enredaderas. Se elegirán las de mayor grosor, se cortará un trozo largo del tallo, en lo posible de un metro, y se aplicarán los labios en una de las puntas. Nunca beba este jugo si presenta aspecto lechoso.

En la zona norte de nuestro país existen dos vegetales que poseen la inapreciable virtud de almacenar agua en su interior, circunstancia ésta que ha salvado la vida a no pocas personas que conocían esa propiedad. Una de ellas es el caraguatá, de hojas largas y duras cuyas fibras permiten realizar cuerdas o redes. Para extraerle el agua es preciso realizar un corte sobre la superficie para luego perforar en su centro con el fin de permitir la salida del agua, que brotará rápidamente. Otra planta de similares características es el yacón, de unos 30 centímetros de altura. Su raíz, de considerable tamaño con relación al resto del vegetal, produce un tubérculo de unos 12 o más kilos, que básicamente está constituido por agua, y en menor escala por almidón y azúcar. Este tubérculo produce casi tres litros de agua si la planta está desarrollada; de lo contrario, es posible succionarlo para extraerle el valioso elemento.

Busque agua llovida en la base de las plantas, en la superficie de hojas anchas, en huecos de árboles y en las grietas de las rocas. El agua de lluvia puede ser recogida cavando un hueco o pozo y forrándolo preferentemente con un trozo de plástico. El sabor puede mejorarse aireándola con el simple recurso de verterla de un recipiente a otro. Para acumular agua de goteo, envuelva con una tela, si es posible impermea-

No viaje de noche por zonas montuosas.

ble, un tronco inclinado y disponga el extremo de esa tela de forma tal que las gotas caigan en un recipiente. Recuerde además que los rastros de animales frecuentemente conducen a las aguadas; sígalos, con cuidado de no extraviarse.

Las secciones huecas de tallos de caña a veces contienen agua. Sacuda las cañas amarillentas. Si se escucha ruido de líquido en su interior, se cortará una muestra en la base de cada juntura y se recogerá el agua en un recipiente.

En los trópicos, los cocos verdes (no maduros) contienen la mejor calidad de agua.

A TRAVÉS DEL MONTE SUBTROPICAL

Las sendas son el medio habitual para trasladarse. Por ser muy primitivas son de configuración sinuosa, tienen un ancho que suele superar el metro, y en todos los casos permite el transito de un jinete. Algunas, en épocas algo lejanas, se formaron por el paso de los indios, contrabandistas y otras las hicieron pobladores y comerciantes. Pueden conducir a un río, a un paraje, a la frontera o desembocar en un camino, muchas ni siquiera figuran en las cartas topográficas. Si son transitadas con frecuencia, no habrá mayores dificultades para caminar. Por el contrario, si no se las mantiene, bastará un par de meses para que raíces, ramas y otras formas vegetales cierren el paso complicando la marcha de caminantes y jinetes. La visibilidad en el monte es reducida y las distracciones suelen ser costosas, por lo que siempre se observará todo el alrededor.

Organización de la marcha:

1. Para expediciones o patrullas planificadas a caballo o vehículo, ver Anexo II.
2. Estudie su idea con el esquema que se indicó en: Introducción: Cómo hacer un plan.
3. Después de ubicarse geográficamente, asegúrese del rumbo, la distancia a recorrer y la organización. Si un montaraz integra el grupo, no podrá haber extravíos y la mayoría de las dificultades podrán ser resueltas.

4. Para evadirse del calor, el desplazamiento debería iniciarse muy temprano a la mañana y prefiera consumir un fuerte desayuno antes que un almuerzo.

5. Se avanzará en "columna de a uno", con sus integrantes agrupados, y uno de los hombres más vigorosos al final para ayudar a los rezagados.

6. Al estar limitada la observación, es dificultoso conservar la distancia entre individuos. Al no poder verse entre sí su resistencia disminuye, pero su voluntad aumenta al tener contacto visual con el líder. Por ello el jefe estará en medio del grupo y en contacto permanente con todos controlando que nadie falte.

7. Por la hostilidad del terreno, el equipo a transportar será liviano y estará limitado a lo estrictamente indispensable.

8. Su ropa es la primera protección de la piel. Para evitar que se le adhieran parásitos siga los consejos que se dan al final de este Capítulo en: Supervivencia y Salud.

9. El peso transportable para una persona vigorosa no superará los 20 kilos, y en caso de llevar equipo militar se agregará 10 kilos más.

10. Quienes avanzan a la cabeza serán los más experimentados, pues son los oídos y los ojos de los que viajan más atrás; son la detección temprana de cualquier peligro y aquellos que los siguen no deben perderlos de vista.

11. Para una patrulla militar, avanzar en silencio siempre será la norma y el equipo debe estar sujeto para que no haga ruido. Pero habiendo tormenta, la lluvia sistemáticamente golpeará el follaje, habrá truenos y se podrá avanzar más libremente, aunque se debe escudriñar en los 360°.

12. Si hay que hacer campamento, se detendrá la marcha no más allá de las 5 de la tarde.

13. Por razones que se dan al final de este Capítulo, nunca acampe próximo a viviendas indígenas.

14. En largas caminatas, algunos podrán agotarse rápidamente o sufrir excoriaciones en los pies, obligando a realizar numerosos descansos. Periódicamente se verificará que no falte nadie del grupo y se impedirán los intentos inútilmente riesgosos.

15. Aunque no se aconseja una marcha nocturna, en caso de absoluta necesidad podría intentarse si se dispone de un visor nocturno

en poder de quien encabeza la columna. El resto tendría que adosar en las espaldas un pequeño "flash light" como el que usan los ciclistas. Ello impide extravíos y puede limitarse el destello con cinta aisladora o barro. De lo contrario, si se cuenta con alguien conocedor de la zona se puede caminar guiados por esa persona.

16. Los jinetes no tienen dificultades para una travesía nocturna. Los perros suelen ser imprescindibles, más aún si están entrenados, pues descubren la presencia de peligros durante las 24 hs. y nunca se extravían. Ver: Anexo II.

17. Todos los cursos de agua desconocidos podrán ser vadeados en "columna de a uno", utilizándose una vara larga para medir la profundidad. No se arriesgue con aguas rápidas y profundas sin estar atado con una soga desde la orilla. Una de las prendas más valiosas es el poncho militar. Como está confeccionado en tela plástica, se puede emplear para armar un práctico paquete con todo su equipo. Primero coloque dos varas en paralelo (una de ellas puede ser un arma larga), y entre ambas acomode lo que no deba humedecerse: calzado, ropa, etc. Una vez bien terminado flotará, y Ud. podrá nadar con él sin que nada se moje. (Fig. 1).

18. Con el fin de evitar el desgaste de energías, estropear ropas y calzado, se hará un rodeo bordeando pantanos, bosques cerrados y otros obstáculos naturales. No se conocen ciénagas que puedan absorber íntegramente a una persona como se muestra en algunas películas, pero deben evitarse cuanto sea posible. Es preferible dejarlas de lado y caminar un poco más. Pero si inevitablemente se debe pasar por uno de ellas, es aconsejable pisar sobre los arbustos o raíces cuidando no rozar a una serpiente. En el peor de los casos sólo podrá hundirse hasta la cintura. En esta circunstancia la única manera de salir es arrastrándose o rondado por el barro. De inmediato deberá lavar sus prendas.

19. Recuerde que en la mayoría de los casos, la presencia de un curso de agua significa encontrar caza y pesca y a corto plazo, pobladores nativos.

20. No intente ninguna travesía larga si no cuenta con agua potable suficiente, y recuerde que las mujeres del grupo son quienes más sufren esta contingencia que debe preverse antes de la travesía.

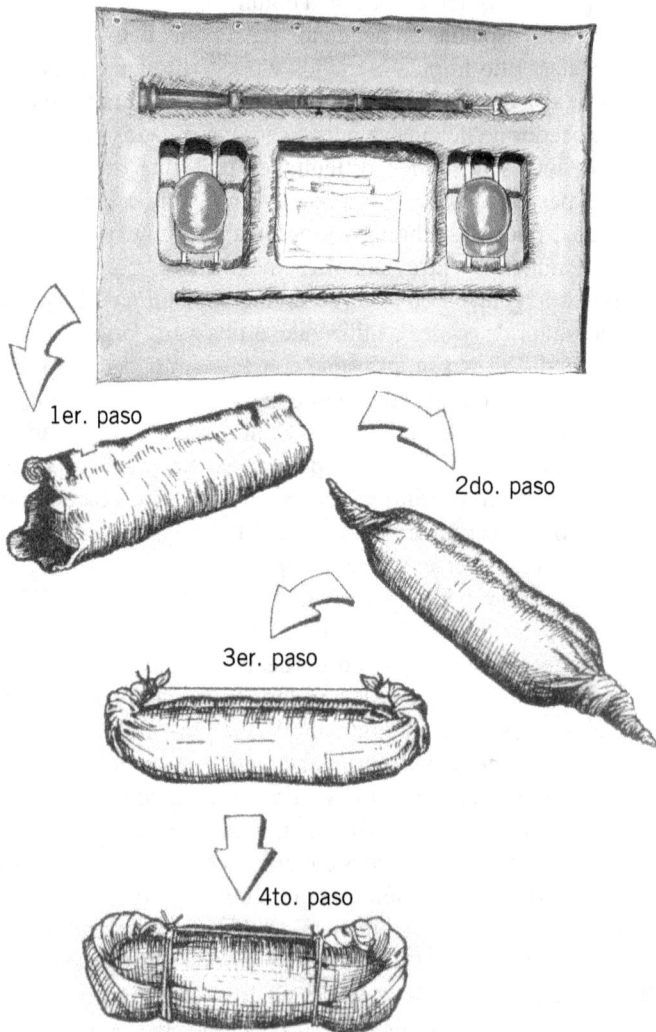

1er. paso

2do. paso

3er. paso

4to. paso

Fig. 1. "Mono flotador"

Forma de abrir una picada (senda)

a. Cuando se trate de atravesar un monte donde no haya una senda, habrá necesidad de abrir una picada; pero no debe internarse en lugares de vegetación densa. Con ello se evitarán alimañas, raspones que se infectarán y otros problemas como la sed. Obviamente, el machete, la brújula y el GPS se convienen en esos casos en objetos insustituibles, juntamente con el equipo de primeros auxilios.

b. Un buen machete es imprescindible para abrirse paso, pero no corte ramas sin necesidad o terminará agotado y con lesiones en su mano. Para evitar accidentes, los que trabajan con machete no deben estar a menos de 3 metros de otro individuo. El golpe será hecho de arriba hacia abajo para reducir el ruido, el sonido de un corte mal hecho llegará lejos. Una rama que se quiebra, o el barro que se pisa también puede ser escuchado.

c. Los hombres que encabezan la columna tendrán el trabajo más agotador por lo que no llevarán mochila y deberán ser relevados frecuentemente.

d. La tensión nerviosa también cuenta pues deben tener el oído y la avista atento a un peligro. Para una patrulla militar la sensación de inseguridad se incrementa por la posibilidad de ser sorprendidos desde cualquier ángulo.

e. El guía dará el rumbo a seguir que controlará cada 100 metros y normalmente caminará detrás de los primeros individuos. En algunos sitios la vegetación se volverá más cerrada, el calor sofocante, la sed acuciante, y los insectos más intolerables. En estas circunstancias, el líder deberá acortar los períodos de trabajo de quienes están abriendo la picada y reemplazarlos por otros.

f. Los que viajen en el cuarto lugar o más atrás que, a falta de machete, deben llevar una vara para desplazar las ramas, probar el suelo y eventualmente como defensa. Las serpientes huyen cuando sienten el golpe de una vara en la maleza por lo que toda persona siempre deberá llevar una.

g. El primer día de las jornadas de marcha, es el que rinde más por no estar agotados, pero esto varía sustancialmente según la edad, el estado físico, la disponibilidad de agua potable, la cantidad de personas que integra el grupo, la forma del terreno y las condiciones meteorológicas. También se hace notar que los nativos del lugar y especialmente los indígenas pueden hasta duplicar el promedio por jornada de cualquier persona de ciudad.

Resumiendo

En la Argentina los felinos peligrosos están en vías de extinción, las boas y los yacarés no son muy abundantes; las hormigas no representan una amenaza seria, no existen tribus hostiles, ni guerrilleros y la piraña no tiene el mismo peligro que en otros países. Sólo la carencia de agua potable, los ofidios venenosos, algunos insectos y arañas son preocupantes. De modo que en nuestro territorio nacional no habría necesidad de gran cuidado para un sobreviviente como en otras regiones más cálidas de Sudamérica.

EN LA SELVA TROPICAL

Los consejos dados para la zona montuosa, tienen aplicación para la selva tropical y viceversa.

En Argentina únicamente merecen considerarse dos formaciones selváticas: una en la provincia de Misiones, que se prolonga en Brasil, y la llamada selva tucumano-boliviana. En ciertos lugares es espesa cubriendo montañas incluso con despeñaderos, donde es impracticable seguir un rumbo recto. En cambio la selva de terrenos bajos, es casi un lodazal que hace muy difícil el caminar, no sólo por el barro sino porque Ud. estará cercado por altas paredes vegetales que lo inmovilizarán.

Contrariamente a lo que suele verse en algunas películas, los trópicos selváticos no tienen cielos despejados y luminosos. Cuando más nos acercamos al ecuador, más nos aproximaremos a zonas donde la presencia de las nubes es casi permanente. Podemos decir que entre los 10° de latitud, tanto norte como sur, esta cobertura de nubes es de aproximadamente un 50%, y a 20° de latitud norte y sur, puede llegar al 30%.

Las precipitaciones son más abundantes y regulares en el ecuador y va disminuyendo cuando nos alejamos de él. En algunas zonas de

Venezuela y Brasil, la medida anual de lluvias excede los 2.800 milímetros. Esto ocasiona que la humedad alcance una 85% en la noche y descienda al 60% durante el día. Es normal entonces, tener que padecer aguaceros que nos mantendrá mojados y que las ropas demoren algunos días en secarse, pues el sol no penetra con facilidad en el interior de la selva. Habrá entonces que habituarse a caminar en el barro y a soportar intensas lluvias. Otro inconveniente serio con que se tropieza es la dificultad en encender fuego con leña y hojarasca empapadas por las lluvias. La técnica de cómo superar este problema se desarrolla más adelante y también en el Capítulo III. Por principio lleve siempre una buena reserva de fósforos en recipientes a prueba de agua. Si no tiene un envase apropiado, la vaina vacía de un cartucho puede usarse para el transporte de cerillas. Para ello ajuste un corcho a modo de tapón y asegure una cinta adhesiva para hacerla más impermeable. Aun la transpiración, por ser muy abundante llega a humedecer los fósforos que se llevan en los bolsillos. Como se comprenderá, la elevada humedad de la selva inutiliza en poco tiempo ropas y equipos. Aún los borceguíes indicados para la jungla suelen durar muy poco. Las botas de goma dan resultados, pero los pies se humedecen de transpiración. Lo electrónico se inutiliza si no está protegido. Sólo resisten los plásticos, el nilon, las telas sintéticas, y los metales inoxidables. En este medio ambiente lluvioso y muy húmedo, no es posible acostarse directamente sobre la tierra, pues todo está mojado y los insectos y los ofidios recorren el suelo. Aún para sentarse habrá que tener cierta aislación. Para dormir hay que construir una cama elevada de troncos. Un árbol puede protegerlo, aunque ello no garantiza que lo ataquen hormigas. El calor, las copiosas lluvias y la permanente humedad configuran el ambiente esencial para una vegetación exuberante muy densa. Las evaporaciones, la falta de corrientes de aire se vuelven sofocantes y difícil de tolerar para quien no esté aclimatado. Los mosquitos y demás insectos se suman al suplicio actuando las 24 horas. Todo eso deprime la moral y se debe estar preparado para superarlo.

En la jungla no existen problemas para beber agua, pues las frecuentes lluvias y los numerosos arroyos la proveen en cantidad suficiente. En ciertas zonas donde las precipitaciones son una realidad constante, un simple hoyo en la tierra permitirá recoger agua. Pero como se explica al final de este capítulo **es fundamental purificarla.**

Otra característica es que la temperatura permanece relativamente uniforme durante los 12 meses del año, variando de los 25° a los 30° C a la sombra, aunque puede haber picos de hasta 50° C.

La selva alta tiene un promedio de altura de unos 20 metros, aunque la copa de algunos árboles llegan a sobrepasar los 60 metros. Por debajo de ellos la luz solar que se introduce puede alcanzar un 40% de la exterior (mucho menos que en el monte). Por ello el suelo es oscuro, húmedo y sombrío. Todo lo que se ve está rodeado por una enorme variedad de formas vegetales que se extienden por doquier, que parecieran no tener fin y que impiden cualquier movimiento fuera de las escasas y estrechas sendas.

La selva es una inmensa caja de resonancia; los sonidos, aun los más leves, se escuchan desde lejos, pero es difícil saber el lugar de origen. Causa asombro comprobar el desarrollo auditivo de los nativos, que escuchan e identifican ruidos que para una persona de ciudad pasan inadvertidos. El golpe de un hacha o el ruido de una rama que se quiebra son notados de inmediato a cientos de metros, especialmente de día, cuando la mayoría de los animales están ocultos y en silencio. De noche, la situación cambia: chillidos de aves, coro de ranas, rugidos, aullidos de monos, y seres que buscan alimento, originan un panorama sonoro opuesto al silencio monótono de las horas diurnas. Esto es natural y no debe preocuparlo.

Debido a la espesura de esta vegetación, de día no es posible observar a más de 5 metros como máximo. En algunos casos podrá estarse a menos de un metro de un objeto o de un peligro y no verlo. Es erróneo suponer que subiéndose a un árbol se podrá tener una vista panorámica, pues se comprobará que el campo visual está interrumpido por una sucesión interminable de ramas y copas de otros árboles más altos. Hasta las columnas de humo con las que se pretende hacer alguna señal suelen ser absorbidas y sólo ocasionalmente pueden verse sobre el follaje. Las señales luminosas no tiene aplicación más allá de los 6 metros, incluso la pistola se señales suele ser inútil.

Es imposible observar desde el aire a una persona o a un grupo de ellas, aun sabiendo el piloto la zona donde probablemente se encontrarían. El inmenso follaje de la selva ocultará al avión de la visual de quienes son buscados, que sólo escucharán el motor de la máquina, y a su vez el piloto no podrá ver otra cosa que un inacabable manto verde. Arrojar víveres por paracaídas tampoco no es solución porque quedarían enganchados en las copas de los árboles. Las siguientes anécdotas avalan lo expresado:

El 16 de junio de 1967, un avión de transporte C47 de la Fuerza Aérea Brasileña, con 25 personas a bordo, llevaba varias horas sobrevolando las enormes extensiones de la selva amazónica cuando, debido a un frente de tormenta, agotó prematuramente su combustible. Rápidamente y antes de que los motores iniciaran una marcha desacompasada, se radió el pedido de auxilio y febrilmente se iniciaron los preparativos para el aterrizaje forzoso. La máquina fue perdiendo altura hasta estrellarse sobre un cerrado manto de árboles que destrozaron el aparato. Sólo sobrevivieron en un primer momento siete personas. Las graves heridas, el shock y las imaginables penurias que debieron soportar en un medio ambiente hostil, hicieron que esta cifra disminuyera a cinco. En la emergencia racionaron a límites increíbles algunos pocos alimentos en conserva que encontraron, aunque no lograron encender fuego debido a la elevada humedad. Atendieron sus heridas, se procuraron agua y hasta transmitieron algunas breves señales de auxilio con un pequeño transmisor para emergencias que finalmente fueron captadas en una base cercana. Durante días fueron rastreados por docenas de aviones que no podían ubicar el sitio donde la selva había "tragado" al aparato. Sin embargo, fue una circunstancia macabra la causa que posibilitó detectar desde el aire a los sobrevivientes. Al acercarse un avión afectado a la búsqueda, uno de los heridos disparó varias veces su arma sobre un grupo de buitres posados sobre los restos de los infortunados muertos. Éstos, al elevarse, denunciaron por su sola presencia el sitio del accidente. Habían transcurrido 13 días.

En febrero de 1975, mientras sobrevolaba la zona de Santa Lucía, en la selva de Tucumán, desapareció sin dejar rastros un avión del Ejercito Argentino. Era un Piper, monomotor PA-18 Matrícula AE-008. En agosto de 1977, un poblador rural caminaba entre la espesura vegetal, cuando llamó su atención en el suelo unos vistosos trozos de plexiglass roto. Al levantar su vista, observó encima suyo en posición invertida, un avión enredado entre el exuberante follaje de los árboles. Era la máquina desaparecida. Los restos del piloto y su acompañante aún permanecían sujetos con el correaje de seguridad.

El sombrero de alas anchas tipo australiano es el que más se adapta en el monte.

Adaptación a la selva

Vivir en la selva tropical es más dificultoso que hacerlo en el monte. Individuos no aclimatados y carentes de aptitud física, a las pocas semanas sufren fuertes deterioros en su salud mental y corporal. Un hombre, civilizado no puede sobrevivir en la jungla mucho tiempo, pues ha perdido en la "gran ciudad" la agudeza natural de los sentidos que tienen los nativos de la selva. Inicialmente, en el interior de la espesa vegetación no se verá ni se escuchará nada que nos inquiete, pero con la práctica regular, pronto descubriremos la existencia de una amplia variedad de vida animal que nos rodea imperceptiblemente. Resultará básico entonces habituarse a tener "sangre fría", a no perder la serenidad ante la aparición sorpresiva de un peligro, y a dominar los nervios.

Como se supone que Ud. no sabe el tiempo que estará en la espesura vegetal, deberá ejercitar lo más pronto posible todos los sentidos: **vista, oído, olfato** para identificar un peligro y fundamentalmente la **intuición**. Esta última es una virtud que se puede adquirir para alcanzar a presentir una amenaza y a reaccionar por instinto, velozmente como lo hace un montaraz. Lograr este estado no es difícil para una persona que se lo proponga.

Según mis observaciones, con un entrenamiento progresivo, en el que se vayan perdiendo temores y aprendiendo experiencias, un individuo de regiones más frías pueden desarrollar todos los sentidos y actuar por reflejos ante un peligro después de unos diez meses. Incluso en menos tiempo en el monte subtropical. Luego de esa adaptación, podrá interpretar, ver y escuchar lo que antes no podía. Con el tiempo, su vista se acostumbrará a reconocer las miles de formas vegetales de la jungla, serpientes, insectos, etc. descubriendo el más mínimo detalle diferente.

Un deslizamiento apenas imperceptible puede indicar la presencia de un ofidio. Tres pequeños puntos en forma de triángulo sobre el agua (nariz y ojos), estarían denunciando el cuerpo sumergido de un caimán.

No sobrestime sus fuerzas ni los conocimientos que pueda haber logrado; la selva tropical sudamericana es muy peligrosa, y un error siempre se paga muy caro.

Dada la agresividad del medio ambiente, sus riesgos inesperados, y el hecho que aún existan parajes inexplorados, es inevitable que la selva provoque síntomas neuróticos en el sobreviviente aislado. Pero también puede ocurrir que sus efectos disminuyan en quien posea adecuadas nociones para evitarlos. Procure identificar los ruidos propios de la zona ocasionados por animales u otras causas naturales. No se apresure y sea prudente en sus decisiones, pero cuando actúe contra un peligro, hágalo de manera instintiva.

LOS PELIGROS DE LA SELVA

La radiante belleza de la jungla para ciertas personas tiene un atrapante magnetismo, una suerte de invitación a descubrir sus secretos. No es exagerado decir que sin una copiosa experiencia o la valiosa ayuda de un nativo es muy difícil regresar sano de la selva lluviosa sudamericana. No en vano es conocida como el "infierno verde" por sus reconocidos méritos. La irresponsabilidad de atreverse desconociendo el terreno y los peligros de la selva suele pagarse muy caro.

Antes de intentar cualquier viaje es fundamental estar bien informado, incluso por baquianos conocedores que no mientan, pues habrá situaciones que se decidirá por lo que estos personajes aconsejen.

Todo tipo de vida animal aparecerá sobre el suelo y la mayoría serán perjudiciales para la salud. Aunque son muy escasos, los felinos pueden trepar árboles de 25 metros o más. Los insectos no tienen límite y llegan a las copas más altas.

Los insectos dañinos y parásitos son el verdadero peligro, seguido por serpientes. Luego en menor grado y según el país, por bandoleros, guerrilleros y salvajes hostiles. Todo esto conjugado enfermedades y otras penurias, han contribuido para que en distintas épocas, numerosas expediciones hayan desaparecido sin dejar rastro alguno.

Los insectos selváticos en especial los mosquitos, debido al calor intenso, el alto porcentaje de humedad, las copiosas lluvias y los pantanos asociados a una densa vegetación, se desarrollan en un medio ambiente ideal y existen en un asombroso número y variedad. Además del hecho de que algunos son portadores de serias enfermedades, constituyen una permanente amenaza a la salud del individuo.

El machete en la selva constituye la herramienta más importante para sobrevivir.

El uso del mosquitero es imprescindible para la protección no sólo de los insectos dañinos, sino también contra ofidios y vampiros, pero la tela no debe rozar el cuerpo de la persona que descansa. Es muy útil para protegerse cuando se camina, el tul aplicado sobre el sombrero cazador, que bajando desde el ala se ajusta convenientemente al tórax, cubriendo el cuello (Fig. 2). En algunas zonas montuosas su empleo es casi indispensable, pues las constantes picaduras de mosquitos en el rostro irrita a las personas y ciertos insectos puede llegar a ocasionar graves infecciones en la piel. Pero en la exuberante selva tropical se convertirá en una molestia y no se podrá caminar un metro sin que el sombrero se enrede entre lianas y ramas, por otra parte la luz del sol no ingresa en el interior de la jungla. Un amplio pañuelo o género liviano para cubrir la cabeza es más manuable y mejor.

Fig. 2. Tul antiinsectos.

En estas latitudes y aún en el monte subtropical, es muy frecuente observar espesas nubes de mosquitos de hasta 20 metros de altura (casi un edificio de 6 pisos), volando sobre la superficie, mientras se contornean con increíble armonía. Un espectáculo para ver antes que soportar. Por principio aléjese de los esteros y lugares donde exista agua estancada. En esos sitios se incuban larvas de mosquito y habrá miles en estado adulto.

Extravíos en la selva

¡Nunca ingrese al interior de la selva! Extraviarse en la maraña vegetal es muy fácil aún para personas con experiencia, pues no es posible observar más allá de unos pocos metros dentro de la espesura vegetal y al no poder ver el sol podría perder la orientación. Por ello no se aparte de la senda principal o trate de acortar camino. Le será difícil ingresar a la espesura, pero mucho más dificultoso le será regresar. Se sabe de nutridos grupos bien equipados que se han "esfumado" en la espesura selvática y una sola persona tiene muy pocas posibilidades de volver a la civilización. Aunque no se dispone de estadísticas, se calcula que anualmente se extravían en estas regiones y no vuelven aparecer, una importante cantidad de individuos nativos. Estas desapariciones son comprensibles, pues cuando alguien muere en el interior de la jungla, su cuerpo se descompone rápidamente y es desmembrado por animales carroñeros. Posiblemente en menos de 7 días sus restos habrán desaparecido. Es obvio que en caso de un extravío, la capacidad de reacción no es la misma en todas las personas, pero bien puede servir estar prevenido en estos procedimientos.

Como primera medida deténgase, descanse, venza al pánico y a la incertidumbre, sobreponiéndose a sí mismo. Aflójese las ropas, relaje sus miembros lo más posible y tómese el tiempo necesario para evaluar la situación. Luego ubíquese geográficamente; y cuando se considere emocionalmente equilibrado, tome una decisión. Si debe caminar marque un rumbo en línea recta con la brújula para evitar girar y regresar luego al mismo lugar. Nunca camine descalzo.

Para aquellos que tienen alguna experiencia en zonas montuosas y confían por demás de sus conocimientos o de algún instrumento electrónico, ese error les puede costar caro. Una mínima equivocación los hará extraviarse por largo tiempo, se deshidratarán y podrán ser víctima de alimañas o de seres peligrosos.

Animales peligrosos

Lo más común será que durante semanas no observe ningún animal peligroso, y tal vez nunca lo vea, que es lo más seguro. Pero ante el encuentro sorpresivo con una fiera, domine sus nervios, no corra ni grite, y quédese quieto. Si obra de diferente manera el animal atacará, en especial si es un felino. Aún estando armado es preferible no moverse, aparentando serenidad. Entonces, con toda seguridad, al no notar peligro, el animal se alejará sin consecuencias. A corta distancia, y no siendo un excelente tirador con el arma adecuada, no tendría ninguna posibilidad de tumbar una bestia de unos 60 kilos (el jaguar amazónico puede pesar más de 100 Kg.), que velozmente se le acerca dando saltos.

Es muy difícil que pueda sorprender a un jaguar, lo normal será que los sensibles sentidos de la fiera detecten primero al hombre. Según los nativos, esta fiera percibe la sensación de angustia de una persona y eso la predispone a atacar. No obstante, manteniéndose quieto mirando de frente al animal, muchas personas evitaron ser atacadas. Lo expresado también es válido cuando se nos aproxima un perro feroz. No corra; lo alcanzarán.

El jaguar puede ver en la oscuridad, por lo que generalmente prefiere descansar de día y cazar de noche, algunas referencias indican que en una jornada puede recorrer distancias de hasta 50 kilómetros, lo que hace muy problemática su captura.

Quizás por su particular transpiración, el jaguar prefiere "cazar" (cuando está cebado), un aborigen, antes que atacar a un hombre blanco, que no lo esté amenazando con un arma y se mantenga inmóvil. Se han dado casos, que en su cacería nocturna, ha ingresado sigilosamente a una ramada india (vivienda de ramas), y luego de atrapar y matar silenciosamente a un aborigen, lo arrastró a la espesura de la selva. Sin ninguna duda, es un felino feroz, inteligente y gran caminador. Por las circunstancias apuntadas, es muy temido por todas las comunidades indígenas.

El puma americano (60 a 80 Kg.), conocido en todo el Continente, si bien no es un felino inofensivo, rara vez ataca a los humanos si primero no es molestado. Su nivel de peligro es inferior al del jaguar y ambas fieras se encuentran en vías de extinción.

Las uñas de estos felinos, están contaminadas con gérmenes de anteriores presas en putrefacción. Un simple zarpazo que apenas lastime la piel humana, significa una infección grave casi siempre mortal sin asistencia

El pánico y la desorganización en la selva es sinónimo de muerte.

médica de urgencia. Ni hablar de heridas más serias con hemorragia. Olvídese de las películas de Tarzán luchando de igual a igual contra un león.

El "vampiro", vive en amplias áreas del Amazonas, pero puede incursionar más al sur. Con las alas extendidas, llega a medir unos 30 centímetros. Por lo general se alimenta de la sangre del ganado, pero ocasionalmente atacan a las personas cuando duermen sin que estas se despierten. El mayor peligro es, que si este "demonio negro" está infectado, puede transmitir el virus de la rabia. La mejor defensa es descansar en habitáculos bien cerrados con una tenue luz o que un vigía cuide nuestro sueño de éste y otros peligros. En cambio el murciélago que pulula Argentina es inofensivo y consume centenares de insectos.

Las "pirañas" se encuentran en la cuenca Amazónica, también en Perú, Bolivia, hasta Paraguay, en la mayoría de los remansos o grandes lagunas donde haya aguas en reposo. Existen varias especies, pero las llamadas "negra" y "roja", pueden superar los 40 centímetros de longitud, con un peso cercano a los cuatro kilos (Fig. 3). Muerden al menor movimiento u olor a sangre y se las considera dos trituradoras de carne. Generalmente son de mayor cuidado durante la temporada de sequía, cuando las aguas carecen alimento para ellas, habiendo crecida de ríos no habría mayor riesgo, a menos que se introduzca en el agua una persona herida, o se tenga la imprudencia de agitar nuestras extremidades en el agua.

En circunstancias especiales, atacando en cardume pueden reducir a esqueleto a una persona en contados minutos, pero ocurre pocas veces. No hay estadísticas y es difícil hacerlas porque algunos crímenes se tratan de encubrir arrojando el cadáver donde hay pirañas, incluso hay individuos que mueren ahogados y luego son devorados. No obstante ciertos autores, consideran que estos predadores son responsables de un mínimo de muertes accidentales al año.

Las pirañas tienen un comportamiento algo similar a los tiburones y nadar en aguas dominadas por estos peces tropicales tiene sus trucos y sus riesgos. Por principio no hay que tener ninguna herida y se debe avanzar con brazadas regulares sin chapalear ni hacer ruido como el que hace una persona en dificultades o que ha caído al agua accidentalmente. De hecho, y sin violar estas normas, los aborígenes se refrescan y nadan sin problemas aparentes. Es decir, donde ellos se bañan Ud. también lo puede hacer, pero no lo haga desnudo por el peligro de ciertos parásitos que se explican más adelante.

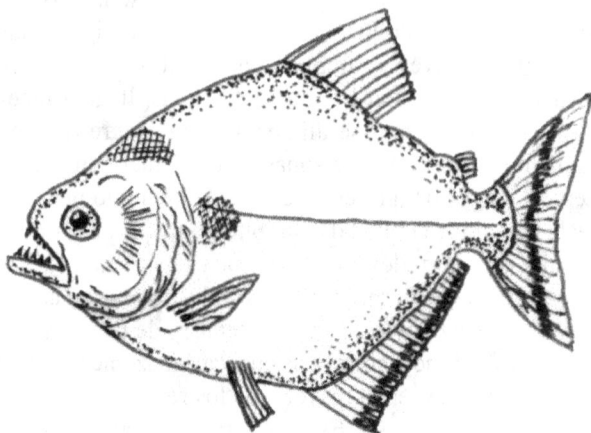

Fig. 3. Piraña (Serrasalmus aureus).

Las "palometas", pertenecen a la familia de las pirañas pero su ferocidad es menor. Viven en cardúmenes en los ríos y lagunas de la selva Sudamericana, es una especie de pez depredador relativamente peligroso que suele incursionar los ríos de Argentina llegando hasta la Ciudad de Rosario, es de brillante coloración amarillo-dorado, con escamas pequeñas y brillantes. La cabeza es fuerte y las poderosas mandíbulas están provistas de agudos dientes triangulares y en estado adulto, llegan fácilmente a medir 15 centímetros y pesar cerca de un kilo. La carne de este ejemplar como el de su pariente la piraña son bocados muy apreciados.

Las "anguilas eléctricas" se suelen encontrar en ciertos cursos de agua limpios y serenos de la cuenca del Amazonas y el Orinoco. Esta curiosidad mide hasta 1,50 metros de longitud con un peso cercano a los 20 kilos y se asemeja a las anguilas comunes. Genera una fuerte corriente eléctrica suficiente para paralizar a un nadador que la toque. Su carne es blanca y constituye un bocado exquisito. Los aborígenes las capturan con lanza a modo de arpón, pero deben cuidarse del shock eléctrico una vez extraída del agua.

Las "rayas de río" son otro inconveniente importante. Las más grandes pueden tener unos 2 metros de diámetro y pesar más de 100 kilos. Pero el mayor problema está con las chicas, si accidentalmente se las pisa, golpean con el aguijón de la cola y ocasionan un fuerte dolor con fiebre. Por principio, al vadear cursos de agua desconocidos, recorra el fondo delante de Ud. con una vara, con lo que medirá su profundidad y evitará pisar alguna raya. La carne de este pez es muy apreciada.

El "caimán negro", tiene su hábitat desde Venezuela hasta Paraguay y es una especie de cuidado. La medida estándar está en el orden de los 3 metros, pero pueden llegar a medir el doble, entonces constituye una seria amenaza para las personas. La naturaleza dotó a la dura piel de esta bestia de un excelente mimetismo que la disimula entre la hojarasca. Es normal estar muy cerca y no advertir el peligro. Se necesitan ojos muy entrenados para descubrir a este saurio entre la maleza o sumergido en el agua. Para atrapar una presa, su pesado cuerpo, adquiere en segundos una corta pero letal agilidad que ninguna víctima espera. Los caimanes por lo general en tierra, eluden a los humanos, pero no les temen. Los niños que juegan en la orilla de los ríos corren peligro y los perros son su bocado predilecto. Al igual que el caso de las pirañas, se les adjudica un exiguo número de muertes accidentales al año. Recuerde que cruzar un vado en la selva durante la noche y sin linternas puede alentar el ataque de un caimán.

El "yacaré" vive en esteros y ríos de Sudamérica llegando hasta el noreste de Argentina. Rara vez supera los 2,50 metros y el único peligro consiste en que se pueden perder algunos dedos si se lo toca.

El llamado "tiburón toro", es una especie que actúa tanto en el mar como en agua dulce y es peligroso porque puede medir hasta 3,50 metros y ataca a los humanos. Se lo encuentra en el Lago Nicaragua (Nicaragua), y hace correrías en diversos ríos del Caribe hasta muy adentro del río Amazonas. Al igual que los caimanes, una de sus bromas preferidas es estacionarse al acecho en la desembocadura de algunos ríos para atacar en los vados a personas y animales.

Los insectos tropicales son el mayor peligro para la salud.

Serpientes

Identificamos en este estudio como serpiente, a todo ofidio peligroso con capacidad de portar veneno. No es práctico describir en este texto todas las especies dotadas de veneno que existen en Sudamérica. Por ello haré mención de las serpientes con hábitat en Argentina, que también se extienden hacia países tropicales y se darán principios básicos de protección, que son comunes para todos los casos.

Las serpientes que se mencionan tienen diferentes nombres vulgares según la región geográfica que se trate, ello trae confusión pues se piensa que son distintos ofidios.

Uno de los órganos que más aprensión suele despertar es su cimbreante lengua bífida. En realidad este órgano es un apéndice protráctil y retráctil adaptado a las sensaciones olfativas (Fig. 4).

La foseta loreal es otro sentido que poseen solo las serpientes. Son dos orificios ubicados a ambos lados de la cabeza entre la nariz y cada ojo. Su función es la de detectar la proximidad de presas de sangre caliente, su distancia, trayectoria y velocidad. Básicamente actúa como un preciso sensor térmico tanto en la oscuridad total como a plena luz, que le transmite al cerebro de la serpiente junto con los ojos, los datos necesarios para calcular el golpe en relación con la longitud de su cuerpo. Toda una "computadora" de ataque (Fig. 5).

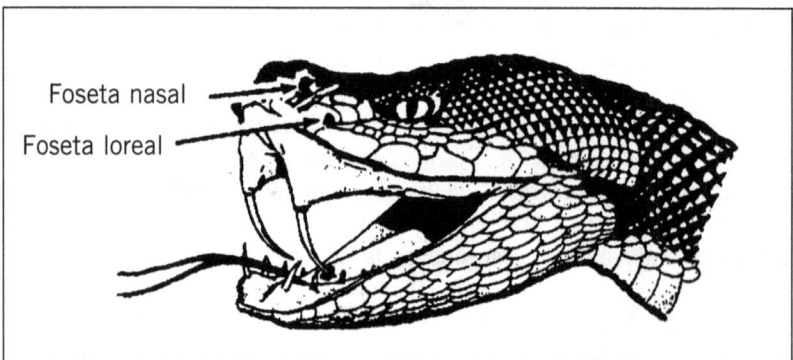

Fig. 4. Serpiente venenosa. Se observan pupilas elípticas, las fosetas nasales, loreales y las escamas carenadas. La lengua cumple simplemente una función olfativa.

Los oídos son sumamente rudimentarios y no les permite captar ondas aéreas como en el común de los animales. Sólo perciben sonidos o vibraciones por la parte ventral como el paso de una persona. En cuanto a los ojos, su inmovilidad y carencia de párpados indican una visión pobre. Las serpientes de nuestro país recorren distancias medias y no superan los 500 metros por hora en su marcha zigzagueante. La mayor posibilidad de encontrar una serpiente venenosa aumenta durante la noche, por ser el horario que generalmente se alimentan los ofidios y otras especies de animales.

En la Argentina no se conocen ofidios venenosos de hábitos arborícolas. Salvo Chile, que no posee reptiles peligrosos, existen en todo el Continente Americano en terrenos boscosos-selváticos, arenosos y pedregosos de zonas templadas.

La serpiente de "cascabel" (Crótalus durissus terrificus), produce un insistente repiqueteo similar al sonido que produce un sonajero. Si Ud. al caminar escucha algo similar retroceda de inmediato mirando el suelo.

Sólo esa serpiente es capaz de producir semejante campanilleo. Normalmente este ofidio, al sentir las vibraciones de los pasos de una persona, se enrosca, levanta la cabeza y agita velozmente el cascabel de la cola advirtiendo de esa manera su presencia mientras se prepara para atacar. Comprenderá el lector, la reacción del caminante es instintiva; todos entienden el significado del "amable" mensaje y huyen precipitadamente. Es por ello que las víctimas ocasionadas por esta serpiente son escasas.

En la Figura 6, se ilustra una de las formas de identificar una serpiente de una inofensiva.

La "yarara" (Bothrops), es la protagonista de la mayoría de los accidentes ofídicos que ocurren en la Argentina. Al advertir la proximidad de un individuo, se enrosca como todo ofidio y sin producir sonido perceptible, lanza por sorpresa un veloz ataque. Esta serpiente posee un carácter muy irritable y por lo general prefieren defenderse antes que huir de una persona.

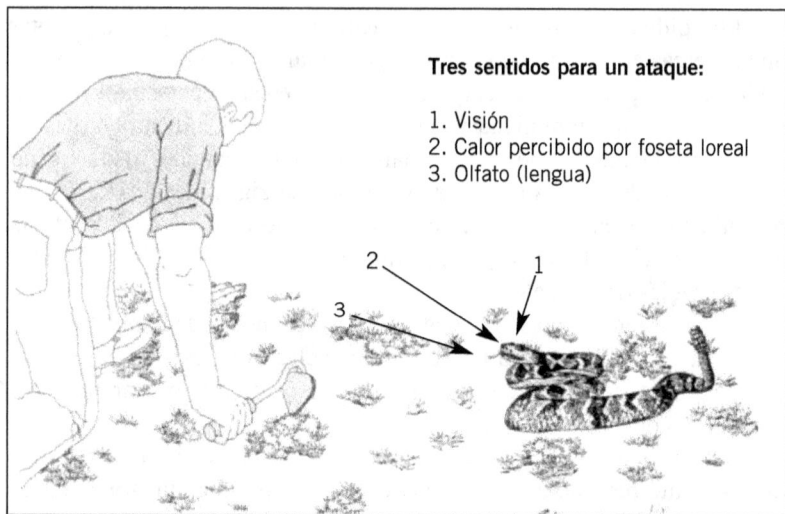

Tres sentidos para un ataque:

1. Visión
2. Calor percibido por foseta loreal
3. Olfato (lengua)

Fig. 5.

Diferencias morfológicas externas
(de la cabeza y la cola entre las culebras y serpientes venenosas)

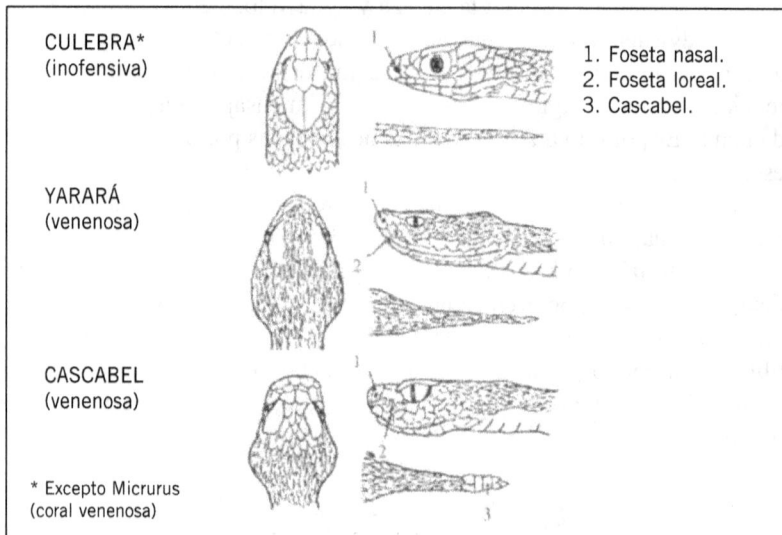

CULEBRA*
(inofensiva)

YARARÁ
(venenosa)

CASCABEL
(venenosa)

* Excepto Micrurus
(coral venenosa)

1. Foseta nasal.
2. Foseta loreal.
3. Cascabel.

Fig. 6.

La vistosa "coral" (Micrurus). Si bien tienen un poderoso veneno, no ataca al hombre a menos que se la tome con la mano y se la moleste en exceso. Por suerte, los accidentes producidos por este ofidio son casi desconocidos. Además la verdadera serpiente de coral no es tan abundante como las demás. Dentro de las distintas especies de corales, existen algunas inofensivas de características similares a las restantes, que son motivo de confusión ante un sorpresivo encuentro. La principal diferencia estriba en que la falsa coral tiene la parte ventral de color gris, es decir sus anillos no son completos (Fig. 7).

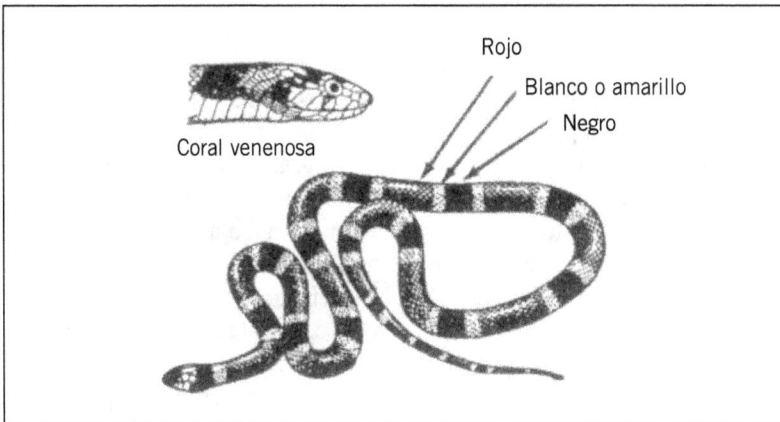

Fig. 7.

Las culebras de agua dulce de nuestro país están desprovistas de glándulas productoras de veneno, no tienen relieve para nuestro estudio. Pero suelen tener mal carácter.

Todos los ofidios (aun los terrestres), tienen excelente aptitud para nadar. Por esta circunstancia el peligro de encontrarnos con una serpiente aumenta con las inundaciones de campo.

Las boas

Las boas son tímidas, rara vez atacan al hombre y generalmente prefieren huir ante la presencia humana. Su poder reside en la fuerza colosal de sus anillos con los que sofocan a la víctima la que muere por asfixia. Ninguna constrictor es venenosa, ni tiene poderes hipnóticos como se ha escrito en algunas novelas, pero posee un par de mandíbulas armadas con varias hileras de fuertes dientes con los que sujeta a la presa y le ocasiona serias heridas.

La "anaconda" (Eunectes murinus), aunque vive en el agua actúa también en terreno seco. Tiene su hábitat en el Amazonas y en el Mato-Grosso, llegando ocasionalmente hasta Paraguay. De cuerpo pesado, muy compacto por su gran masa muscular y de piel amarillenta con manchas negras, conforma una silueta fascinante. A pesar de su imponente aspecto, posee buen carácter y prefiere alejarse del ser humano. El riesgo para una persona está dado por el tamaño de esta boa y a factores imponderables. Existen ejemplares suficientemente grandes como para matar a un hombre, pero no es común que ocurra. Sea en tierra o en el agua, los niños y los perros corren peligro y hay que informarse antes de nadar en ciertos cursos de agua. Los que probaron su carne asada consideran que constituye un bocado excelente. Los datos más serios coinciden que no superan los 8 metros de longitud, con un ancho aproximado a los 30 centímetros y un peso cercano a los 100 kilos. Nunca provoque este demonio.

La "esmeralda" (Corallus caninus), tiene su hábitat en los trópicos, es un hermoso ejemplar de color verde y costumbre arbórica. Su tamaño al igual que los otros boídos es de tamaño mediano.

La "curidyú" (Eunectes notaeus), se encuentra desde el trópico hasta Argentina, y tiene un máximo excepcional de 6 metros de largo.

La "arco iris" (Epicrates cenchria), en cambio no sobrepasa el metro.

La "lampalagua" (Constrictor occidentalis), puede ser domesticada como una inofensiva mascota de jardín. En ciertas condiciones, pueden convivir con los humanos, pero al carecer de inteligencia, no sienten el mismo apego que tienen los perros, ni reconocen a un individuo en particular como su amo. Esta boa rara vez supera los 4 metros con un grosor aproximado a los 15 cm.

La "ñacaniná" (Cyclagras gigas), en cambio es muy rápida. En una ocasión el autor tuvo que apurar el paso y saltar varias veces por algunos segundos para poner distancia de una ñacaniná de pésimo humor que con su 1,50 m lo perseguía con su cabeza erguida (Pcía. de Formosa). Independientemente de su velocidad traslativa, cualquier ofidio venenoso o no, es muy veloz para morder y rara vez sus mandíbulas dan en el vacío.

Ofidios útiles para el hombre

No siempre los ofidios son perjudiciales para los humanos, pues algunos se alimentan de otras alimañas y roedores que ocasionan daños y enfermedades. La "mussurana" (Clelia clelia clelia), a pesar de su tenebroso aspecto negro intenso y azulado, es un boígido muy útil. Este ofidio come serpientes y es inmune al veneno que le inyecten en la refriega. Puede alcanzar los 2 metros de longitud. Posee buen carácter, y es completamente inofensiva para las personas. Como se comprenderá, es importante lograr su conservación. En estas regiones nunca mate un ofidio de color negro brillante; estará destruyendo un importante equilibrio ecológico.

Captura de ofidios

Son pocos los que saben que remitiendo con las precauciones del caso (en recipiente especial) una serpiente venenosa adulta y viva al Instituto Nacional de Microbiología Dr. Carlos G. Malbrán, pueden ser gratificados con una ampolla de suero antiofídico. Algunos hombres de campo capturan a los ofidios empleando una simple rama con una horqueta en el extremo, con la cual se aprieta la "nuca" de la víbora contra el suelo. Luego la toman fuertemente con una mano detrás de la cabeza, de forma de evitar que gire y muerda. Por último, emplean la otra mano para levantar el cuerpo del animal a fin de que no cimbre y poder arrojarlo dentro del recipiente. Este no es un procedimiento muy difícil, pero se necesita cierta experiencia. Practique previamente con culebras, antes de intentarlo con una serpiente venenosa de varios kilos de peso. Para mayores datos se sugiere a los interesados solicitar instrucciones a este benemérito Instituto.

Los tres colores que para la naturaleza son indicativo de peligro son: el rojo, el negro y el amarillo. Tal es el caso de abejas, leopardos, pirañas, serpientes, arañas, etc. Esta norma es de aplicación en la mayoría de los casos.

Las serpientes y sus fantasías

Es común escuchar en el campo a personas que afirman haber visto con sus propios ojos a curanderos que poseen el don de sanar o curar a personas que fueron mordidas por una víbora, ya sea con "palabras mágicas" o bien con aplicación de ungüentos especiales preparados por ellos. Pero habría que ver si realmente la persona atacada fue mordida por una serpiente venenosa o si lo fue por una vulgar culebrilla. Todos los ofidios muerden, de lo cual pueden surgir o no complicaciones. En invierno, el veneno es escaso o puede haberse agotado en un ataque anterior (ídem concepto vale para el caso de alacranes y arañas). Además, existen culebras que por su rara agresividad y la coloración de la piel como la "falsa coral" o la "falsa yarará", entre otras, se asemejan casi en un todo a las verdaderas.

No obstante, debo reconocer que en todas las regiones existen algunos nativos que empleando un arte empírico y usando determinadas hierbas, suelen curar importantes, afecciones externas. No es de extrañar pues la selva de Sudamérica guarda aún muchos secretos. Pero también encontraremos embusteros.

Serpientes en Argentina

De las especies de serpientes que se encuentran en nuestro país, solamente 8 resultan peligrosas para el hombre por su toxicidad. En el cuadro demostrativo que sigue a continuación, se menciona la especie y subespecie, la familia y el género al cual pertenecen, los nombres vulgares, su distribución geográfica, y el suero que puede ser utilizado en cada caso.

El límite inferior del hábitat de las serpientes alcanzaría hasta los 44° de latitud sur. No obstante, es muy raro encontrar ofidios en la Patagonia más abajo de la Ciudad de Viedma.

En el trópico es preferible nadar en los lugares donde los nativos lo hacen. Ellos conocen peligros que Ud. ignora.

SERPIENTES PELIGROSAS EN LA ARGENTINA

Familia	Género	Especie	Subespecie	Nombres vulgares	Distribución geográfica	Suero antiofídico
Crotálidos	Bothrops	alternatus		Víbora de la Cruz, yarará Real, Crucera, Surucú	E de Salta, NE de Formosa, Chaco, S de Misiones, Corrientes, Entre Ríos, N de Bs. As., Sta. Fe, E de Córdoba, E de San Luis, E de Sgo. del Estero	Bivalente (Instituto Malbrán). Polivalente (Instituto Malbrán)
		neuwedii	diporus	Yarará chica	N y Centro del país, excepto S de Entre Ríos, S de Sta Fe, S de Córdoba y Bs. As.	Bivalente y Polivalente (Instituto Malbrán).
		ammodytoides		Yarará ñata	Todo el país, con menor abundandia, excepto el NE argentino	Bivalente y Polivalente (Instituto Malbrán).
		jararaca		Yararaca	Solamente provincia de Misiones	Polivalente Misiones (Instituto Malbrán).
		jaracussu		Yararacusu	Solamente provincia de Misiones.	Polivalente Misiones (Instituto Malbrán).
	Crotalus	durissus	terrificus	Víbora de Cascabel, Campanilla	Todo el N argentino, excepto el centro y S de Corrientes y Entre Ríos.	Polivalente (Instituto Malbrán). Monovalente Anti-crotalus (Lab. privados).
Elápidos	Micrurus	corallinus	corallinus	Coral brasileña	Solamente N de Misiones	Suero específico (Inst. "Butantan" o "Pinheiros", Brasil), Suero anticoral (Inst. Malbrán).
		Frontalis	frontalis	Coral	Mesopotamia	Idem.
			mesopotamicus	Coral.	Mesopotamia.	Idem.
			phyrrhocryptus	Coral	Todo el N argentino, excepto Bs. As.	Idem
			altirrostris	Coral	Solamente provincia de Misiones.	Idem

Insectos, arañas y parásitos peligrosos

Por sobre los demás riesgos, los insectos tropicales son el mayor peligro para la salud de un individuo y crecen en número, actitud agresiva y peligrosidad a medida que nos acercamos al ecuador. La mayoría actúan durante las 24 horas, tanto en terreno abierto como en el interior de las casas.

La "vinchuca" (Triatoma infestans), tiene su hábitat también en Argentina. Se trata de un insecto hematófago de unos 5 centímetros de longitud y portador de la enfermedad del Chagas-Mazza, que afecta, entre otros órganos, al corazón humano. Este insecto presenta la particularidad de picar a las personas, generalmente en la oscuridad, cuando están reposando. Por ello el mosquitero adquiere en zonas endémicas un valor inapreciable. Se deben revisar diariamente las camas, colchones, rendijas de paredes y techos, en especial los pliegues y partes oscuras donde este insecto se refugia huyendo de la luz. De ahí que los folklóricos ranchos construidos con adobe sean su morada predilecta.

Los principales síntomas que pueden presentarse son síndrome oftalmoganglionar (párpado del ojo afectado, hinchado con piel tensa y congestión), y síndrome cutáneo ganglionar (placa cutánea acartonada, acompañada de hinchazón ganglionar). Existe además otra sintomatología referida a lesiones en los órganos internos. Es un insecto peligroso (Fig. 8).

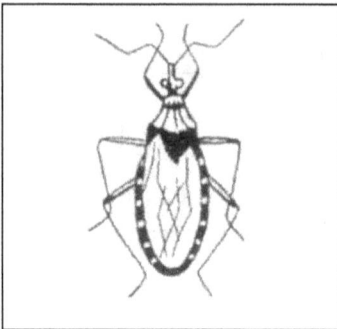

Fig. 8. Vinchuca
(aprox. 5cm).

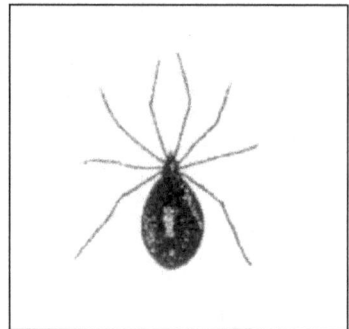

Fig. 9. Latrodectus
(aprox. 2/10 mm).

El mosquito "anofeles", puede provocar el paludismo. Se lo reconoce por la forma de posarse, en ángulo de 45° sobre la superficie de la piel sin producir el característico zumbido. Pasará una semana antes de que se presenten los primeros síntomas.

El mosquito "Aedes aegypti" es el causante de la "fiebre amarilla" y del "dengue". Como broma favorita, suele algunos veranos visitar las fronteras del norte argentino. Habita en la selva y los países más afectados son Colombia, Brasil, Bolivia, Perú, Ecuador y Venezuela. Se lo identifica porque tiene anillos blancos en sus patas. La muerte para quien no esté vacunado sobreviene al cabo de unos 7 días. La mejor prevención contra los mosquitos y otras alimañas, es el uso de mosquitero al caer la tarde, y usar un buen repelente contra insectos.

"Abejas y avispas". Si descubre un panal cerca de su casa evite acercarse. En gran parte del Continente tanto en el monte como en la selva, encontramos avispas grandes y abejas africanizadas que atacan al más mínimo acercamiento. Todas lo hacen en grupo y es muy alto el riesgo de sufrir efectos graves. Para combatir con éxito un panal aéreo o bajo el alero de un techo, lo más práctico es esperar la noche para evitar picaduras y con una vara larga que termine en antorcha quemar el panal. Antes deberá evaluarse no incendiar el techo de la casa, por lo que también es eficaz arrojarle kerosén que impregne dicho nido o un buen insecticida en aerosol. Mismo tratamiento se hará dentro de los agüeros de la tierra donde las vea salir.

"Alacranes y ciempiés" son de hábitos nocturnos, de día se ocultan entre las piedras o dentro de la corteza de los árboles. Los hay de todos los tamaños hasta los 18 centímetros y algunos son muy peligrosos.

Las "hormigas" son seres de temer. Existen especies que viven en el interior de viejos árboles y otras en enormes hormigueros bajo la superficie terrestre, hasta 2 metros de profundidad por unos 4 metros de diámetro. En cierta oportunidad el autor observó en la Provincia de Formosa, cómo se enterraba en un hormiguero de este tipo, las ruedas delanteras de una gran motoniveladora de Vialidad. El accidente ocurrió durante una fuerte lluvia y para sacarla de esa situación, hubo necesidad de recurrir al auxilio de un tractor. En cambio en la Provincia de Misiones, los hormigueros tienen forma de torre de hasta un metro y la especie que lo habita lo construye con un barro que al secarse se convierte en un material muy duro.

El verdadero peligro lo encontramos en zonas secas tropicales, con hormigas de todos los tamaños. El record lo tiene una especie que llega a medir 3 centímetros. Pero la de mayor cuidado es una hormiga negra de tamaño mediano, cuya picadura es muy dolorosa y puede producir fiebre por 48 horas. Esta plaga está siempre en movimiento en largas columnas que pueden superar los 500 metros de largo. Atacan a cualquier ser viviente que se interponga en su camino del que sólo quedarán sus huesos. Podrán invadir por sorpresa una casa para "robar" todo comestible y no habrá forma de impedirlo. Incluso pueden subir a un bote si la soga de amarre no está sumergida.

Para protección, lo mejor es untar con grasa de automotor las columnas que sostienen las chozas y toda soga de la que pendan alimentos.

Algunos hormigueros son "obras de ingeniería" de hasta 40 metros de diámetro, con galerías subterráneas de longitudes asombrosas. Todas las hormigas tienen capacidad para comunicarse entre ellas y bastará que una detecte a la víctima para que millones concurran al banquete. Al igual que la mayoría de los insectos, se ocultan de los rayos directos del sol. En la Argentina, Chile y Uruguay, no existen especies peligrosas como en latitudes más cálidas. Pero por principio no acampe cerca de sus senderos, ni arroje desperdicios de comida en el suelo.

Las arañas son de hábitos nocturnos, pero también suelen advertirse frecuentemente en horas de penumbra. Por lo general huyen de los seres humanos. Cuando se produce un ataque es porque ha sido molestada inadvertidamente. El efecto de una picadura varía de una persona a otra, y depende entre otros factores, de la sensibilidad individual al veneno, y de la época del año. Los dos arácnidos más peligrosos son:

La "viuda negra", también "del lino" o "rastrojera" (Latrodectus), es observada con regularidad en los sembrados y en casas de campo en todas las latitudes del país. La hembra mide aproximadamente 10 milímetros de largo, mientras que el macho sólo alcanza unos 2 milímetros. Poseen un abdomen globuloso de color negro con manchas rojas dorsales y ventrales; se le observan finas y largas patas. Su mordedura puede ser mortal a una persona. Se le atribuyen cerca de un 95% de los casos de aracneísmo que ocurren en la Argentina (Fig. 9).

La araña "de los rincones" (Loxosceles laeta). Es la que produce mayor número de víctimas fatales registradas en América del Sur. Son vistas comúnmente en el interior de algunas casas, en sótanos o altillos donde el tránsito de personas y la limpieza son poco frecuentes. Su tamaño superior a unos pocos milímetros puede producir la muerte a un ser humano en el lapso comprendido entre algunas horas a 10 días.

La "tarántula gigante" de Sudamérica (The goliath birdeater), que habita en el trópico, es la araña de mayor tamaño conocido en el mundo, esta especie logra alcanzar unos 30 centímetros de largo y pesar más de 100 gramos. A pesar de su imponente tamaño, no es mortal para los humanos.

La llamada araña "peluda" o "pollito" (Theraphosidae), puede ser vista desde las zonas áridas y frías de la Patagonia, hasta la selva subtropical de Misiones. En las áreas más calurosas puede llegar a medir hasta 15 centímetros de longitud y pesar unos 90 gramos. El veneno de esta araña sólo posee síntomas locales.

La araña "del banano", (Phoneutria nigriventer) tiene normalmente su hábitat en la zona de Misiones, extendiéndose hacia el Norte. La acción de su veneno es sumamente violenta, y el dolor, muy intenso. La persona accidentada siente la sensación de haber recibido una fuerte descarga eléctrica. Ataca al sistema nervioso central, aumenta las pulsaciones, provoca vómitos biliares y, entre otros efectos, produce agudos dolores generalizados.

La araña "de jardín" (Lycosa). Comúnmente se la puede encontrar en la gramilla o debajo de una piedra.

La "garrapata" es un arácnido hematófago de unos 3 milímetros de diámetro que aumenta su volumen a medida que absorbe la sangre de su víctima. Puede transmitir distintas fiebres eruptivas, epidémicas y también cierto tipo de parálisis.

Determinados parásitos (gusanos trematodo y otros), existen en ciertos cursos de agua dulce de los trópicos y fácilmente penetran a través de la piel humana.

El "pez vampiro" o "candirú", vive en ciertos ríos de la cuenca Amazónica y es una especie de gusano hematófago casi transparente difícil de observar. Accede al cuerpo de una persona por el conducto urinario del hombre o la mujer, incluso por el ano. Como sólo se lo puede extirpar mediante cirugía, los nativos le temen y se bañan con una prenda íntima muy ajustada. Si no se está seguro, evite darse un refrescante chapuzón en lagunas o riachos desconocidos.

La "nigua", es un minúsculo insecto que se aloja bajo de las uñas de los pies, y una vez que deposita sus huevos sobreviene una infección. De inmediato debe ser extraído con una aguja previamente esterilizada a la llama.

Las "sanguijuelas", muchas veces no son advertidas inmediatamen-te. Cuando haya que atravesar un riacho a pie o moverse en zonas ane-gadas (esteros o pantanos), será necesario cubrir la mayor parte de la piel con la ropa. En la primera oportunidad que se presente, cada persona ins-peccionará su cuerpo y el de su compañero en busca de estos anélidos, que en algunos casos pueden producir una considerable hemorragia

No es conveniente tratar de arrancarse ningún parásito que se haya prendido exteriormente a la piel, para liberarnos ver Capítulo VII.

A TRAVÉS DE LA SELVA TROPICAL

Estos consejos se complementan y amplían con los mencionados en: A través del monte subtropical.

1. Debe saber que aún en las sendas establecidas, avanzar a pie se hace muy lento por el barro y las desordenadas formaciones vegetales, tampoco encontrará puentes cuando llegue a un ria-cho. Por eso difícilmente se pueda recorrer aún de día más de 5 kilómetros diarios.
2. Si la situación es crítica, elimine todo peso innecesario. Con un machete y una caramañola con agua es posible sobrevivir.
3. Los indios y los pobladores nativos de todas las regiones son excelentes guías, intérpretes, estafetas, y exploradores siempre que obren de buena fe.
4. Como Ud. no podrá, **ni debe caminar de noche** por los espesos laberintos vegetales, aproveche esas horas para descansar. De otra manera, al día siguiente no soportará el esfuerzo que repre-senta movilizarse apartando ramas y eludiendo peligros, mien-tras una atmósfera húmeda y caliente envuelve su cuerpo.
5. Las sendas en algunos casos son verdaderos "túneles vegetales" de suelo fangoso. Si no son mantenidas, bastará dos o tres meses para que la maleza las cubra y se conviertan en intransi-tables. Por ello un machete bien afilado, es un elemento indis-pensable como arma silenciosa y de trabajo. Sin lugar a dudas es fundamental para sobrevivir.
6. **Avance en silencio**, tratando de penetrar con la vista los oscu-ros huecos vegetales "escudriñando a través de ellos". Sabido es

que no podrá ver más allá de un par de metros, entonces tendrá que observar en los 360°, pues un peligro puede aparecer desde una dirección considerada improbable. No se distraiga, mire bien donde va a colocar el pie o su mano y aparte con suavidad las ramas que impidan su avance.

7. Toda brusca interrupción de los ruidos característicos de la selva o el vuelo alarmado de las aves, es señal que algo anormal está ocurriendo. Recuerde que el viento nunca llega al suelo y cuando las ramas bajas se mueven indica que algo se aproxima. Durante la noche si no está adaptado a la selva y habiendo luna, los movimientos del propio follaje con sus caprichosas sombras pueden hacerlo imaginar la presencia de extraños por todas partes.

8. Algunos autores recomiendan el uso de guantes ligeros (sin dedos) cuando se camina en la selva. Estos protegen las manos cuando se trabaja con el machete, previenen picaduras de insectos y evita las heridas causadas por las espinas. También sirven para prevenir que el arma resbale de sus manos por la transpiración. Son útiles cuando hay que deslizarse por cuerdas (Rapel), pues impiden que la piel de las manos se queme por el roce en personas poco prácticas. Los guantes livianos son de innegable utilidad, pero su empleo debe limitarse para casos de necesidad, de otro modo, con el uso constante, la piel se volverá excesivamente sensible y delicada.

9. Para el caso de patrullas militares que avancen por una senda, no sólo pueden ser emboscadas con facilidad, sino que sorpresivamente pueden encontrarse con enemigos que caminen en dirección contraria y se vean a menos de un metro. Un tirador entrenado posee mecanismos de reflejos (automáticos) que al instante le permiten identificar un blanco y (si es necesario), disparar con eficacia. Esto último ¡en zona montuosa es vital.! Siempre deberá estar atento para disparar rápidamente a corta distancia, pues los peligros aparecen y desaparecen en forma fugaz entre la maraña a escasos metros donde Ud. se encuentra. Esto lo obliga que en más de una vez se deba disparar al "bulto". Para misiones de este tipo, un grupo reducido debidamente entrenado que domine los secretos de la selva, obtendrá mejores resultados que otro más numeroso y con mejor equipo.

10. En la selva no existen movimientos ruidosos, "se vive, se lucha y se muere en silencio". Tampoco se puede andar de prisa, pues aparte de impedirlo un variado y espeso "muro" vegetal, habrá que observar cuidadosamente por dónde se camina. Una leve diferencia del nivel del suelo puede ocultar un pozo con estacas afiladas, y un alambre disimulado sin duda señala una trampa lista para ser activada. Es la forma que usan ciertas tribus para cazar y proteger de intrusos su territorio, ídem aquellos que viven al margen de la Ley. Por otra parte en determinadas regiones de la selva continental donde hubo y existen conflictos armados, es común encontrar minas explosivas activas en sendas transitables. Los más afectados por las minas antipersonal son Ecuador, Perú y Colombia. Ver Anexo IV: Proceder en un campo minado.

12. Algunas patrullas antes de hacer noche, arman ingeniosos tendidos de alambres a centímetros del suelo con latas suspendidas en contacto entre sí y cascabeles que hacen ruido si son tocados. Incluso instalan trampas explosivas en la senda de acceso más de 100 metros de donde descansa el grupo, de esa forma advierten si alguien extraño se acerca y a qué distancia se encuentra. Se descarta que no hay olvidos en levantar todo el material cuando el grupo abandona el lugar.

TABLA RELATIVA DE JORNADAS DE MARCHA A PIE
(horas diurnas)

Tipo de terreno	Por senda	A campo traviesa	Con heridos	Promedio km/jornada
Llanura	x			30/40
Llanura		x		20/25
Llanura	x		x	8/10
Monte	x			25/30
Monte		x		8/10
Monte	x		x	8/10
Selva	x			16/20
Selva		x		3/4
Selva	x		x	2/3

Machete en mano

Ríos tropicales

La vegetación de la selva sudamericana es impresionante y arrolladora, pero la amazónica es la más impenetrable de todas. Ríos y otros afluentes menores son las únicas opciones que se tiene para aventurarse con relativa seguridad por lo más espeso de la jungla. No obstante, suele verse árboles y lianas entrelazadas recostadas casi sobre la superficie de los cursos de agua. Ello imposibilita en determinadas ocasiones la navegación, incluso hasta de simples canoas. Salvo este inconveniente, que no ocurre en ríos de importancia, viajar en bote es lo más recomendado para recorrer distancias, que por las sinuosidades suelen demandar varios días, aún con motor. La organización sugerida es la siguiente:

a. Como en la jungla anochece temprano, se debe elegir el lugar donde desembarcar cerca de las cuatro de la tarde. Esta precaución permitirá organizar el campamento para pasar la noche.

b. Por distintos peligros, nunca acampe en playas abiertas.

c. En casi todos los casos, la mejor hora para reiniciar el viaje fluvial, es el amanecer para aprovechar el tiempo fresco.

d. En una situación límite, siempre es aconsejable navegar de día pero en ocasiones en que se tenga experiencia, se puede intentar viajar de noche. Como se comprenderá, el calor se soportará mejor, y habiendo algunas estrellas, la visibilidad será óptima para ojos habituados.

e. En esos alejados parajes, el ruido del motor de la embarcación es escuchado a largas distancia por lo que atraen a quienes viven cerca. Esta recomendación es útil, pues también hay que estar pendientes de piratas (bandoleros), que desde botes pueden treparse a los suyos, robar equipos y matar porque están armados. Incluso los aborígenes en la oscuridad sigilosamente sustraen canoas. Por ello, a la noche se recomienda transportar los botes hasta el mismo campamento y hacer turnos de vigía desde distintos ángulos ocultos.

f. Con los pequeños cursos de agua de la selva habrá que ser cuidadoso, bastará una breve lluvia para que el nivel crezca rápidamente y se inunden tierras cercanas. Las tormentas tropicales son breves pero de una intensidad abrumadora, la lluvia constante y el viento pueden ocultar de la vista objetos cercanos, el temporal hará volar carpas y se perderán equipos. Con esta meteorología, las aguas de los ríos corren con violencia incontenida, arrastrando troncos y malezas. En algunos lugares se formarán colosales remolinos. En estos casos, si dispone de una embarcación, deténgase y desembarque para no "terminar con la quilla apuntando al cielo". Si lo sorprendiese una tormenta eléctrica, debe resguardarse entre la maleza lejos de árboles altos que pueden atraer rayos.

g. Antes de cruzar un arroyo se debe evaluar si lo haremos a pie o nadando. Algunos cursos lentos de agua clara en la selva son muy traicioneros, parecieran tener menos de un metro de profundidad (a veces, a simple vista) pero ese fondo aparente está recubierto por un colchón de pequeñas raíces, hierbas y plantas acuáticas que ocultan profundidades de hasta 5 metros. Una persona desprevenida que pise este falso fondo desaparecerá por el hueco que hará su propio cuerpo. Si no se está pronto para auxiliarlo morirá ahogado o será atrapado bajo ese manto vegetal por alguna boa gigante o un caimán, que en emergencias de este tipo suelen atacar a los humanos.

h. Cuando necesariamente se deba franquear a pie aguajes pantanosos, habrá de atarse una soga cuyo extremo tendrá otra persona y elegir las raíces donde pisar. En estos sitios suele haber ocultas anacondas, caimanes, serpientes y pirañas.

INDIOS Y PAISANOS

En las latitudes cálidas de Sudamérica tenemos tres agrupamientos étnicos claramente diferenciados:

– El indio salvaje de la zona tropical.   → No existe en Argentina.
– El aborigen pacífico semi civilizado   → Habita en Argentina.
– El poblador nativo (gaucho).   → Habita en Argentina.

El indio salvaje

Existen amplias áreas de muy difícil acceso ubicadas aproximadamente entre los 3° de latitud norte y 20° de latitud sur, donde vive la mayoría de los grupos étnicos considerados peligrosos, otros se encuentran compartiendo territorio entre Brasil y Venezuela. Actualmente no ha sido posible explorar ciertas zonas inaccesibles (tampoco habría guías conocedores), donde se sospecha existirían tribus desconocidas. Sólo en la cuenca amazónica existirían no menos de dos centenares de diferentes tribus, algunas de ellas en estado salvaje

Aunque muy difícil hallarlo, el indio en estado salvaje es peligroso y se lo identifica porque deambula semidesnudo en alejados lugares de la selva tropical de ingreso dificultoso. Suele pintar su cuerpo con colores llamativos, es de fuerte constitución física y goza de buena salud. Los individuos de escala más primitiva de algunas tribus, caminan sin apoyar el talón del pié y es fácil identificar su pisada porque mantienen el dedo mayor en ángulo abierto. Sólo hablan su propia lengua tribal, y no buscan contacto alguno con el hombre blanco.

Es notable, pero cuanto menor es la escala primitiva de estos indígenas, con más facilidad pueden caminar por la selva de día como de noche con absoluta libertad, pues su vista ha adquirido un desarrollo extraordinario al igual que su instinto, y los sentidos auditivo y olfativo. Ellos son los amos de su medio ambiente selvático y lo podrán ayudar a acercarse a la civilización, de modo que intente atraerlos. Esto implica una tarea delicada y peligrosa, pues no todas las tribus de los trópicos reaccionan de la misma manera ante la presencia de una persona extraña. Casi todas conservan resentimientos de experiencias anteriores, muertes, persecuciones, etc. Usted en presencia de un grupo de salvajes hostiles, no debe demostrar temor ni esgrimir arma alguna, si ellos no se ven amenazados y lo ven sonreír es posible lo ayuden. Por principio actúe sólo en defensa propia, en algunas circunstancias, el agresivo químico en aerosol, suele dar excelentes resultados.

Básicamente se diferencian dos comunidades: los que tienen su asentamiento en tolderías, bohíos, etc. y aquellos de costumbres nómades que duermen en los árboles por una noche.

Los salvajes sudamericanos en el siguiente orden son enemigos mortales de: militares, policías, buscadores de oro, y pobladores nativos (gauchos). Incluso tiene diferencias con tribus pacíficas. Es obvio que Ud., no piensa matar a nadie, pero en la espesura de la jungla el indio no lo sabe, y en la confusión es probable que lo incluya en la referida lista.

Determinados estudios revelan que ciertas tribus descargan una ferocidad atroz con los intrusos, otros informes por el contrario sostienen que hasta es posible convivir con ellos. Esta aparente contradicción se debe a experiencias diferentes donde, por alguna causa los indios decidieron aceptar a extraños o por el contrario les dieron muerte. Estos seres, sin previo aviso pueden matar a quien intente pasar por su territorio. En 1956 en Ecuador, exterminaron a un grupo de misioneros protestantes de los Estados Unidos que pretendieron acercarse a una de estas tribus. Tiempo después en abril del 2004, en el Estado Amazónico de Rondonia (Brasil), masacraron a 41 "garimpeiros" (buscadores de oro y diamantes). Existieron otros casos y desapariciones en la selva de los que no se pudieron obtener referencias precisas.

Los salvajes de estirpe guerrera son temidos incluso por las demás tribus, debido a su agresividad y su afición a los cultos sanguinarios, mezclados con ritos de magia. A medida que el hombre blanco fue avanzando, su reacción fue abandonar las costas de los ríos más importantes donde tenían sus asientos, para ir hacia riachos lejanos ocultos en lo más espeso de la selva.

Para cazar o defenderse, lo hacen en silencio absoluto y gran precisión con la tradicional cerbatana. Básicamente consiste en un elaborado tubo de madera de unos 3 metros de longitud y un orificio pequeño que termina en una especie de embudo dónde se apoya la boca. El rápido soplido del tirador dispara un dardo de 30 centímetros envenenado con "curare" (veneno nativo de origen vegetal). Un sólo impacto que reciba un mono grande a 60 metros, le ocasiona la muerte en dos minutos por paro respiratorio. Dicho tóxico es mortal también para los humanos y de hecho lo usan en sus flechas y lanzas.

Aunque no es norma fija, por lo general el indio guerrero de la selva tropical, nunca ataca a sus enemigos de día, sino que prefiere seguirlo, observarlo y esperar que descanse, para luego caer violentamente sobre él, aniquilarlo y apoderarse de sus pertenencias. Las armas y las mujeres nativas son el botín más apreciado. En algunos lejanos parajes de difícil acceso, Ud. no verá salvaje alguno, no se dará cuenta de nada. Repentinamente decenas de flechas envenenadas pasarán zumbando a su lado, se incrustarán cerca suyo y podrán matar personas. Aún fuera de los límites geográficos a que se hiciera alusión, el autor pudo comprobar que la vida humana, lamentablemente no suele tener mucho valor. Recurrir a un lejano y destartalado destacamento policial puede ser desmoralizador. Estos ataques, y otros de malvivientes que actúan en banda, son una realidad, y es muy raro cuando se publica algo al respecto en algún periódico.

En la actualidad no se tiene conocimiento que las mismas tribus que en un pasado cercano realizaban prácticas de canibalismo contra sus enemigos, lo continúen haciendo. Los Jíbaros que viven al Este del Ecuador y zonas limítrofes de Perú, hasta muy entrado el siglo XX continuaron resistiéndose a modificar sus costumbres y habrían interrumpido el hábito de de reducir las cabezas de sus adversarios asesinados. Pero no se descartan hechos aislados, muy difícil de comprobar. Por otra parte la comercialización de tales cabezas es penado por la Ley y las que se suelen vender a los turistas como auténticas pertenecen monos sacrificados.

No es lo mismo la psicología de indígenas mansos, que la de seres selváticos de ignotos lugares sudamericanos. Estos últimos, por su voluntario aislamiento, han conservado en estado puro una raza vigorosa incontaminada, con orgullo guerrero y odio a los forasteros.

El aborigen pacífico

Importantes grupos de aborígenes argentinos estudian, se capacitan y hasta siguen una carrera militar. Pero existen otros que viven en tolderías o ramadas, alejados de todo poblado y se los encuentra tanto en el monte subtropical como en la selva. No gozan de buena salud, visten en harapos, y apenas balbucean unas diez palabras en español o portugués, según la zona. Normalmente, los indios sean hostiles o pacíficos, nunca se acercan solos y rehúsan cualquier contacto con personas civilizadas. El diálogo del hombre blanco con todas las comunidades indígenas del Continente, está roto desde hace cinco siglos por la conquista española, agravado después en la época donde se los esclavizaba en las plantaciones de caucho. Por ello, cualquier acercamiento para conversar con un aborigen de Sudamérica; es respondido con gestos negativos, alejándose rápidamente del interlocutor. Quien escribe estas líneas observó, que en algunas ocasiones se niegan a vender sus productos a una persona de ciudad, y en otras responden con deliberados errores sobre la dirección que conduce un determinado camino. Por lamentables experiencias son personas rencorosas. Sólo después de semanas de disimulado y lento acercamiento, podrá obtenerse un resultado satisfactorio; siempre que en el cambio de favores el aborigen considere que ha salido favorecido.

Para obtener auxilio sean indios salvajes o mansos, Ud. debe aproximarse sonriendo con naturalidad, saludando con ademanes como si ellos fueran conocidos suyos y ofreciéndoles cigarrillos. Si la respuesta es esquiva y obtiene rechazo, no insista y permanezca en el lugar procurando atraer la curiosidad con alguno de sus objetos personales. Generalmente se acercarán para observar y se establecerá el diálogo. Es fundamental tratar de probar afecto, pero recuerde que la codicia y el recelo suelen ser características del indio, por ello la amistad y la lealtad del mismo son muy relativas debiéndoselas mantener con frecuentes regalos. Todo trato debe ser bondadoso, aunque sin demostrar debilidad de carácter, con lo que se impedirán abusos de confianza, pues en ciertas ocasiones actúan como niños. Entre otros detalles, cuide los efectos personales de su mochila; algunos son proclives al hurto. De buenas maneras, pero con marcada decisión indique los límites de conducta.

El mejor acercamiento lo constituyen los regalos: algunos cigarrillos, un poco de sal, carne, fósforos, caramelos, vino, machetes, anzuelos de pesca y otras cosas. No recurra al dinero, pues en determinadas latitudes de nuestro Continente (Argentina incluida); el papel moneda carece de validez práctica y el aborigen lo suele rechazar. Por otra parte, al no saber aritmética, no comprende el valor ni el significado de las cantidades impresas. El autor observó cómo, en ciertos parajes aislados, el trueque es la forma usual de comerciar o pagar un trabajo.

Una vez en contacto con ellos, procure comunicarse con el jefe de la tribu (cacique). Hágale conocer su problema. Su suerte dependerá de lo que ese personaje decida. Si Ud. conoce sobre primeros auxilios, y cuenta con medicinas entre su equipo, será muy apreciado por los aborígenes. No olvide que a todos los indígenas les gusta ser tratados con dignidad, de "igual a igual" con el hombre blanco, y se ofenden si consideran que han sido subestimados.

Nunca se empleará la violencia o se tratará de explotarlos; pues despertará su rencor. Como todo ser primitivo se ofenden con suma facilidad y toda la tarea de paciente aproximación puede desmoronarse al instante. Si tiene tiempo procure aprender palabras indígenas y los trucos que emplean para cazar y pescar. Si piensa que tendrá una estadía prolongada es fundamental que haga su propio refugio donde ellos podrán colaborar. Sin que parezca muy evidente y por razones que se explican más abajo en Supervivencia y Salud, se evitará cualquier contacto físico. Algunos indígenas mansos, lamentablemente han sufrido por años enfermedades contagiosas y parásitos. Tampoco es aconsejable formularles preguntas a las que deban responder con informes precisos. Como carecen de toda preparación intelectual lo conducirán a un error, en especial con medidas de tiempo y distancia. Lo mismo ocurre en el Altiplano Andino a 3.400 metros de altura, donde masticar hojas de coca es el gran favorito del indio quechua. Este alcaloides lo mantiene despierto y puede viajar largas distancias sin sentir fatiga ni hambre. Pero aquellos que la consumen, si además beben alcohol y fuman, tienen un aspecto físico lamentable. Esto también ocurre en Salta y Jujuy. Si a ello le sumamos las dificultades idiomáticas y que rehúsan contacto con extraños, normalmente con ellos no es posible mantener un diálogo coherente y sincero.

Los indios nativos de Argentina son ciudadanos con derecho a voto, pero por razones fáciles de deducir no entienden ni les interesa la política. Experiencias que se remontan a muchos años los han hecho incrédulos y desconfiados, de modo que si Ud. no es un especialista en temas indígenas, no debe intentar abordar ese tema.

Los gauchos y los indígenas, tienen temor a dos grupos claramente diferenciados de peligros. Unos ciertos que Ud. los debe aceptar, como el jaguar, las serpientes, las avispas, etc., y otros derivados de la superstición. Obviamente ignoran las consecuencias de la falta de higiene, pero eso el lector ya lo conoce. Antes de cometer errores aprenda de la experiencia aborigen.

El poblador nativo

Por último, el habitante de esos parajes es el típico paisano que vive en los tradicionales ranchos de paja y barro. No existe ningún diálogo entre los individuos pertenecientes a las distintas clasificaciones nombradas, y se consideran enemigos entre ellos. Incluso entre las distintas tribus hay recelos. La mayoría de las veces la causa proviene del robo de ganado. Como esta historia lleva muchos siglos y aunque le cueste entenderlo, no intervenga en los pleitos. Esto se complica más pues militares y policías de ciertos países, persiguen a todos los agrupamientos aborígenes, en especial los que están en estado salvaje. Algunos consejos que se verán en las páginas que siguen tienen validez para el trato con indígenas, y otros son de aplicación para todos los grupos étnicos mencionados.

Las personas instruidas y acostumbradas a las comodidades de la vida moderna tienen pensamientos y costumbres muy diferentes que colisionan con las del lugar. Para no ganar antipatías, sea prudente y esté preparado para el **inevitable choque cultural.**

Si se acerca a un poblado, lo mejor que le puede ocurrir, es que por su modestia sea paulatinamente integrado a la comunidad. Pero, para que ello ocurra deberá dar la impresión (sin exagerar), de estar interesado por aprender todo el acontecer nativo. Ello sería como reconocer que las costumbres locales son tan importantes como las suyas. Los individuos de alejadas comarcas tienen cierto complejo de inferioridad con el habitante de las grandes urbes (hombre o mujer), y cualquier desestimación imprudente de sus hábitos será tomado como un desprecio. Deberá entenderse que, así como nos produce asombro ciertas costumbres autóctonas, de la misma manera los pobladores nativos se sorprenden con las nuestras. Ejemplo: las vestimentas.

Toda la región practica una sociedad machista muy primitiva. Las mujeres campesinas de esas latitudes sólo se dedican a tareas hogareñas y no hablan con extraños. Generalmente visten pantalones y sobre ellos, una falda, no mostrando otra porción de piel que sus manos y su rostro. Cuanto más atrasada es una comunidad, con más decisión las mujeres son una suerte de pertenencia masculina sin derecho a opinión. Si en su grupo viajan mujeres de ciudad, no deberán participar en las conversaciones que Ud. mantenga con los hombres nativos. Ellas hablarán sólo lo necesario, y vestirán ropas discretas que cubran todo su cuerpo incluyendo extremidades. Por más calor que haga, un simple hombro desnudo puede ser interpretado como una provocación maliciosa, sembraría dudas sobre sus intenciones y todo se habrá malogrado. Cabelleras rubias y piel muy blanca llaman siempre la atención. Normalmente las aldeanas del lugar sentirán una gran curiosidad por sus congéneres foráneas, lo que será aprovechado por éstas para hacerles algunos regalos. Ver Anexo II: Regalos.

Una de las características de ciertos nativos, es ser mito maníaco. Es decir, inventan historias por puro placer. En casi todos los pueblos de la zona templada-tropical, suelen encontrarse famosos personajes que relatan con seriedad distintos temas colmados de fantasía que él supone de nuestro interés. Cuánto más atención se le preste, más fábulas escucharemos. No crea todo lo que le digan, pero sea cuidadoso con la información que reciba. Lo aconsejable es confirmar un dato de interés por varias fuentes distintas.

Con los habitantes nativos de esas regiones, sean indígenas de cualquier agrupamiento, o pobladores, es básico que Ud. dé una buena impresión. Siga siempre estos consejos de los que tengo personal experiencia:

Normas para una feliz convivencia con individuos nativos.
- Trate siempre con el personaje más importante.
- Respete todas la creencias y costumbres autóctonas por más ridículas que le parezcan; no las podrá cambiar. Nunca lo intente.
- No parlotee, hable sólo lo necesario y en voz baja. **Use frases simples para dialogar.** La mayoría de los nativos son analfabetos y en algunos casos no conocen más de 100 palabras en castellano. ¡No lo podrán entender aunque digan lo contrario...! Hablar con un indio es aún más complicado, una veintena de lenguajes lo impide.
- No hable nunca de política o de religión.
- Procure aprender algunas palabras en lengua nativa; causará buena impresión y dará confianza.
- En los poblados o aldeas, no camine de prisa ni haga ademanes bruscos; nadie actúa de esa manera.
- Nunca ingrese a una vivienda por más ruinosa que sea, si el dueño no lo invita a hacerlo.
- No haga alardes de su sabiduría, sea humilde. Suavice el inevitable choque cultural que siempre se produce.
- No subestime a nadie. Existen nativos muy bien informados.
- No se preocupe por los cuchillos y machetes que usan los lugareños; son herramientas de trabajo.
- Ignore siempre las mujeres nativas que vea.
- Sonría normalmente y sólo con varones.
- Dé una buena excusa cuando rechace algún alimento dudoso.
- No use uniformes con mimetismo (camuflaje). No son simpáticos.
- Los "Piercings" y tatuajes en la piel producen desconfianza y rechazo.
- No demuestre temor, pero tampoco haga ostentación de fuerza y menos con un arma.

- No olvide que indígenas y pobladores paisanos, son enemigos irreconciliables. Jamás los confunda y sea neutral.
- No fotografíe ni filme individuos o ceremonias sin pedir permiso. Por superstición y recelo los indios son reacios a dejarse fotografiar. Para lograr sus propósitos deberá entregar algo a cambio. Los selváticos de niveles muy primitivos, no comprenden y se irritan cuando se los apunta con una cámara. Ellos asocian a toda medición óptica con un ataque. Obtener buenas tomas sin ser notado, es muy difícil aún con teleobjetivo.
- Nunca obsequie medicinas a los aborígenes; no las sabrán usar.

Básicamente deberá ser muy prudente y lógico. Es decir, todo lo contrario de lo que se acostumbra en una gran ciudad "civilizada..."

CAMPAMENTOS

La mayoría de estas indicaciones también tienen aplicación en otras regiones como montañas y desiertos.

Sobre el sitio ideal:
* Los campamentos son muy visibles y según se desee podría estar oculto a la observación.
* Se elegirá en un plano elevado y seco.
* Tendría que tener agua y leña en las proximidades.
* Se procurará sombra en verano.
* Se evitarán los pastizales altos, los lugares muy boscosos y las zonas de aludes.
* Estará al reparo de los vientos predominantes.
* No estará muy próximo al lecho seco de un río.

Durante la travesía, los campamentos serán hechos en las últimas horas de la tarde o antes de una tormenta, de forma tal que sea posible elegir el lugar apropiado durante las horas de luz solar. Campamento equivale a organización y sencillez, por lo tanto se aconseja distribuir las distintas tareas internas conforme a las experiencias e inclinaciones personales, con lo que se obtendrá rapidez y eficacia. Si se calcula una prolongada estadía, podrá ser necesario construir mejoras en el lugar. Los troncos y la tierra son los materiales ideales. Se evitará la acción nociva del suelo húmedo que ya hemos visto es característica del monte y la selva, construyendo camas improvisadas o hamacas, aprovechando en forma adecuada troncos y ramas. Pero nunca se intentará hacer una cueva subterránea, no sólo por lo insalubre de la tierra húmeda sino porque rápidamente será ocupada por serpientes venenosas y arañas dañinas.

No obstante lo agreste de esos parajes, la tecnología moderna ha posibilitado el descanso bajo severas condiciones naturales. Existe para el sueño una práctica carpa-cama que en otros países se denomina carpa o hamaca de jungla (Fig. 10).

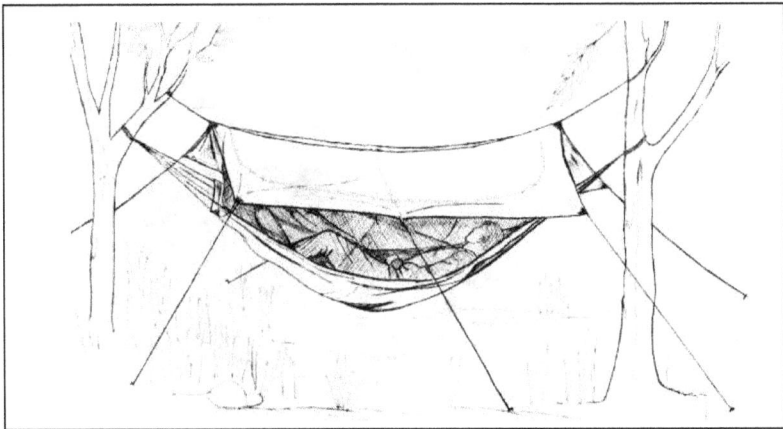

Fig. 10. De una sola pieza.

Ella reúne, entre otras, las siguientes características: se suspende de ramas como la hamaca paraguaya, a los costados tiene un tul mosquitero adherido a un techo impermeable a dos aguas. Es muy liviana, y la calidad de la tela permite plegarla para su fácil transporte en la mochila. Indudablemente es un valioso elemento del equipo para todo aquel que desee hacer menos penosa su permanencia en zonas húmedas, con insectos molestos y peligro de ofidios.

Fig. 11. Refugio de circunstancias construido con ramas.

Fig. 12. Refugio elevado contra la humedad y los ofidios.

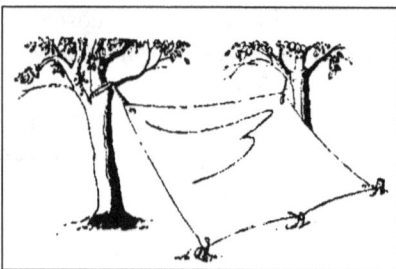

Lona o plástico multiuso.

Sobre la carpa:

1. La carpa será orientada para que la entrada esté opuesta a la dirección del viento, mejor si cuenta con protección adicional contra ráfagas heladas. Asegúrese esté a un nivel superior para evitar que el terreno se inunde.
2. En determinadas oportunidades suele ser conveniente enterrar parcialmente una carpa para una mayor protección contra los vientos y el frío (en montaña).
3. En terrenos blandos se harán desagües perimétricos.
4. Con tiempo lluvioso afloje las drizas, debido a que la tela mojada se contrae y aumenta la tracción.
5. En aquellas carpas sin doble techo, no toque durante la lluvia la tela que la protege, pues indefectiblemente se formará una gotera.
6. Los lugares propensos a las filtraciones pueden transitoriamente impermeabilizarse haciendo gotear sobre ellos el sebo de una vela.
7. No instale nunca una tienda de este tipo en el lecho seco de un río pues, aunque se considere improbable una lluvia usted puede "aparecer" imprevistamente (en el mejor de los casos) a centenares de metros de ese lugar.
8. No ingrese a una carpa con las ropas o el calzado mojado y menos aún en invierno.
9. Mantenga una reserva de leña seca debajo de los aleros del dobletecho de manera que en los días de lluvia pueda disponerse de la cantidad necesaria de material seco para iniciar el fuego.
10. El ábside en tiempo de lluvia soluciona muchos inconvenientes. Ese espacio es útil en dichos casos para guardar equipo, alimentos y ropas.
11. Normalmente se aconseja armar campamento al reparo de los árboles, pero en invierno fuertes ráfagas de viento puede desprender pesadas ramas. Aléjese de los árboles añosos.
12. En las regiones cálidas, limpie el lugar elegido antes de instalar el campamento. De esta forma, al menos por un tiempo, ahuyentará los insectos y ofidios.
13. Ver Anexo II: La carpa.

Sobre la experiencia:

a. Siempre arme campamento con suficiente tiempo antes de la puesta del sol.
b. Extreme precauciones para evitar un incendio en el bosque.
c. Descanse todo el tiempo necesario y organícese.
d. Medite la situación y adopte un plan para el día siguiente.
e. Antes de batir carpas controle el equipo y asegúrese de apagar perfectamente el fogón.
f. Reúna a todo el grupo, infunda tranquilidad y eleve la moral.

Existe una gran variedad de refugios que pueden construirse. Ello depende de la cantidad de materiales aprovechables de que se disponga, y de la necesidad de protección, ya sea del frío, calor o de los insectos. A continuación se ilustran algunos de los refugios más comunes (Figs. 11 y 12).

Refugio es sinónimo de calor y no sólo habrá necesidad de hacer un fogón para cocinar alimentos sino también para alejar alimañas, por lo que deberá alimentarse el fuego toda la noche.

MANERAS DE HACER FUEGO

Saber hacer fuego con elementos naturales y mantenerlo dominado es una de las habilidades más importantes que una persona puede poseer en una situación límite. El fuego es necesario para cocinar, ahumar alimentos, hervir agua, brindar calor, secar ropas, hacer señales, etc. Primeramente se elegirá un lugar protegido del viento, quitando todo material combustible de alrededor. En ciertas circunstancias será conveniente hacer fuego contra una roca o tronco para que le calor se proyecte hacia el refugio, no sólo se protegerá al fuego del viento sino también se proporcionará superficie para colocar los elementos de cocina. Acumule en el sitio elegido cortezas, hojas o pasto seco, nidos o pequeñas ramas y prepare cerca una reserva para alimentar el fuego. La idea es hacer un fogón que pueda ser controlado y no una hoguera. **¡Nunca se aleje sin haber apagado perfectamente un fuego!**

Toda madera verde y aun aquella que se encuentre mojada, puede arder si está trozada en largas y finas astillas. De todos los combustibles líquidos, el menos apropiado para iniciar fuego es la nafta, pero si llegara a ser el único que posea, nunca vierta este inflamable directamente sobre las brasas intentando avivar las llamas.

Difícilmente podrá sorprenderse a un campesino sin fósforos o encendedor en sus bolsillos, pues ellos saben de lo inestimable de su utilidad. Todo viajero debe llevar una buena provisión de fósforos. No obstante, en una eventual emergencia, tendría que estar capacitado para encender fuego sin ellos.

Como primera medida habrá que procurarse hebras de ropa, plumas pequeñas, polvo de madera producido por insectos y que puede ser hallado en troncos muertos, pasto o corteza seca y, de ser posible, la pólvora extraída de un cartucho. Sobre esta yesca proyecte una lente convexa, quitada de una anteojo largavista, hasta que el preparado empiece a humear.

Claro está que, mucho más práctico, será emplear una lupa como las que suelen encontrarse en los equipos de supervivencia. Un sistema primitivo, pero no menos eficaz para hacer fuego, es confeccionar un arco con una cuerda fuerte que se usará para hacer girar un trozo de madera superpuesta sobre otro de dureza similar.

Todo debe estar perfectamente seco. Al cabo de cierto tiempo, lentamente los puntos de fricción comenzarán a humear, siendo éste el momento indicado para agregar yesca con el fin de avivar seguidamente el fuego (Fig. 13).

Estos métodos son ejemplos de paciencia, por lo que algunas prácticas son necesarias para alcanzar cierta experiencia. Recoja y prepare una buena cantidad de yesca para ser usada en posteriores ocasiones. Guarde este preparado, perfectamente seco, en una bolsa de polietileno o en sus bolsillos. Si tiene dificultades para iniciar fuego con los procedimientos descriptos, lleve durante el viaje una lata o recipiente improvisado con carbones encendidos y cubiertos de cenizas para aumentar su duración. En el Capítulo III, se indica la mejor manera encender fuego en condiciones difíciles.

Para improvisar un candil, emplee cualquier recipiente que contenga combustible aceitoso e insértele una mecha confeccionada con hilos, piolines o género, para que provea luz y llama durante toda la noche.

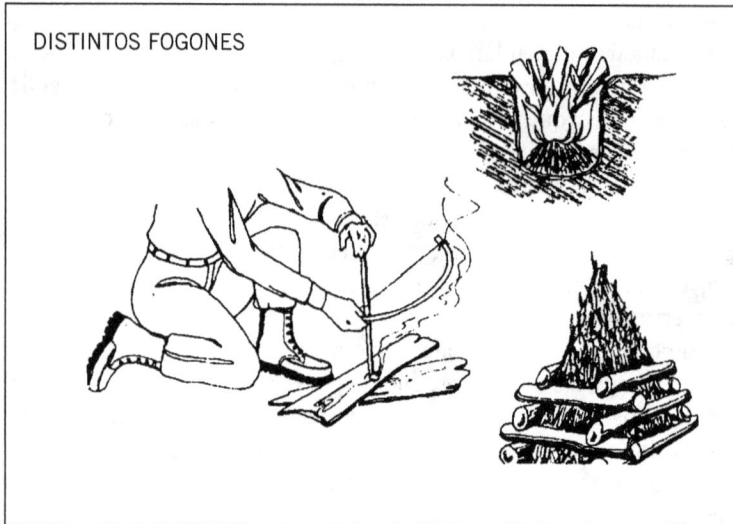

Fig. 13. Método primitivo para encender fuego.

COCINA Y CONSUMO

En las situaciones que se relata, la comida es obviamente muy importante pero no de la magnitud que habitualmente se cree. Se sabe de casos en que individuos sometidos imprevistamente a emergencias de este tipo, pudieron soportar varias semanas sin probar alimento alguno. En la zona tropical el almacenaje de alimentos es muy dificultoso, el calor y la humedad es tan elevado que hasta suele afectar la conservación de las raciones de supervivencia. Los cereales germinan en el interior de las bolsas, los fideos se descomponen. La sal se licua en contacto con el aire y tanto el pan como el cuero, adquieren una tonalidad verde con pelusa en poco tiempo. Con este clima que todo lo moja, las latas de alimentos envasados adquieren un valor inusitado.

Si no se llegara a consumir totalmente el contenido de una comida envasada, se podrá mantenerla unas horas más dentro de la lata hasta el consumo posterior. De esa manera se la protegerá de los insectos y será más fácil su transporte. En el transcurso del, primer día se comerá la habitual ración prevista como en circunstancias normales, luego (progresivamente) podrá racionarse el consumo de comestibles con el fin de acostumbrar al organismo a una menor ingestión de alimentos, en previsión de que éstos llegaran a escasear. Minuciosamente trate de hallar cualquier vestigio de alimento natural. Tal vez muy cerca del campamento se puedan encontrar campos sembrados en alguna época, que aún conserven tubérculos, nidos de aves con huevos en su interior, cursos de agua con peces; zonas apropiadas para cazar animales silvestres, etc. En tal caso, guarde los alimentos deshidratados y conservas tanto como pueda, a modo de reserva para jornadas de caza poco favorables.

Desangre y descuartice **rápidamente** todo animal que vaya a ser consumido. Los cortes serán hechos sobre las venas del pescuezo estando suspendido el animal de sus patas traseras. Si éste es demasiado grande (ciervo o guanaco), consiga 3 troncos delgados de unos 2,50 metros de longitud. Junte en ángulo las 3 puntas y átelas formando una estrella. Luego encime sobre la cabeza del animal la unión de estas puntas y ate este conjunto al pescuezo o los cuernos de la presa. Seguidamente levante en forma sucesiva el conjunto de troncos, formándose de esa manera un trípode con el cuerpo de la pieza suspendido. Con este método podrá quitarse el cuero, eviscerarse y trozarse, lo que acelera el necesario proceso de enfriamiento de la carne. La sangre podrá ser recogida y hervida para aprovechar sus propiedades nutritivas y la sal que contiene.

La carne sobrante de una comida para otra será recocida para evitar cualquier posible toxicidad. La carne roja puede ser conservada bastante tiempo, especialmente en los climas secos, si se la corta y prensa en tiras delgadas, para proceder a su salado con sal gruesa. Luego se la cuelga durante tres días al sol, cubriéndola durante la noche para evitar la humedad. Al finalizar el proceso de deshidratación se obtiene el sabroso y folklórico "charque". El autor observó que al final de esta operación es casi inevitable que se presenten algunas porciones de moho en el charque. En tal caso, simplemente se lo quitará o lavará antes de la cocción.

Todo animal en nuestro país puede ser ingerido luego de asado (menos los carroñeros, el sapo y el escuerzo por los parásitos que contienen). Si se carece de utensilios de cocina, puede ser asado directamente a las brasas aunque se pierda la parte exterior de la presa. También es conveniente cocinar por ebullición (sopas). Los pescados eviscerados podrán cocinarse a las brasas cubriéndolos con barro, con la ventaja de que su piel se desprenderá por sí sola luego de una hora de cocción. Los pescados serán descabezados y limpiados de vísceras rápidamente luego de ser cobrados. Su carne deberá cocinarse con prontitud. No coma nunca pescado con olor desagradable, ojos hundidos o agallas viscosas. En las favorables temporadas de pesca, los pescados cobrados vivos podrán mantenerse cierto tiempo en una jaula sumergida y confeccionada con ramas, troncos finos o alambres.

Casi todos los pescados pueden ahumarse, lo que permite un almacenamiento más o menos prolongado, según la sequedad del medio ambiente. El primer paso es la limpieza del ejemplar elegido, que consiste, como ya hemos visto, en el eviscerado y descabezado (se pueden dejar las escamas cuando no son pescados grasos). Luego se lo recubre bien con sal gruesa, dejándolo un tiempo proporcional a su peso, es decir, un día por kilogramo. El paso siguiente es colgarlo a la sombra para que se oree, evitando todo tipo de humedad.

Para obtener el ahumado, se quita la parte superior a un tambor o recipiente de regulares dimensiones. Se clavan o sujetan dos travesaños o soportes en las caras opuestas internas, a unos 30 centímetros de la abertura. Sobre estos travesaños se apoyará un alambre tejido o algo que lo reemplace. Se agujerea el tambor en los costados, cerca del fondo, para permitir el tiraje y se practica otra abertura en el frente cerca de la base, por donde se carga, preferentemente con aserrín. Este puede ser sustituido por hojas verdes en caso de necesidad. Se recomienda aserrín de álamo, ciprés, lenga, o pino Paraná o sauce. Una vez cubierto el fondo del tambor con el material combustible, se le prende fuego y se colocan los pescados preparados sobre el alambre tejido. Se repone varias veces el aserrín consumido y se aguarda hasta que las piezas se encuentren a punto, lo que se logra unas 8 horas después. Las carnes rojas pueden también prepararse con este sistema para preservarla de los insectos, siempre que se corten en tajadas finas y se las deje ahumar como en el caso anterior, hasta que se tornen quebradizas (Fig. 14).

Todo mamífero, ave o pescado que haya sido recién muerto, puede ser consumido en nuestro país. Prudentemente preparada su carne y puesta a cocinar en un considerable lapso para eliminar parásitos, puede ser consumida sin otras alternativas que un sabor desagradable. Las langostas poseen vasto alcance calórico-proteico y su contenido vitamínico es relevante. Algunos los insectos están incorporados a la dieta humana de algunos países.

Fig. 14. Otra forma de ahumado de carne. Para ahumar pescado,
quítele la cabeza y las espinas dorsales.

Las serpientes y culebras pueden ser consumidas si se les corta la cabeza; en Asia las sirven en todos los restaurantes. Luego de desollarlas y eviscerarlas, el cuerpo se aprovecha tras hervirlo o asarlo, que es la única manera de destruir los parásitos y hacer la carne más digerible. Su gusto sabe ligeramente a pollo aunque la consistencia de la carne es algo fibrosa.

La carne de mono constituye la dieta habitual de todas las comunidades indígenas de los trópicos. Una vez muerto él animal es colgado para chamuscarle los pelos en un fogón. Luego se procede a eviscerarlo, se le quita el cuero, y por último se aprovecha la carne. Para los nativos del Sudeste Asiático, los sesos de mono donde en el comensal se sirve directamente del cráneo abierto estando el animal vivo, representa un manjar que se ofrece a los huéspedes.

En situación límite, el hambre será la mejor "salsa" para condimentar alimentos extraños a su gusto. En más de una ocasión Ud. tendrá que levantar sus barreras inhibitorias para poder alimentarse como los nativos. Si las comidas típicas son preparadas bajo normas higiénicas, no habrá problemas. Sin duda alguna es una cuestión mental 100%. Evite sugestionarse.

Para improvisar un calentador, se agregarán 6 centímetros de espesor de arena a una lata que tendrá una serie de ranuras practicadas sobre la parte media superior para permitir el tiraje y luego se le introducirá combustible, preferentemente de tipo aceitoso. Aun sin ningún material metálico, es factible improvisar un "calentador". Llene de arena un hoyo pequeño practicado en suelo y agréguese una pequeña cantidad de combustible líquido pesado.

Con un mínimo de habilidad pueden construirse utensilios de cocina: alambres para parrilla, latas para ollas, chapas para moldear sartenes o platos, tenedores de madera, etc. A ese respecto ciertos equipos de supervivencia cuentan entre sus elementos con algunas láminas de papel de aluminio de regular grosor. Es asombroso ver con que facilidad se pueden improvisar con ese material cucharas, hornillos, fuentes y todo lo que normalmente se necesita en esas circunstancias. De esta forma es posible reemplazar a la práctica marmita que no siempre puede llevarse consigo.

Si afortunadamente se contara con un poco de harina, puede intentarse hacer pan. Luego de amasar bien la pasta, se la extenderá sobre una chapa apoyada sobre brasas o piedras candentes. Otra forma de cocer pan consiste en ensartar la masa en el extremo de una vara y hacerla girar sobre las brasas. Un poco de práctica dará la experiencia del punto adecuado de cocción.

Con un poco de observación y de práctica aprenderemos a darle un buen empleo a lo que comúnmente se considera "maleza". Por ejemplo, las papas y los tubérculos en general, así como también el choclo, pueden consumirse asados directamente sobre las brasas, por lo que adquieren un agradable sabor.

Es un error creer que la selva o el monte, siempre nos podrán proporcionar alimentos en cantidad suficiente, de hecho los indios semi civilizados por el ocio que los caracteriza, sufren periódicas hambrunas. La obesidad no es una enfermedad aborigen.

La mayoría de los gauchos y aborígenes de Sudamérica no son agricultores, sus hábitos alimenticios sólo se basan en la carne. Como no tienen apego al trabajo, tratan de excusarse señalando que la tierra no es apta para el cultivo, lo que es totalmente falso. Si el grupo que lo acompaña prevé una estadía prolongada, antes de viajar debe llevar una buena pro-

En cacería no dispare en dirección a casas o caminos. Los proyectiles c. 22 tienen un alcance de 1500m.

visión de semillas. Los montes, son aptos para la agricultura y ninguna excusa es válida para no intentar labrar una huerta. Luego del sembrado, el éxito se alcanza al cabo de dos meses. La tarea debe ser constante y de manera escalonada para ir suplantando legumbres en la medida que se vayan consumiendo. Sólo se necesita encontrar agua y estar atento a la noche que no se acerquen las hormigas. Verter un poco de kerosén en un hormiguero es lo más eficaz y económico que existe. En esas circunstancias donde todo falta, los individuos tendrán una ocupación útil y estarán entretenidos. Lo mismo puede decirse con aves de corral. El autor visitó parajes muy aislados de difícil acceso, donde pequeños grupos de personas, moderadamente se auto abastecían de esta manera.

El hecho de no disponer de un abrelatas no significa por cierto privarse del alimento que una conserva contiene en su interior. Sólo se necesita una superficie ancha, áspera y dura. Así, por ejemplo, en más de tres o cuatro minutos usted puede desgastar los bordes de una lata de conserva y abrirla friccionando la misma verticalmente contra una roca o sobre una pared. Con idéntico sentido puede descorcharse una botella con el conocido método de golpear desde pocos centímetros su culote contra el suelo blando o sobre un neumático, procurando que los sucesivos impactos no hagan rebotar el envase, con el fin de lograr la presión hidráulica necesaria para hacer saltar el corcho.

Mantenga en todo momento la higiene para cocinar. Ver capítulo VII: Higiene.

Reglas de comestibilidad

Busque y estudie la vegetación que lo rodea, tratando de hallar plantas y frutos para el consumo. Recuerde que la cocción elimina los gérmenes, pero no las propiedades toxicas de un vegetal.

Si no está seguro de las propiedades de una planta, recuerde que la mayoría de los vegetales tóxicos tienen un gusto ácido, ardiente o jabonoso, con excepción del hongo y el olivo. Si aún subsiste la duda, se probará un bocado, se lo masticara y se lo tendrá en la boca uno o dos minutos antes de ingerirlo. Si no sufre malestar, 8 horas después podrá comerse una cantidad mayor, pero sin exagerar.

No se comerán frutos semillosos y amargos que no estén claramente identificados como comestibles. Introduzca los dedos índice y medio en su garganta y trate de vomitar a la primera indisposición por haber ingerido un alimento dudoso. No beba ningún líquido hasta haber "devuelto", luego tome un poco de agua tibia y carbón en polvo. En los primeros días se podrán sentir ciertos malestares estomacales. Esto no debe ser motivo de alarma, pues generalmente es debido a dietas desusadas y al estado de ansiedad que experimenta una persona en una situación límite.

Para no hacer de este Manual un tratado de supervivencia voluminoso y poco práctico, se ha omitido presentar el estudio detallado de todos los frutos comestibles y plantas tóxicas del país. No obstante se dan las bases para una eficaz identificación. Lo mejor es seleccionar los frutos que se puedan reconocer por experiencia y los que se observe sean comidos por mamíferos, como monos, roedores, coatíes, liebres, zorros, etc., aunque este sistema en algunas regiones del mundo no es del todo infalible. La cantidad de plantas venenosas que pueden ser confundidas es muy limitada. Las principales son el "tártago" o "ricino", arbusto de amplias hojas palmadas que da un fruto redondo y verde cubierto de espinas blandas y que conserva en su interior una considerable cantidad de semillas aceitosas y venenosas. También el "ojo de muñeca", que es una enredadera de varios metros de longitud y da un fruto pequeño, altamente venenoso. El "pinón" y el "pocote" son dos plantas, además, cuyos frutos contienen en su interior semillas tóxicas. Rechace aquellas plantas que contengan savia lechosa; son venenosas. Todas ellas están localizadas en la zona norte de nuestro país.

Nunca ingiera hongos silvestres, pues sólo un avezado conocedor puede individualizar una especie nutritiva de una venenosa, dado que en algunos casos la diferencia a simple vista es mínima. Por otra parte su valor nutritivo no compensa el riesgo de ingerir un hongo venenoso equivocadamente.

La especie Amanita phalloides, puede hallarse en parques de robles, tanto en verano como en otoño. Tiene lámelas blancas con tono verde. Es muy venenoso, al igual que el Amanita ameghinos, entre otros (Fig. 15).

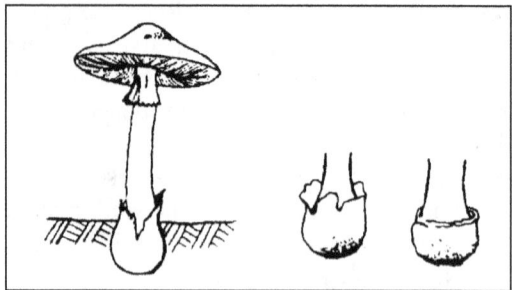

Fig 15. Hongo venenoso.

Se ilustran distintas sugerencias prácticas sobre algunas ideas para la "mesada" de su cocina.

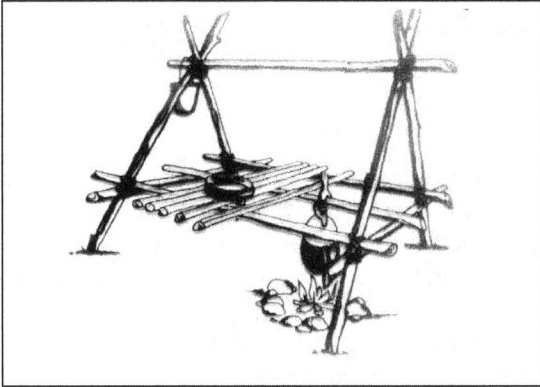

"Mesada" de cocina para 6 o más personas.

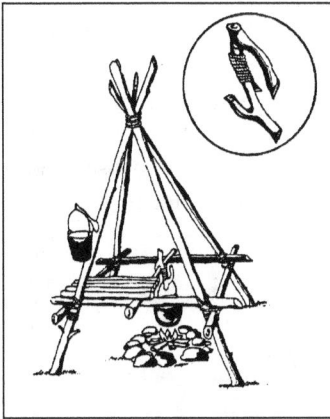

Mueble de cocina para
4 personas.

Una simple cocina.

TRAMPAS DE CAZA

Las trampas pueden proporcionar un buen sustento y ser un complemento de las armas de fuego. Como su construcción demanda un considerable tiempo en especial si se decide instalar varias, se las empleará sólo en zonas de abundante caza y prometan éxito.

Guía para construir una trampa:

- Cualquier tipo de cuerda, cordel o alambre puede ser usado para construir una trampa.
- No perturbe los alrededores naturales ni deje olor humano.
- Instale las trampas en los senderos que utilizan los animales, observando sus rastros.
- En lo posible las trampas se colocarán en sitios estrechos por donde la presa se vea obligada a pasar.
- Coloque el cebo de forma tal que el animal se encuentre forzado a poner la cabeza a través del lazo, y haga el tamaño de la lazada para que solamente ella pueda pasar.

Algunos animales pueden ser capturados en sus madrigueras, dejando un lazo corredizo de cuerda en la entrada de la cueva y aguardando su paso. La misma técnica podrá ser usada para atrapar aves, dejando el lazo en el suelo y esparciendo cebo alrededor. Recuerde que los cebos tendrán que ser colocados de tal manera que para conseguirlo el animal se exponga sin tiempo de apartarse cuando la trampa se active (Fig. 16 y 17).

Fig. 16. Detalle de una trampa de "tirar hacia arriba".

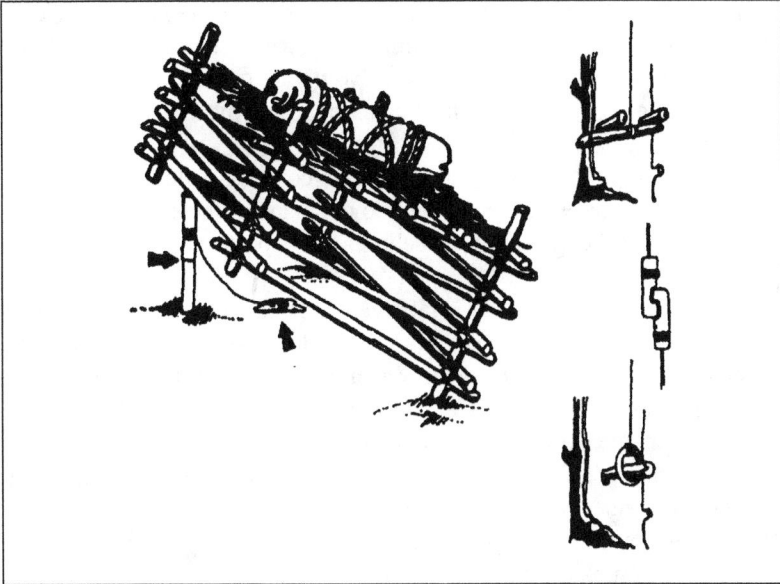

Fig. 17. Trampa tipo jaula.

NORMAS PARA CAZAR

Los métodos que una persona pueda emplear para cazar están relacionados directamente con la situación que se viva, la propia experiencia y el armamento que se posea. Ninguna ocasión es tan importante como aquella en que se caza para sobrevivir. Para un consumado tirador, de su pericia dependerá su alimento; quien desconozca las armas deberá sustituir, en pocas horas, experiencia por perseverancia. A este último van dirigidas estas líneas. Desde el comienzo de los tiempos, los monos siempre fueron cazados por los indígenas para proveerse de carne. En la selva son muy abundantes, pero suele ocurrir que una vez muerto quede colgado de la cola a una rama por tiempo indefinido. También puede caer en el interior de grandes arbustos espinosos. Nada es fácil en la selva.

En la jungla existe una asombrosa actividad de vida animal en las alturas de los árboles y todos comestibles. Pero no se descuide mirando hacia arriba, pues los mayores peligros existen sobre la superficie. No se entusiasme persiguiendo a un animal; podría perderse en contados segundos a pocos metros de la senda. No olvide que en la selva tropical constituye una grave imprudencia abandonar una picada para internarse en la espesura.

Aquellos que dominan el arte de cazar con arco y flecha, no estarán en desventaja pues evitan el estampido de un arma que siempre produce el desbande de las presas. De hecho es un deporte noble que muchos practican.

Los ofidios serán cobrados fácilmente aferrándolos al suelo con una vara larga ahorquillada. Se les dará muerte destruyéndoles la cabeza con un palo. **No use nunca un arma de fuego para matar una serpiente** como se muestra en algunas ridículas películas de aventuras. No es práctico, difícilmente podrá eliminarla de un sólo disparo y puede herir a una persona. Sea precavido con las víboras, aunque la variedad de serpientes venenosas en nuestro país sea reducida.

La cola de todas las iguanas y diferentes tipos de yacaré, es comestible. Es común observar a estos últimos reposar al sol, inmóviles en las costas arenosas de nuestras provincias del Este. El extraordinario desarrollo del sentido auditivo del yacaré como el otros saurios, puede obligar en algunos sitios a emplear un bote para los desplazamientos.

De noche estas presas podrán ser cazadas desde una embarcación, encandilándolas con una linterna o antorcha hasta que les brillen los ojos. El caimán negro, es un animal muy veloz en el ataque y por su tamaño es de mayor peligro que el yacaré. Procure mantenerse alejado del formidable coletazo y de sus poderosas mandíbulas.

Contar con una buena linterna es fundamental para cazar de noche; con ella veremos reflejar los ojos de ciertos animales. En tal sentido es sorprendente comprobar, cómo la mayoría de los habitantes de zonas montuosas o selváticas conocen por el tipo de reflejo de los ojos, la presa de que se trata.

El carpincho, es el roedor mayor que se conoce. Generalmente nunca sobrepasa un metro de largo y pose una cabeza amplia. Se alimenta de hierbas y se lo encuentra en la costa de los ríos. Es un gran nadador y al menor ruido se zambulle para alejarse rápidamente. Es inofensivo para los humanos. Su carne es muy apreciada por su buen sabor.

Es común que cazando ciertos anfibios, estos al sentirse heridos se zambullan a un río donde mueren en el fondo. En esos casos, habrá que esperar entre 5 a 10 horas, para que floten aguas abajo. De lo contrario se puede intentar engancharlos con un palo tipo bichero. Pero jamás intente bucear para rescatar un animal moribundo o se acerque demasiado a una presa herida. Aún agonizante es de cuidado; morderá, arrojará zarpazos o pateará peligrosamente. Se tiene conocimiento de graves accidentes ocurridos por esta causa.

El pecarí o chancho salvaje del monte, se moviliza en piaras de más de 50 animales según su área de dominio. Es de contextura pequeña y no sobrepasa los 50 kilos. Es fácil acercarse porque tienen mala vista y un olfato poco desarrollado. Cuando están agrupados son peligrosos. Un sólo disparo de rifle .22 que impacte en un lugar vital, es suficiente para matarlo. Pero, inmediatamente entre los pastizales se escuchará un impresionante ruido similar a cientos de castañuelas; serán los colmillos de todo el grupo que rechinan al golpear rápidamente ambos maxilares. Esta es la señal para que se precipiten furiosos en una misma dirección, atropellando todo lo que encuentren.

Quien escribe estas líneas, presenció desde un "saludable" árbol, una estampida de pecaríes que se habrían paso entre la maleza a modo de interminable columna de blindados. Sucedió en pleno monte de la Provincia de Formosa. Estos animales no son inteligentes, no persiguen al hombre y su cabeza casi no tiene ángulo de elevación. Por ello, bastará una pequeña altura de unos 70 centímetros (un tronco caído), para estar a salvo. Un árbol es más que suficiente siempre que no contenga avispas.

El tapir es uno de los mamíferos más pesados de la selva. Podría tener un peso superior a los 300 kilos, todo un festín de carne. Con el cuero de algunos animales es factible confeccionar cuerdas y lazos, tal es el caso del tapir, el oso hormiguero, y el carpincho.

Los indios son excelentes cazadores y pescadores y es una suerte contar con la ayuda de ellos. Pero no se descuide, siga siempre las recomendaciones de páginas anteriores.

Como se comprenderá, la fauna silvestre de la selva lluviosa tropical cobija en sus entrañas una variedad de especies animales, tan amplia, que resultaría engorroso describirlas a todas. Se terminan aquí otras referencias.

EL TIRO EN LA SELVA

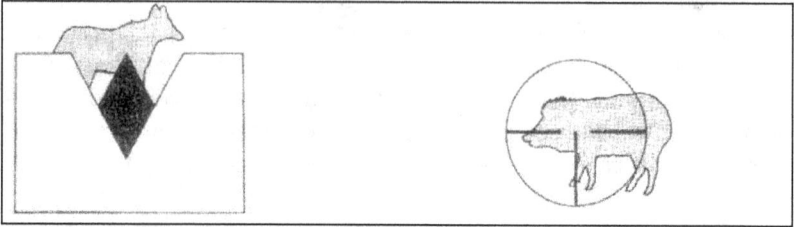

Fig. 18. El secreto de una buena puntería reside en alinear con la vista tres cosas:
el alza con el guión y estos con el blanco.

El secreto de una buena puntería reside en alinear con la vista tres cosas: el alza con el guión y estos con el blanco.

Usar binoculares de buena definición, nos permite descubrir entre los arbustos presas o peligros que nunca hubiera imaginado estuvieran ahí. Las miras ópticas son ideales para disparos cuando las distancias superen los 100 metros, pero a menos que sea un francotirador, en las situaciones de caza que describe este Manual no se recomienda disparar un fusil a más de 300 metros. No se descuide y lleve siempre su arma en las manos y no colgada del hombro.

Por lo general para cazar, se procurará hallar sitios donde los animales se reúnan, tales como ríos, lagunas o claros en el monte. Lo ideal es avanzar contra la dirección del viento, de tal manera que el olor humano o el leve crujido de una ramita al quebrarse no sea llevado hacia la presa que se aceche. El "crack" metálico que produce el cerrojo de un arma es un identificable peligro. La luz solar como el silencio y el viento siempre están en contra del cazador. Aunque crea estar totalmente "invisible", elija siempre emboscarse o caminar lentamente por donde existan sombras (arboledas, etc.) Asegure que su equipo no haga el menor ruido al caminar, es común oír el sonido del agua en el interior de las caramañolas o de metales que se golpean. Mire detenidamente por dónde camina, no pise ramas y recuerde que por muy poco puede ser visto, escuchado y olfateado desde considerable distancia. Sea cuidadoso, de noche y en descampado, la braza de un cigarrillo en movimiento puede verse a más de 200 metros. **No se apresure**, en ocasiones tendrá que arrastrarse centímetro a centímetro.

Aparte de no hablar ni hacer ruido, colocarse contra el viento y estar completamente oculto, inmóvil y enmascarado, algunos ignoran que no se debe fumar ni usar repelente contra insectos, no salivar y tampoco orinar cerca de donde está apostado. Los animales poseen un asombroso desarrollo de sus sentidos y el más leve de los olores extraños o ruido que perciban los hará huir. Para cazadores existe un aerosol importado que neutralizaría la esencia humana.

Inmediatamente después de ver el blanco, el cazador tratará de acercarse, pero permanecerá inmóvil si la presa mira en su dirección. Una vez que el animal disminuya su atención, observe otro ángulo o continúe comiendo podrá lentamente buscar un apoyo, levantar con todo cuidado el arma, hacer una profunda inspiración de aire, detener la respiración (no más de 8 segundos), apuntar, y no disparará hasta que tenga centrada en la mira el tiro preciso ya sea en el hombro, pecho o cabeza del animal (Fig. 18). Prepárese para volver a disparar, cuidando de no gastar municiones inútilmente.

Si el animal huye después del tiro, no intente seguir disparando, gastaría cartuchos innecesariamente y causaría el desbande general de las restantes presas. **Lentamente** diríjase al lugar donde estaba el animal, busque detenidamente algún rastro de sangre, y pacientemente empiece de nuevo. Salvo en defensa propia jamás use un arma de fuego en forma automática.

Recuerde que si el proyectil es de alta velocidad y más aún siendo de "punta hueca", estalla al impactar y la destrucción que produce a las estructuras es gravísima. Disparar con estas balas en la cabeza, estómago o vejiga de un ser vivo, significa provocar su estallido instantáneo. De modo que si usted dispara estos proyectiles modernos ya sabe los resultados. Es útil saber que existen cartuchos de supervivencia para armas de guerra de diversos calibres, exteriormente se presentan como una vaina agolletada en su punta, conteniendo en su interior pequeños perdigones (mostacilla). Ello permite abatir animales pequeños a corta distancia. Cuando dispare contra patos al vuelo con escopeta, apunte a un metro delante del ave, y nunca a más de 30 metros de distancia.

En algunas circunstancias será necesario construir un escondite para cazar al estilo de "emboscado". Esa tarea debe ser hecha con el material que naturalmente se encuentre en la zona. Es fundamental saber, que cuanto menos se altere el paisaje, mejores serán los resultados de la sorpresa. Si estos materiales no existieran y hubieran de emplearse otros, el refugio terminado sólo será "rentable" algunos días después cuando los animales se acostumbren a él. En el monte o en la selva, un buen escondite para cazar en la costa de un río puede estar hecho con resaca y troncos. En zonas más áridas estas cubiertas serán formadas con los arbustos que suelen encontrarse.

Combate en la selva

El combate en el monte o en la selva está estrechamente ligado a la supervivencia individual. La espesa vegetación limita las vistas sólo a unos pocos metros, pero también proporciona oportunidades para nuestro ocultamiento incluso material para la construcción de bunkers. Lo más grave son la enfermedades tropicales y la deshidratación que se explican en este capítulo. En este tipo de terreno al igual que en montaña, el éxito radica: en la alta motivación, el liderazgo de jefes jóvenes y de unidades pequeñas.

El sniper

Existe muy poca diferencia entre un consumado cazador emboscado y un *"sniper"* (francotirador según acepción de la OTAN). Ambos se mimetizan hasta hacerse prácticamente invisibles y con la precisión de un cirujano logran su objetivo. Sus herramientas son un potente fusil con una excelente mira telescópica y un buen binocular, utiliza un solo proyectil *"one shot, one kill"*. y se retira sin ser visto. Es valioso si es indetectable, esto implica estar inmóvil y haber elegido una posición que le permita escabullirse sin ser notado. Por ello será un maestro en el arte de enmascarar su cuerpo. Vestirá ropas impermeables oscuras y para caminar sin ser escuchado, cada pierna de su pantalón la tendrá sujeta con una cinta. La mochila es un estorbo, por lo que una reducida bolsa sujeta a la cintura con provisiones para subsistir dos días es suficiente. Para ciertas misiones el cañón dispondrá de un silenciador y su arma estará oculta con tiras de género de arpillera, nunca con cinta mimética pues luego de un par de disparos por el calor se convertirá en una masa pegajosa. Será un experto de las técnicas que se describen en este Manual. Tendrá conocimientos de enmascaramiento, táctica, inteligencia de combate y comunicaciones, por lo que tendrá un adecuado coeficiente intelectual. Este *"ghost warrior"*, no es un buen tirador que dispara al azar, es todo un profesional que selecciona su blanco y tener buena puntería es sólo el 60% de sus condiciones. Básicamente es todo un "sistema de armas" tan importante como una sección de infantería. Su entrenamiento lo ha hecho asumir que su fusil es una prolongación de su cuerpo y con naturalidad rápidamente apunta como si su arma fuese una parte más de su anatomía. Por ello y al igual que un profesional **no puede improvisarse**. No obstante y sin tantas exigencias, algunas mujeres en guerras pasadas se desempeñaron brillantemente como francotiradoras.

El *"sniper"* actúa generalmente a la vanguardia o tras las líneas enemigas. Puede tardar varios días en infiltrarse y su misión no sólo será el eliminar enemigos, sino que debe informar lo que ve señalando blancos y corrigiendo el tiro. Llevará un transmisor liviano, una calculadora de bolsillo (a batería) y papel de escritura color tenue, ídem suficiente agua. Nunca actuará solo pues los peligros de la selva o entre las ruinas de edificios harán que se distraiga y se extravíe, lo adecuado es que actúen dos para apoyarse y como factor moral. Pero no podrán estar más de tres o cuatro días, pues el medio ambiente los desgastará rápidamente. Siempre se encontraran librados a su suerte y su supervivencia estará ligada a su entrenamiento. Es habitual estar días sin ver ningún blanco rentable por lo que deberán tener una gran paciencia. Lo normal será que pasen hambre, sed, sufran las inclemencias del tiempo y el acoso de los insectos. Un simple resfrío o pies en mal estado lo inhabilitará, por lo que tendrá una excelente condición física, visión de águila, buenos reflejos, equilibrio emocional y una gran fe en si mismo. Los tiradores especiales suelen llevar un fusil a cerrojo, por lo que tendrá una pistola para la defensa inmediata, pero al ser dos su compañero llevará un arma automática para protegerlo. Algunos terrenos son favorables para colocar varios equipos de dos *"sniper"* coordinados a cierta distancia entre sí. Ello facilita cubrir distintos ángulos, y el impacto psicológico que producen es una ventaja adicional pues da lugar a que se piense que hay más en acecho.

Como buen cazador deberá saber que no debe caminar por senderos donde lo estarán esperando. A veces el enemigo esparce semillas para que los pájaros al elevarse denuncien la presencia de un extraño. Lo mejor es hacerlo lentamente en silencio a través del monte, cruzando y caminando por riachos para desorientar perros rastreadores. Con ello también evitará pisar una mina terrestre, ver Anexo IV. Siempre se deslizará buscando las coberturas del terreno que no estén iluminadas por el sol. Asumirá que en el área hay personas observando, por eso deberá planificar cada movimiento, a veces bajo

El enmascaramiento contribuye para salir victorioso contra francotiradores enemigos.

la lluvia cuando los sonidos y la atención se desvanecen. Cerca del objetivo sus avances se medirán en centímetros, deteniéndose frecuentemente para observar y escuchar. En la práctica, los fusileros enemigos son ineficaces a más de 300 metros, pero nuestro tirador especial puede hacer buenos disparos desde unos 800 m incluso a mayor distancia, por lo que buscar blancos fuera del alcance del oponente es una medida inteligente. Para operaciones policiales son imprescindibles pues ya no se aceptan víctimas inocentes colaterales, en estos casos el tirador actúa en distancias mucho más cortas que los francotiradores militares, normalmente a menos de 100 metros. Sin ansiedad ni prisa deberá seleccionar objetivos con absoluta calma, calculará la distancia, dirección del viento y la temperatura. Si debe hacer puntería con el sol de frente, tendrá que acostumbrarse mirar a través del tul de enmascaramiento para evitar reflejos. Salvo casos excepcionales, nunca hará más de dos disparos desde una misma posición, por ello ya tendrá elegido el siguiente lugar donde ocultarse. No dejará en el suelo las vainas servidas y al igual que un fantasma se retirará sin ser visto dejando *"estéril"* el lugar; pero siendo sigiloso podría tardar horas en alejarse de la zona donde lo estén buscando. Si posee una mira de visión nocturna, de noche podrá hacer puntería, recordando que el fogonazo del disparo lo enceguecerá por uno o dos minutos. Un *"sniper"* es un técnico especializado y la mejor forma de neutralizarlo es con otro mejor entrenado. Sobre su eficacia menciono la actuación de un solo francotirador argentino que detuvo, durante horas, el ataque de toda una compañía paracaidista británica (Monte Longdon, Junio 1982).

El desempeño del *"sniper"* en montaña se describe en Capítulo III, y el arte de enmascararse en Anexo III.

NORMAS PARA PESCAR

En diversas regiones, los peces constituyen el alimento más accesible, si estamos próximos al mar o en la cercanía de innumerables ríos, lagos y lagunas. Un equipo de pesca se puede improvisar con la unión de varios hilos delgados, con fibras vegetales, géneros entrelazados y aun finos alambres.

Confeccionar un anzuelo exige un poco más de imaginación; huesos de aves, pescados o un alambre trabajado complementado con una buena carnada, puedan dar resultados satisfactorios. Al cobrarse un pescado apropiado, podrán confeccionarse agujas y ganchos, pequeños arpones y anzuelos con las fuertes espinas de las aletas dorsales. Normalmente se recurrirá al cebo existente en el lugar; las tradicionales lombrices o restos de pescado son los que dan mejores resultados. Sin lugar a dudas, es necesaria también cierta práctica según la zona y la temporada en que se pesque.

Las mejores horas del pique se dan al amanecer y al anochecer, o sea en los horarios naturales en que los peces se alimentan. Sin embargo, se aconseja probar también en la noche, especialmente si se cuenta con luz artificial para atraer a los peces. En los cursos de agua poco profundos se probará pescar en hoyos o en hondos pozones donde generalmente se ocultan los peces de mayor peso.

La red de pesca constituye en casi todos los casos el sistema más antiguo y rápido para cobrar peces. Con hilos, fibras vegetales trenzadas o géneros es factible improvisar una, incluso con la tela de un mosquitero. Amarrando lastre al extremo sumergido, se le arrastrará rápidamente en el lugar elegido y hacia la costa, procurando arrinconar la pesca. Si en el procedimiento colaboran dos o más personas, la red podrá ser ampliada y el rendimiento, mayor. También puede ser conveniente instalar una red en la desembocadura de un arroyo o en ángulo apropiado con respecto a la costa.

La trampa para peces es otro de los sistemas a que un sobreviviente puede apelar para pescar, y presenta la ventaja de no necesitar vigilancia. En playas arenosas será instalada en un punto medio entre la alta y baja marea, de modo que los peces atrapados puedan ser retirados cómodamente al descender las aguas. En los arroyos, la construcción se efectuará preferentemente en las desembocaduras o cerca de la costa.

Para armar estas trampas, se enterrarán estacas, cañas, tablas o ramas que frecuentemente se encuentran entre la resaca de la costa, dispuestas de manera tal que una estrecha abertura en forma de ángulo desemboque en un recinto de donde el pez no pueda salir fácilmente (Fig. 19).

Como los pescados se descomponen rápidamente Ud. tiene dos opciones: puede secar su carne al sol o ahumarla. Pero, la trampa de peces permite conservar vivos los ejemplares que momentáneamente no consumiremos.

Antes de ponerse las botas, sacúdalas boca abajo. Insectos dañinos o alguna serpiente podría estar en su interior.

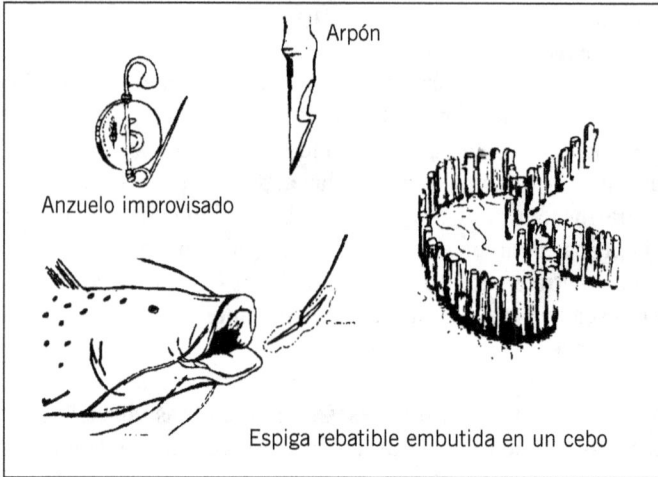

Fig. 19. Pesca improvisada.

Para obtener una pesca abundante, algunos aborígenes de la selva, obtienen un fuerte narcótico con la corteza y raíces de un determinado árbol. Una vez logrado este preparado lo arrojan con cuidado en el lugar elegido de una laguna. Dicha sustancia produce un efecto de atontamiento en los peces y pronto aparecerán flotando con su parte ventral hacia arriba.

En los ríos Alto Paraná, Iguazú, Paraguay y Amazonas, donde las aguas aún no están contaminadas, existen en los cauces más profundos, peces gigantes de un tamaño cercano a los 1,80 metros, y con un peso cercano a los 120 kilos.

No se los encuentra con facilidad, pero en caso atrapar uno, se debe tener cierta práctica, pues la fuerza opositora que presentan puede volcar un bote. Una vez capturado, Ud. se podrá deleitar con un exquisito manjar de carne blanca, suficiente para alimentar varias familias por algunos días. Debido a los múltiples enganches en raíces y troncos sumergidos en toda jornada de pesca, es normal la pérdida de algunos anzuelos.

Por principio transporte una buena reserva de estos últimos, plomadas, boyas, y sedales apropiados tanto para pesca de fondo como de flote. Prevea incluso, anzuelos para regalar a nativos que circunstancialmente puedan ayudarlo. En todos los casos que se pesque en zonas de pirañas, se impone usar una buena tanza de acero. Infórmese.

SUPERVIVENCIA Y SALUD

En estas latitudes las enfermedades se adquieren fácilmente. Aquellos que lograron regresar, después de haber permanecido algún tiempo extraviados en la selva, presentaban un aspecto calamitoso: ojos hundidos, piel amarilla, marcada debilidad, y la pérdida de varios kilos de peso. Las principales secuelas fueron desvaríos y dificultad para conciliar el sueño.

Los individuos y en especial aquellos de piel muy blanca que son propensos a las infecciones por picaduras, deberán usar un buen repelente contra insectos en aerosol. Este producto es muy eficaz y lo protegerá de los molestos mosquitos, jejenes, polvorines, pulgas, piojos, garrapatas y otros. No es exagerado entonces, rociar también nuestras prendas exteriores con ese producto.

El momento indicado para ello es cuando se camina dentro de una cerrada vegetación y antes de acostarnos. Naturalmente este procedimiento no es aplicable para cazadores, pues a distancia será detectado por las presas. Para prevenir parásitos externos en las zonas montuosas algunas personas suelen aplicar directamente entre las prendas, polvo fino de azufre, ajustarse las botamangas sobre los tobillos y usar camisa de mangas largas, por fuera del pantalón. Los montaraces suelen cubrir de barro la cara y partes descubiertas de la piel para evitar las picaduras de insectos.

La humedad en las bolsas de cama alienta a las pulgas a invadirnos, por ello deben ventilarse al sol, de modo que si duerme a la intemperie, y por más calor que haga no se las quite. Las lluvias y la agresión ambiental es de tal rudeza, que las vestimentas adquieren una vital importancia. Ellas nos protegen la piel contra los insectos y de espinas. No deje sábanas ni ropas al contacto con el suelo. Descuidadamente parte de una camisa o un pantalón, pueden estar tocando el piso y las arañas no resistirán la tentación de subir por ella.

Antes de vestirse o colocarse el calzado, deberá inspeccionar que no haya ningún insecto peligroso entre sus ropas o alguna serpiente en sus botas. Este consejo es válido hasta los 40° de latitud sur. Guarde en su mochila lo que no use.

Jamás entre a una tapera (rancho abandonado) o túneles bajo tierra; son guaridas seguras de todo tipo de alimañas peligrosas: serpientes, arañas, vinchucas, alacranes, etc. que buscan refugio entre los escombros. En todos los casos es preferible dormir en el descampado.

Un vigía velará el sueño de los demás y de aquellos heridos imposibilitados de moverse, observando no lleguen hormigas, serpientes o seres peligrosos. Como ya se explicara el uso del mosquitero es imprescindible. Ver Anexo II: Insecticidas.

Es un error pensar que los ofidios sólo se encuentran en terreno agreste, ocasionalmente tanto de día como de noche se acercan a las viviendas, bastará una mínima rendija entre la puerta y el suelo para que pueda "visitarlo" una serpiente venenosa. En ese sentido los perros domésticos, son muy útiles porque avisan con sus ladridos cuando se acerca una alimaña.

Para evitar que se establezca la cadena alimenticia animal, todo campamento o vivienda rural, debe estar libre de residuos de comida en el suelo. De lo contrario vendrán insectos que serán perseguidos por batracios, luego acudirán roedores y estos últimos acechados por serpientes peligrosas. Piense que este fenómeno puede ocurrir en horas nocturnas a escasos centímetros de donde Ud. duerme. Por ello es básico limpiar de malezas nuestro lugar de estadía y no descansar en contacto con el suelo. Todo debe estar libre de yuyos y ramas para que los rayos del sol lleguen libremente.

Es fácil conocer cuando una serpiente, (Bothrops o Crótalo), esta dispuesta a la agresión, ello ocurre cuando se enrosca y adopta la forma de una **S** apretada en el suelo apuntando con la nariz al blanco, achata el cuerpo y mueve violentamente el extremo corneo de la cola. Cuando decide atacar, se impulsa con su boca abierta en 90° con la tercera parte de su cuerpo, dejando el resto apoyado en el suelo y difícilmente yerra el golpe pues su cabeza recorre medio metro en fracciones de segundo. Por

No duerma en contacto directo con el suelo y jamás ocupe una tapera abandonada.

ello Ud. tiene que observar la distancia en que se encuentra calculando si puede ser mordido.

Pero a veces no es posible ver a la serpiente a tiempo. La prudencia con los ofidios constituye como de costumbre; la mejor terapia. Si no tiene un buen calzado, aléjese de los pastizales. No introduzca, las manos entre los arbustos, debajo de los troncos caídos o grietas de ningún tipo. Las mordeduras de serpientes se localizan en un amplio porcentaje en los pies y las manos, por ello cuando busque leña, con una vara larga, mueva antes por algunos segundos lo que intente levantar del suelo. Desplace con una rama la hojarasca antes de apoyar un pie. Use siempre una buena linterna y **¡nunca camine descalzo!**

En los campamentos, cualquiera sea la latitud en que se encuentren, exponga a los rayos solares todo el equipo que pueda, ropa, calzado y aun la leña; de esa forma se combatirán la humedad y las alimañas. Es básico mantener **un fogón encendido las 24 horas** y procure rodear su espacio con un abundante cerco de cenizas para repeler cualquier insecto dañino. Estas medidas de seguridad son practicadas en el campo hasta por los niños. Respete a todos los ofidios, y en especial a los que Ud. desconozca la especie. ¡No intente impresionar a nadie!

Para una persona prudente, las posibilidades de sufrir un accidente con una serpiente venenosa o insecto peligroso, son las mismas que tiene un individuo en una ciudad populosa de ser atropellado por un rodado. Pero si se le aplica el suero correspondiente y se practica a tiempo una profilaxis adecuada, difícilmente el veneno llegue a ser fatal. Ver Capítulo VII: Psicosis selvática.

Higiene y alimentación

Aún en una situación ideal, conservarse en buen estado en estas zonas es algo difícil. Inevitablemente pasará hambre y deberá habituarse a ello, pero puede superarse si sabemos cómo afrontar los inconvenientes.

En estas latitudes, suele ser un lujo lavarse las manos en forma habitual. Las uñas pueden contener una flora microbiana peligrosa por lo que deberán ser recortadas, pues la natural y a veces irresistible tendencia a rascarse las picaduras de insectos, posibilita a contraer serias infecciones. Las personas que transiten por este "suplicio verde" deberán entender este peligro y se aplicarán medicación a la más leve picadura o raspón de la piel.

Debido a que el intenso calor ocasiona una transpiración muy copiosa, suelen aparecer erupciones en la piel. Normalmente se inicia en la cintura, entrepiernas y en las axilas con unas pequeñas ampollas que producen picazón. Esta erupción, si no es tratada, puede llegar a infectarse. Después de cada baño, el cuerpo deberá secarse completamente a fin de evitar que se produzcan hongos que la transpiración y la humedad generan.

Recuerde que el gradual tostado de la piel aumenta la resistencia de esta. No use prendas ajustadas ni sucias, luego de un uso intenso puede ser conveniente someterlas a hervor en especial medias y prendas interiores, pues en los trópicos habrá que ser exigente con las medidas de higiene.

La sed es un formidable adversario y uno de los mayores riesgos en la selva es beber agua contaminada. Siempre filtre y luego **hierva la que recoja de la superficie**.

Cuando de ríos o aguas turbias se trate, existen algunos métodos naturales para aclarar el agua y hacerla más potable. Usualmente se cubrirá la abertura del recipiente con un género desplegado y sujeto en los bordes, y luego se lo sumergirá procurando que el agua que ingrese no sea de la superficie. Una vez que el recipiente ha sido extraído, se le podrán introducir pencas de tuna o cacto, debiendo previamente quitarles la cáscara con espinas. La pulpa gomosa obtenida precipitará las impurezas del agua al fondo, luego de un reposo aproximado de una hora.

Otro método muy similar al anterior se logra colocando el jugo de medio limón dentro de un jarro con agua turbia de río, y dejando decantar cierto tiempo hasta que la borra se asiente y el agua se clarifique. En general, con otras frutas cítricas se obtienen resultados similares. Si bien estos dos últimos métodos sirven para clarificar el agua y eliminar su turbidez, esto no significa que quede libre de posibles bacterias nocivas.

En algunos alejados parajes de Sudamérica, ciertos paisanos tienen heladeras que emplean kerosén para el motor refrigerador. No es conveniente consumir helados o refrescar la bebida de nuestro vaso con cubos de hielo. En el primer caso el helado pudo haberse derretido por muchas horas y luego vuelto a congelar. Cuando de bebidas se trata, los lugareños no suelen ser muy cuidadosos con el agua potable, y ésta convertida en fracciones hielo puede estar contaminada. Como ya lo mencionara, sea cuidadoso con sus expresiones; rechazar bebidas o alimentos puede resultar ofensivo para cualquiera.

Los escasos campesinos que trabajan, suelen emplear materia fecal humana para abonar los campos de cultivo. El resultado siempre es el mismo, los frutos quedan exteriormente contaminados. Por ello, siempre se debe lavar y/o pelar los alimentos vegetales según corresponda. Las verduras serán hervidas. Con estos cuidados no existe inconveniente alguno para su consumo.Algunos caracoles de agua dulce pueden estar infectados con esquistosomiasis, por principio no se deberá ingerir ningún molusco de tierra.

Las enfermedades que se adquieren, los responsables directos son las moscas, cucarachas y ciertos insectos, pero normalmente, ello ocurre porque las normas de higiene no se cumplen. Lamentablemente la desidia por la limpieza es una antigua pauta cultural de los habitantes nativos difícil de erradicar, a tal punto que se suelen burlar de quienes la practican. Por lo general, los campesinos suelen rechazan toda medida preventiva que resguarde la salud.

En ciertos casos mueren por seguir los consejos de un curandero, y en otros por no consumir un medicamento recetado del que no confían... (sic). Por ello y otras causas; las personas mueren a edad temprana. Es casual encontrar paisanos viejos y menos aún un indio anciano. El aborigen semi civilizado que vive en cercanía de poblados rara vez supera los 40 años, las enfermedades, el tabaco y las bebidas alcohólicas los destruyen rápidamente.

Por ser posible fuente de infección, no ingrese a los alojamientos indígenas. En la mayoría de los casos un desagradable olor, le indicará que habrá cientos de pulgas, piojos, vinchucas y otros insectos dañinos. En mis viajes por el norte de Argentina, observé en distintas ocasiones como personas de buena educación y estudios, alejaban a un grupo de aborígenes pacíficos después de haberles obsequiado humanamente comida en la vía pública. Esta actitud parecería contradictoria a los ojos del lector. Con el tiempo comprobé, que estos personajes nativos, lamentablemente llevan en su interior todo un "muestrario" de enfermedades contagiosas algunas de ellas muy graves. Por ello caritativamente se les facilita comida a distancia y no se los toca. En ciertas ocasiones excepcionales en que los indios confíen en Ud. le podrán ofrecer alimentos. De hecho es una positiva actitud que se agradecerá con algún obsequio, pero evite consumir este tipo de comida. Para no ofenderlos hágales conocer que su religión o la medicina que consume, así lo imponen. Trate de cocinar Ud. mismo. Si se procede con habilidad y es entendido se evitará interrumpir su ayuda.

Ejemplo histórico

El 9 de marzo de 1974 concluyó otro de los casos curiosos de supervivencia registrados en el mundo, en que la ciega lealtad a una moral militar, el valor personal y al amor a la patria, motivaron a un hombre para que por espacio de 30 años superviviera en la jungla. En esos días, el ex teniente del desaparecido Ejército Imperial Japonés, Hiroo Onoda, se rendía oficialmente en la isla de Lubang, en las Filipinas, a un general de ese país. En 1944 y cuando Onoda contaba 21 años, recibió la orden de combatir hasta el final, aún si su unidad era destruida. Durante todo ese largo tiempo, convencido de la continuación de las hostilidades vivió recluido en la selva con un reducido número de camaradas, combatiendo cuando era necesario con alguna patrulla filipina. Su presencia fue descubierta en varias oportunidades, pero resultó infructuoso hallarlo y convencerlo del fin de la Segunda Guerra Mundial. Posteriormente, y merced a grandes esfuerzos, fue detectado por una patrulla cuando ya contaba 52 años de edad y era el último sobreviviente de su grupo. Allí aceptó rendirse al comprobar el fin de las operaciones militares, según se lo informó personalmente su propio ex comandante Yoshimi Taniguchi, que expresamente llegó del Japón para ese fin. Sometido a centenares de pruebas médicas, se comprobó que gozaba de un excelente estado psíco–físico muy superior al del japonés medio de esa edad y con residencia en ciudad. Funcionarios autorizados del Japón, calcularon en centenares de casos como el presente, en que por más de 40 años supervivieron hombres en las islas que en 1944 fueron teatro de operaciones bélicas y que no desearon rendirse.

Todos estos sucesos (auténticas experiencias de supervivencia bélica) analizados ahora, avalan lo dicho al principio de este libro, es decir, que una persona que domine absolutamente su mente, puede sobrevivir voluntariamente, sometido a las privaciones más elementales, en un medio ambiente hostil y bajo una insostenible soledad.

Sin duda alguna, ello y el valor personal de esos soldados, que va mucho más allá del estricto cumplimiento del deber, fue lo que posibilitaron esos hechos sin precedentes en la historia de las guerras mundiales.

Resumiendo

En todos los casos, su permanencia en ese ambiente hostil será más soportable mediante el decidido esfuerzo para la adaptación al medio, el optimismo y, si no se está sólo, formando un excelente equipo físico moral. Lo más seguro para morir: desesperarse. Recuerde que en la zona templada una persona descuidada o sin experiencia, en distinto grado puede ser víctima de: ofidios, caimanes, pirañas, rayas, vampiros, jaguares, arácnidos, hormigas, y de insectos dañinos que que ocasionan enfermedades.

Según la región, habrá también que cuidarse de: bandoleros, guerrilleros, productores de drogas prohibidas y salvajes. Si a lo leído le sumamos que los tres mayores riesgos para la salud lo representan los insectos, las serpientes y las enfermedades más comunes, y según la región, la dificultad para obtener agua potable segura, tendremos un panorama sólo aproximado de los peligros reales que nos aguardan. ¡Perdón si me olvidé de alguno....!

Capítulo II

EN LOS DESIERTOS

GENERALIDADES

En este capítulo, analizaremos la conducta que se debe adoptar en zonas desérticas, se trate de una travesía planificada o de una persona aislada necesitada de auxilio. Se mencionan los principios generales para el consumo de agua que son válidos para toda zona geográfica donde no sea fácil conseguirla.

LOS PELIGROS DEL DESIERTO

En Sudamérica existen varios desiertos, la Patagonia con sus casi 900.000 km^2 está considerada como una región semiárida con algunos pastizales duros y arbustos secos de desarrollo raquítico y matas leñosas. Con excepción de los imponentes bosques de la Cordillera de los Andes y las plantaciones hechas por la mano del hombre, la vegetación de la Patagonia está constituida por matorrales. El clima de esta zona es seco, con fuertes vientos. La temperatura durante el día se eleva a marcas calurosas en verano, para luego descender rápidamente en la noche. Las precipitaciones son escasas. En cambio posee lagos hacia la Cordillera desde donde nacen ríos importantes que llegan al Océano Atlántico. Salvo el puma y el jabalí, que están en vías de extinción y que siempre atacan al hombre en defensa propia, no existen otros animales peligrosos para el ser humano. Excepto algunos cultivos en zonas apropiadas, no se encuentran alimentos vegetales aprovechables.

Consumo de agua

El agua constituye alrededor de las dos terceras partes del cuerpo humano. Es un componente vital de la sangre, como de todas las células, y es indispensable para la digestión de los alimentos. Asimismo, el agua elimina los desechos metabólicos y distribuye y regula la temperatura del cuerpo.

Por esto, es mucho más importante, en una situación límite que la comida. Se puede pasar varios días sin alimentos, pero no es posible vivir mucho tiempo sin agua; procure encontrarla de inmediato.

En zonas cálidas, el cuerpo necesita de grandes cantidades de agua para reponer la que se pierde con la transpiración. Un hombre de peso normal a nivel del mar necesita como mínimo **2 litros** de agua diarios para mantener la provisión adecuada de ese líquido en el cuerpo. Es muy importante mencionar que dicha cantidad oscilará según la temperatura ambiente, la actividad física, el estado general de salud y la edad. Una ingestión menor del agua necesaria disminuirá su eficiencia y uno se encontrará con un déficit que se irá agravando paulatinamente.

La provisión de agua potable es un tema serio. Aún individuos nativos de regiones cálidas pueden necesitar más de **10 litros** diarios de agua para poder realizar actividades laborales pesadas, en especial en días de calor excesivo. Este fenómeno se observa incluso en las provincias del Norte argentino en los meses de verano. Los caballos en iguales circunstancias requieren un consumo mayor a **30 litros.**

No olvide que a menos que se cuente con abundante agua, un exceso de sal es peligroso. Las provisiones indicadas, cuando no se puede beber todo lo que se desea, son las frutas. Algunas contienen casi un 95% de agua, por lo que son insustituibles en determinadas circunstancias.

En la zona subtropical de nuestro país y en los días más rigurosos de la estación estival, es normal que un hombre poco aclimatado llegue en reposo a perder diariamente varios litros de agua, transformada en transpiración. Esta pérdida tan abundante de líquidos produce en consecuencia una determinada eliminación de sales en el cuerpo humano que, de no corregirse a su debido tiempo, conduce a la deshidratación del organismo.

La mejor forma de evitarlo es agregando (en especial durante los primeros días), 2 cucharadas de sal por cada 4 litros de agua potable.

El lapso en que una persona pueda vivir sin agua en el desierto es muy variable, pues depende de diversos factores. Pero en un clima seco, con temperaturas cercanas a los 40 °C y sin sombra, un individuo difícilmente pueda sobrevivir más de 3 días sin beber agua potable. Los náufragos tienen un margen de vida algo superior, pues si se refrescan la piel, el agua marina puede retrasar un poco la acción deshidratante del sol. Por más desesperada que sea su situación, no beba agua de mar ni orina; son tóxicas. Aguas con tintes parduscos pueden ser potables después de ser debidamente tratadas. Beber alcohol, o en ocasiones, sangre, solo aumenta la deshidratación.

En regiones calurosas (trópicos, montes y desiertos), únicamente se podrá normalizar la temperatura corporal ingiriendo líquidos y transpirando. Pero esto no significa que se deba necesariamente sudar si no se tiene agua para beber. En este último caso habrá que evitar transpirar, tener puesta una camiseta, cubrirse la cabeza para disminuir la deshidratación, y seguir los consejos dados en este capítulo. Las tribus del desierto de Sahara usan largas vestimentas de pies a cabeza a pleno sol para prevenirse de la deshidratación, del golpe de sol y la insolación, que origina un alto índice de mortalidad si los afectados no son tratados oportunamente.

En regiones cálidas suelen no haber dificultades para encontrar agua: charcos vertientes, lluvias, ríos y pantanos la proveen en cantidad. Pero normalmente primero será necesario potabilizar dicha agua antes de ingerirla.

De ser necesario, desinfecte su caramañola y todo recipiente para transportar agua. Algunos autores recomiendan una solución de clorógeno de 100 mg de cloro activo por litro. Coloque ese preparado y manténgalo en la cantimplora unas 3 horas. Luego viértalo y lave perfectamente el interior del envase antes de colocarle cualquier líquido destinado a ser bebido.

Purifique toda agua antes de ingerirla, excepto la de lluvia, la extraída de plantas en recipientes limpios y la de lagos, arroyos y ríos de la Patagonia proveniente de deshielo. Existen varios procedimientos para ello que dependen de los elementos de que se disponga.

Sistemas para purificar el agua:

- Lo clásico es hervir el agua aproximadamente 10 minutos y adicionar un minuto más cada 300 metros de altura.
- Agregar 3 pastillas de halazone o cloramina T por litro de agua y 6 para casos de aguas turbias. Luego se esperará 30 minutos antes de beber.

No se apresure ni se agote, descanse todo lo necesario.

– Agregar 5 gotas de tintura de yodo por litro y 10 gotas para aguas sucias o estancadas. Se aconseja dejarla reposar más de media hora antes de su ingestión. Mejor sabor tendrá si se oxigena el agua pasándola de un recipiente a otro.

– Con ampolletas de hipocloruro de calcio se logra una solución que, en la medida de una cucharada, podrá mezclarse en una caramañola con agua, la que será bebible después de no menos de 30 minutos.

– Echar en el agua caolín o carbón vegetal, con el fin de decantar las impurezas. Luego pasar cuidadosamente por papel de filtro. Seguidamente y para eliminar posibles bacterias, se agregaran 3 cm3 (medida de una cucharada) de solución al 10% de hipoclorito de sodio (agua lavandina) por cada litro de agua esperando más de media hora hasta que desaparezca el típico olor a lavandina.

No adoptar precauciones como las indicadas puede significar contraer alguna de las siguientes enfermedades por la ingestión de agua contaminada: diarrea común, fiebre tifoidea y paratifoidea, disentería amebiana, disentería bacilar y cólera. Todo el tiempo que se pierda al purificar agua, sin duda evitará semanas de enfermedad.

Con un poco de ingenio se puede improvisar un filtro de agua. Simplemente habrá que conseguir una botella o recipiente apropiado y acondicionarlo como se muestra en la figura 20.

Si después de todo lo leído Ud. decide broncear su cuerpo recuerde que exponer directamente la piel al sol puede ocasionar severas quemaduras en lapsos relativamente cortos aun en días nublados, si no se adoptan ciertas precauciones. El tostado deberá adquirirse gradualmente. El momento indicado para ello es a la mañana temprano o a las últimas horas de la tarde. Se debe empezar con exposiciones de 5 minutos diarios para aumentar a razón de 5 minutos cada día. Individuos de piel muy blanca son particularmente susceptibles a las quemaduras de sol. Viviéndose una situación extrema y una vez logrado un buen tostado, no es conveniente persistir con los baños de sol, especialmente en los desiertos y trópicos.

Cómo refrescar el agua

En el campo, especialmente en pleno verano, es posible por medios absolutamente naturales conservar agua fría por tiempo indeterminado. El sistema es muy viejo y usado ampliamente por camioneros y pobladores de las provincias norteñas. Sólo se tendrá que envolver firmemente, con un género grueso, la caramañola o botella con líquido en su interior y mantener mojada la tela permanentemente. Físicamente el proceso empieza cuando el agua que impregna el género comienza a evaporarse, absorbiendo una determinada cantidad de calor del interior del envase hasta estabilizar una temperatura aproximada a los 18° C; este ciclo se detiene al secarse el tejido protector. Mucho más práctico es colocar este envase con el género ceñido como se explicó, en el interior de una fuente con algunos centímetros de agua. La tela absorberá dicha agua por capilaridad y se establecerá el ciclo de evaporación. Los camioneros obtienen este efecto amarrando frontalmente a sus vehículos una bota de lona con agua en su interior. Lo mismo ocurre con las tinajas de barro, dado que los diminutos poros que posee este material facilitan la evaporación. El mayor rendimiento que se obtiene con este sistema ocurre en las regiones de clima seco y caluroso, por la facilidad que tienen los líquidos de pasar al estado gaseoso e integrarse a una atmósfera carente de humedad.

FILTRO DE CIRCUNSTANCIA
(Botella sin fondo o recipiente de latón)

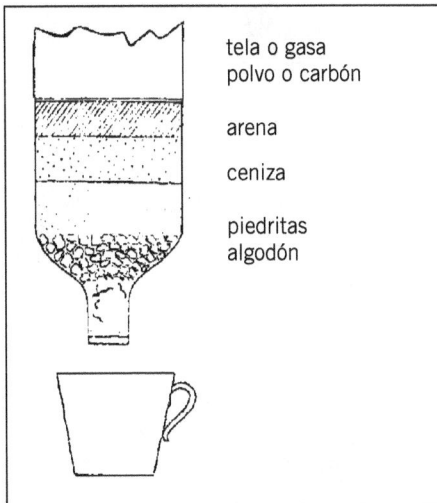

tela o gasa
polvo o carbón

arena

ceniza

piedritas
algodón

Fig. 20.

EFECTOS DEL AUMENTO DE LA TEMPERATURA CORPORAL
INTERNA EN ZONAS CÁLIDAS

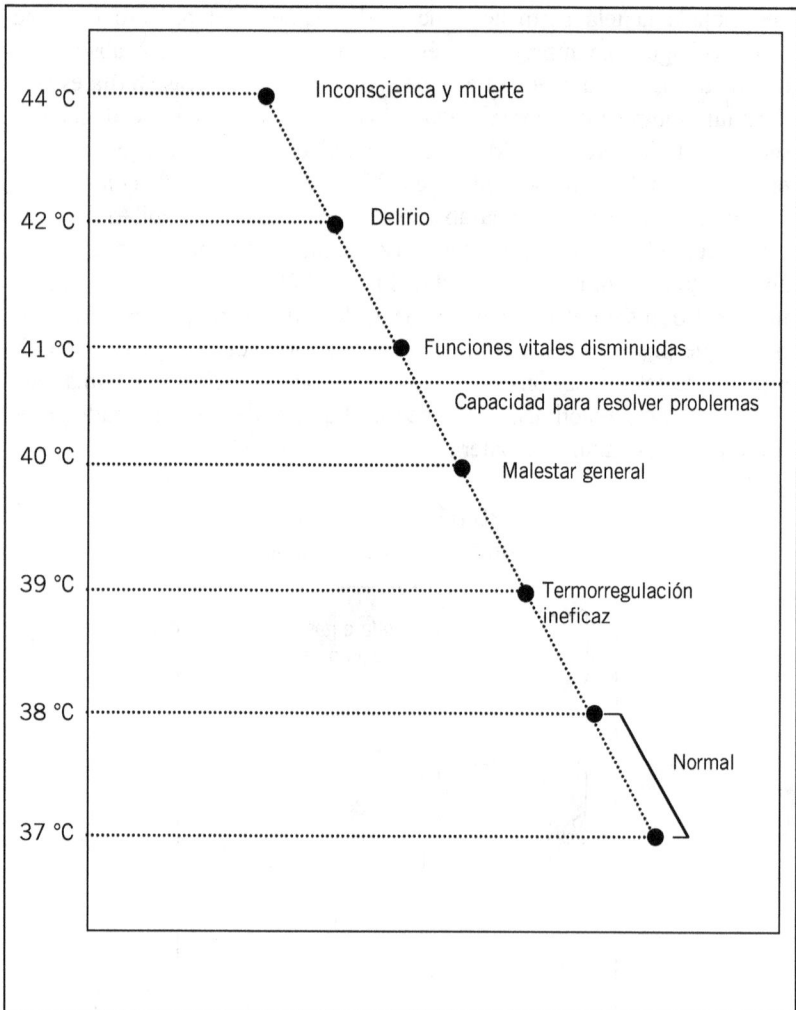

44 °C .... Inconscienca y muerte

42 °C .... Delirio

41 °C .... Funciones vitales disminuidas

Capacidad para resolver problemas

40 °C .... Malestar general

39 °C .... Termorregulación ineficaz

38 °C ....

Normal

37 °C ....

Esta tabla puede variar levemente de acuerdo con la edad
y estado físico.

PORCENTAJE DE DESHIDRATACIÓN RESPECTO DEL PESO CORPORAL. SIGNOS Y SÍNTOMAS

1 al 5%	6 al 10%	11 al 20%
Sed Malestar general Pereza Anorexia Piel sonrojada Impaciencia Adormecimiento Pulso en aumento Temperatura Náuseas	Mareos, vértigos, pérdida del equilibrio Dolor de cabeza Disnea Hormigueo en los miembros Volumen sanguíneo disminuido Aumento de la concentración sanguínea Ausencia de salivación Cianosis Habla confusa	Delirio Espasticidad Lengua hinchada Dificultad para comer Sordera Visión borrosa Piel arrugada Micción dolorosa Piel entumecida o dormida Micción defectuosa Incapacidad de caminar o ausente

LÍMITE FISIOLÓGICO DEL CONSUMO DE AGUA EN EL DESIERTO

Temperaturas máximas a la sombra	Cantidad mínima tolerada	Días de supervivencia descanso	Días de supervivencia y distancia recorrida de noche descansando de día en la sombra	
Diurnas	**Litros**	**Días**	**Días**	**Kms**
Muy elevadas Más de 38 °C	Sin agua 1/2 litro 3/4 litro 1 litro	2 a 5 2 a 5 2 a 6 31/2 a 7	1 a 3 2 a 31/2 2 a 31/2 31/2 a 4	30 30 40 50
Moderadamente elevadas, 27 a 28 °C	Sin agua 1/2 litro 3/4 litro 1 litro	5 a 9 6 a 10 6 a 11 7 a 13	3 a 7 4 a 7 4 a 8 6 a 9	30 a 60 30 a 70 40 a 80 50 a 100
Bajas, menos de 27 °C	Sin agua 1/2 litro 3/4 litro 1 litro	9 a 10 10 a 11 11 a 12 13 a 14	7 a 9 7 a 10 11a 12 10 a 13	65 a 100 70 a 110 90 a 150 100 a 180

BÚSQUEDA DE AGUA

Si se decide buscar agua subterránea habrá previamente que detectar los indicios de su presencia: en las zonas rocosas se buscará en cuevas y grietas. Generalmente, la presencia de musgos o plantas entre las rocas o en la base de cañadones altos revela los lugares húmedos. Si se encuentra un sector de tierra mojada, se cavará un hueco que permita recoger el agua con un jarro. En el lecho de un río seco, se preferirá buscar en las márgenes sinuosas. En determinados lugares es posible recoger el rocío cubriendo el fondo de un hoyo con un trozo de polietileno y rellenándolo con piedras. Durante la madrugada, el agua puede condensarse en ellas en forma de pequeñas gotas y escurrirse al plástico. El mismo efecto se puede lograr con superficies metálicas expuestas y podrá recogerse en la mañana a hora temprana.

En algunos lugares desérticos suelen existir pozos de agua solamente conocidos por los nativos que los ocultan. Encontrarlos es difícil pero no imposible. El autor de este libro, en forma casual, encontró uno de estos pozos en un desierto de la provincia de La Pampa.

Si no se poseen medios para purificar y se encuentra un curso de agua sospechoso, cave a unos dos metros de distancia de la orilla. Progresivamente se surtirá de agua filtrada en condiciones mejores aunque no óptimas.

Las sendas de animales, en lugares áridos, frecuentemente conducen a pozos de agua, al igual que las bandadas de pájaros volando en círculos. Recuerde que la presencia de arbustos no significa necesariamente la existencia de agua superficial disponible. Especialmente durante el invierno, en algunas regiones puede encontrarse fango en las depresiones. Con un trozo de tela puede exprimirse el agua del barro sobre un recipiente. No beba este líquido si es demasiado salado o con gusto a jabón. En las playas arenosas se cavará un hoyo justo encima de la marca de las mareas altas y se dejará de cavar apenas surja ya que esta primera es dulce o casi dulce.

No queme todas las cámaras de los neumáticos; pueden hábilmente emplearse para transportar agua en una emergencia.

La ingestión en exceso de sal para contrarrestar la deshidratación es contraproducente.

FORMA DE OBTENER AGUA DE VEGETALES

Existe un ingenioso sistema para extraer el agua del suelo y de las plantas. Proceda a cavar un pequeño pozo, no más de 30 centímetros de boca, por unos 60 centímetros de profundidad. Coloque un recipiente en el fondo de dicho pozo y luego recubra las paredes del mismo con vegetales preferentemente verdes y carnosos. Luego tape la boca de la cavidad con un plástico y coloque un peso en el centro. Los rayos solares, al recalentar la cámara donde están los vegetales, harán evaporar sus aguas que se condensarán en la cara interior del plástico. Otro tanto ocurrirá con la humedad del terreno, y todo goteará en el recipiente.

Este improvisado "destilador" puede rendir mayor utilidad si se lo deja durante la noche. Ello es debido a que el plástico, al enfriarse más rápidamente que la tierra, hace que continúe la condensación. En los suelos secos (por ejemplo de un desierto), el pozo deberá tener mayor profundidad y diámetro que los señalados, a fin de obtener más superficie de evaporación (Fig. 21).

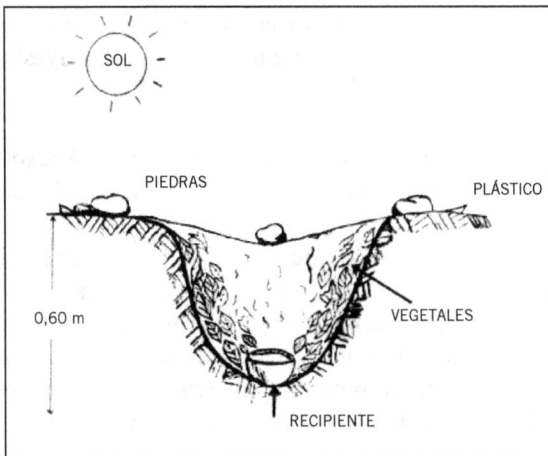

Fig. 21. Destilador solar.

Espejismo

En las circunstancias analizadas no se puede pasar por alto el fenómeno óptico que se produce en desiertos y en grandes superficies. Consiste en la reflexión total de la luz solar al atravesar capas atmosféricas de diferente densidad, con lo cual se hace aparente, a corta distancia y a ras del suelo, una imagen que no existe (imagen virtual). En el mar, el espejismo se produce en el aire caliente de las capas más altas. Todos podemos percibir este fenómeno natural ya señalado por los antiguos griegos, sin creer que por ello nos invadió una delirante pesadilla. Personas alteradas por la sed en el desierto, pueden divisar aparentemente una laguna. En ese caso no deben beber toda la reserva de agua hasta no arribar a ese sitio. Si se tratara de una ilusión óptica habrá malgastado el agua que disponía y la situación será desesperada. No es necesario explicar la importancia del uso de binoculares de buena definición.

A TRAVÉS DEL DESIERTO

La actitud más conveniente que se puede adoptar en caso de extravío es permanecer en un mismo lugar, con ello facilitará la búsqueda de quienes hayan salido en auxilio. Pero si decide una travesía, siga estos consejos:

1. Para expediciones o patrullas planificadas ver Anexo II.
2. De la provisión de agua depende su vida. Raciónela inmediatamente. No fume, cante o grite; aumentará el suplicio de la sed. Si la reserva de agua es reducida y no se la puede hallar pronto, habrá que privarse las primeras 24 horas de ella, porque los líquidos que se beben después serán aprovechados más económicamente por el organismo. Si la provisión de agua no llegara a alcanzar a medio litro por día, **absténgase de toda comida**, pues si Ud. se alimenta necesitará de su caramañola para digerirla y cuanto más coma, más sed tendrá. En especial recuerde que los alimentos enlatados acrecientan el deseo de beber.
3. No se esfuerce, viaje y trabaje **exclusivamente por la noche o de madrugada**, cuando es más fresco. De esa manera economizará

más agua, y podrá orientarse por el grupo de estrellas "La Cruz del Sur".

4. Para evitar los calambres, no se beberá agua rápidamente, sino por el contrario se la sorberá con lentitud manteniéndola cierto tiempo en la boca. Es preferible perder unos instantes en detenerse cada hora de caminata para sacarse el calzado quitarse la arena y revisar los pies, que sufrir después ampollas con peligro de infección.

5. En las zonas más áridas, se elegirán a la distancia dos puntos de referencia sobre el rumbo proyectado y lo suficientemente alejados. Al llegar al primero, se fijará un tercero y así sucesivamente, de forma tal que se avance con la guía de los propios accidentes del terreno que se determinarán de antemano.

6. Periódicamente, en las ascensiones o descensos, se observará el camino recorrido para controlar si lo andado concuerda con el rumbo proyectado y si no hay rezagados. Siga la dirección más conveniente que indique la brújula.

7. Es fundamental avanzar en línea recta cuando se sigue un rumbo. En los descensos, o cuando se deba pasar la noche en una planicie. Haga una marca en el suelo Indicando la dirección de marcha. Momentos después podrá observar a su alrededor y no recordar cuál es la dirección que traía. Este consejo es particularmente válido durante una tormenta, ya sea en la Cordillera de los Andes (como el caso del viento blanco), o en un desierto de arena. Esto es debido a que las tormentas suelen modificar la topografía del lugar alterando los puntos de referencia conocidos. Ver Anexo II: Orientación.

En Argentina a medida que nos acercamos al Oeste el suelo comienza a elevarse. Por ello no habrá dificultad en elegir un cerro fácil de subir para observar. Una vez arriba, procure detectar alguna casa, un arroyo o un camino visible a la distancia por la estela de polvo que deja un vehículo en movimiento. La supervivencia en el desierto patagónico y otros de nuestro país, no representa un grave peligro; son pocos los casos en que se perdieron vidas humanas en él. Tiene como ventaja que un individuo que sepa hacerse ver empleando los sistemas que se indican en el Capítulo V, Comunicaciones y Señales, puede ser ubicado, especialmente si se advirtió su ausencia y se lo está buscando.

Para que se tenga una idea de cuán importante es el abastecimiento de agua, mencionaré que en ciertas zonas de Sudamérica (incluyendo la Argentina) se pueden recorrer cientos de kilómetros antes de encontrar agua potable en la superficie. Por ello, con suficiente antelación, prevea no encontrarse con este desagradable inconveniente. Una pérdida de agua en el radiador del automotor tendrá prioridad y deberá ser repuesta en perjuicio de la destinada para beber; por ello lleve una reserva auxiliar.

En febrero de 1974, el geólogo Emilio Telmo Raposo, (31 años) conducía una camioneta por un apartado camino distante a unos 50 kilómetros de General Roca (provincia de Río Negro). En esas circunstancias, su vehículo se atascó en el terreno. Trabajó vanamente durante varias horas de intenso calor para superar el problema. Sin notarlo, poco a poco, el geólogo se iba deshidratando. Sin agua ni comida, aguardó inútilmente que alguien pasara por el lugar. Al día siguiente luego de dejar un mensaje en el interior de la cabina, en el cual decía que caminaría unos cientos de metros, se alejó del rodado.

Un poblador halló la camioneta abandonada, pero, aunque no vio el mensaje, dio la alarma precisamente en el campamento donde Raposo era esperado.

Un día después, transcurridas 35 horas desde el percance, el desafortunado geólogo fue encontrado debajo de la camioneta en grave estado de postración, con quemaduras solares y padeciendo los efectos de una deshidratación avanzada. Sometido a intenso tratamiento y tras superar un par de paros cardíacos, falleció mientras era trasladado en avión a la Capital Federal.

Esta anécdota demuestra por sí sola la vital importancia del agua por sobre otra necesidad y la conveniencia de aguardar auxilio en el vehículo. Aún hoy día en nuestro país existen, además de parajes poco conocidos, caminos no muy transitados.

Aún viajando por rutas asfaltadas, habrá que llevar no sólo el equipo adecuado para pasar al menos una noche, sino también el repuesto y las herramientas necesarias. He visto con sorpresa viajar por desolados parajes a familias con niños sin llevar siquiera una rueda de auxilio.

Revise su automóvil antes de viajar por zonas desérticas; todo debe funcionar correctamente. Lleve consigo un mapa del lugar. No es exagerado asegurarse que alguien sepa antes cuándo llegará usted a cierto lugar o regresará a su domicilio.

En un vehículo se encuentran componentes muy necesarios para la supervivencia. Por ejemplo, el agua del radiador es otra de las fuentes de este vital elemento, siempre que no contenga anticongelante, que es muy tóxico. Con el espejo retrovisor se pueden hacer señales intermitentes; las tazas de las ruedas son útiles para recoger agua, o ser usadas como platos. Un asiento o una goma ardiendo producen una buena señal de humo negro. Todo objeto en una situación crítica tiene su utilidad, por esto no es conveniente que abandone su coche. Si decide salir para pedir ayuda, deje un mensaje en la cabina mencionando la fecha, hora y la dirección que caminará.

EL DESIERTO Y LA SALUD

La deshidratación es el mayor inconveniente que se presenta seguido de la insolación y el agotamiento que puede postrar a un individuo. En el Capítulo anterior hemos visto lo que ocurre cuando los líquidos que pierde el organismo no son repuestos. Sólo señalaremos que en personas no aclimatadas, estar inmerso en un medio con mucho calor donde la ropa de pega a la piel, sumado a las preocupaciones propias del momento, genera mal humor, y en casos severos se observa un comportamiento extraño. La irritabilidad no refresca el ambiente y sólo agrava la situación. Ver Capítulo VII: Deshidratación.

Resumiendo

Los desiertos sudamericanos no son de la magnitud ni de la peligrosidad del Sahara en África septentrional o del Valle de la Muerte en el sudoeste de EE.UU., pero su considerable extensión hace que debamos actuar con cuidado. Recuerde que el agua en el desierto significa vida y se conservará la propia en la medida en que la pueda beber. Nunca se interne imprudentemente por parajes como el monte tropical, la Patagonia y montañas, sin el equipo adecuado y sin estar aclimatado.

No emprenda viaje alguno si calcula que la provisión de agua no le alcanzará.

Capítulo III

EN LA CORDILLERA DE LOS ANDES Y OTRAS REGIONES MUY FRÍAS

GENERALIDADES

En este capítulo, analizaremos como proceder en montaña, se trate de una travesía planificada o de una persona aislada necesitada de auxilio.

Las montañas, en todos los casos y bajo cualquier clima que se hallen, nos muestran en sus laderas verdaderos laboratorios experimentales de la adaptación de la vida al frío. A medida que ascendemos, las manifestaciones orgánicas van disminuyendo hasta llegar al reino desolado de los picos elevados cubiertos por nieves eternas. La Cordillera de los Andes, tiene dimensiones colosales y parajes que por su belleza y soledad nos producen recogimiento, en especial en invierno. Este Macizo Andino, se cubre de nieve, según su altitud, aproximadamente desde el mes de junio a septiembre.

Condiciones tan rigurosas, determinadas por la altura, hacen que cualquier problema derivado de la simple supervivencia deba ser solucionado inmediatamente. La montaña puede presentar imprevistos en cualquier época del año, que entrañen un serio peligro. De esto se deduce que es necesaria una buena preparación, no sólo teórica sino también práctica, que no debe subestimarse. Además es factor importante en todos los casos la actitud mental: la decidida voluntad de sobrevivir sobreponiéndose al miedo, la fatiga y el dolor. Lo expresado es rutinario para un verdadero montañés.

RESUMEN PARA PRINCIPIANTES

Por mejores que sean las condiciones meteorológicas, observe lo siguiente.

Nueve reglas de oro:
1. Consulte con alguna autoridad de la zona sobre su proyecto.
2. Seleccione la vía de ascensión más fácil.
3. Calcule el tiempo horario que le demandará subir o llegar hasta donde se desea y agregue un margen de seguridad a esa cuenta.
4. No olvide la hora en que se oculta el sol.
5. Lleve agua y ropa de abrigo aunque tenga calor.
6. No recorra zonas desconocidas aparentemente factibles sin apoyo.
7. Informe al resto del grupo de su intención.
8. No olvide llevar su teléfono celular.
9. No se precipite subiendo, ni trate de probar su capacidad física. Siendo prudente llegará más lejos y más pronto.

LOS PELIGROS EN MONTAÑA

La actividad en montaña produce un rápido desgaste, en especial en individuos carentes de preparación física y en aquellos que no estén aclimatados. Nadie debe subir a una montaña sin un buen entrenamiento pues podría sufrir extravíos, accidentes, congelamientos, edema, etc. Los expertos en general coinciden que para alturas menores a los 4000 metros los conocimientos y condiciones físicas para quienes operen en montaña deben ser considerables, pero para más altura el nivel de aptitudes tiene que ser excepcional. El proceso de aclimatación para grandes alturas debe ser muy severo y no menor a los 15 días, caso contrario habría lamentables consecuencias. De hecho algunos desastres militares ocurrieron precisamente por no respetar ese principio. Dicho tema se menciona al final de este Capítulo en: La altitud y sus efectos en el organismo.

En la zona de montaña de la Patagonia, existen ríos y lagos de apariencia pacífica. La irresponsabilidad de navegarlos con embarcaciones rudimentarias. algunas veces terminó en tragedia.

El miedo a lo desconocido, incluso el frío disminuye la capacidad de pensar y todo ese conjunto suele inducirnos a cometer graves errores. Pero, poco a poco, al ir resolviendo cada inconveniente que se presente, se comprenderá que los problemas no eran tan graves como se pensó en un primer momento y que, empleando una serie de acertadas medidas, acompañadas de una buena dosis de sentido común, se logrará no sólo salvar la vida sino también la del grupo que lo acompaña.

Orientación

Uno de los más importantes problemas de supervivencia es establecer fehacientemente el lugar en que nos encontramos. Esta es una tarea delicada, debido a que la orientación en montaña es difícil: la ausencia de líneas rectas que impone la tercera dimensión y que dificulta notablemente el empleo de la brújula, los espesos mantos de niebla, la nieve que modifica los lugares identificados y las tormentas que perturban las comunicaciones, hacen que debamos considerar con detenimiento todo lo relativo a orientación. Ejercitar la vista en montaña ayuda a no cometer errores. Ver Anexo I: Orientación.

Extravíos de personas

En montaña en caso de extravío, lo más conveniente es permanecer en el mismo lugar esperando que lo vengan a rescatar. Los acontecimientos más lamentables se suelen dar en verano con turistas imprudentes. Pero se agrava en la época de las lluvias con la crecida de los ríos que cortan las sendas y en invierno por la acumulación de nieve. En un 90% de los casos, los responsables de estas situaciones angustiosas son las mismas víctimas, por no respetar la naturaleza, ni aceptar los consejos de quienes saben más.

Sitiado por la nieve

Sabido es que todos los inviernos los Andes, son cubiertos de nieve y la Patagonia es azotada por fuertes temporales. Ello viene ocurriendo desde hace miles de años y todos conocen (autoridades inclusive), que en el próximo mes de Junio el fenómeno se repetirá. Los caminos estarán intransitables, y durante algunos días ciertos pueblos permanecerán bloqueados por la nieve depositada en las rutas de acceso. Sin embargo a veces no se toman las debidas previsiones.

Abastecer de provisiones o rescatar a una persona enferma en invierno de ciertos ignotos parajes de la Cordillera suele ser una pesadilla. Por la acumulación de nieve, ni siquiera poderosos vehículos 4x4 pueden llegar, y siempre que la meteorología ayude la única solución es el helicóptero.

Para evitar situaciones lamentables, es básico durante la época estival hacer suficiente acopio de leña, combustible, forraje, alimentos y medicinas como para soportar el invierno en previsión cuando los caminos sean cortados por las inclemencias del tiempo.

Existen determinados sitios con escasos habitantes, a los que sólo se puede ingresar al finalizar la primavera, meses después de la primer nevada. En estos insólitos lugares, el autor pudo constatar que algunos aborígenes muy pobres, sobreviven al crudo invierno alimentándose ¡únicamente! con carne de oveja, harina y sal. Los humildes ranchos gauchescos son hoteles de 5 estrellas en comparación a lo observado.

Desprendimientos

Normalmente todas las montañas del período terciario y cuaternario, en alguna de sus laderas presentan áreas donde se producen desprendimientos de piedras. Este fenómeno se inicia durante las horas del día al derretirse la nieve e introducirse en grietas y fisuras de la roca. Al descender la temperatura en la noche, el agua se congela generando inmensas presiones al dilatarse sobre las paredes de la piedra, produciendo su debilitamiento y fractura final con el correr del tiempo, quedando de esta manera considerables extensiones de piedras precariamente en equilibrio. En lo posible se evitarán cañadones y laderas de más de 25° que contengan piedras sueltas en gran cantidad o cuya adherencia al suelo inspire desconfianza. No sólo son dificultosas para caminar, sino que pueden producir una avalancha peligrosa. Dicho consejo es válido para las mismas pendientes con superficie de nieve blanda de más de 30 centímetros de espesor.

También en las laderas de algunas montañas, en invierno, y por su particular constitución geológica, se producen desprendimientos de roca, hielo, y se generan avalanchas, constituyendo un peligro de cuidado. Cuando transite necesariamente por zonas sospechosas de desprendimientos, todos deberán caminar en "columna de a uno" por la misma huella, silenciosamente y observando cada vez que se asiente un pie. No se hablará; ello permitirá escuchar los eventuales crujidos que preceden a ciertos desprendimientos y ponerse a cubierto.

Para descubrir una zona de desprendimientos, observe las paredes y las alturas superiores de una montaña. En ella suele mostrarse de otras épocas, canales descendentes de rodamiento de grandes piedras que llegan hasta la base del cerro o del valle, donde se depositan. Se advierte fácilmente en los meses de verano.

NO MUERA EN LAS ALTURAS

Causas de emergencia			Prevenciones elementales para cualquier movimiento
Principales errores	**Factor desencadenante**	**Factor agravante**	
• Inexperiencia en la montaña • Sobreestimación de las propias capacidades • Planificación equivocada • Insuficiencia psicofísica • Equipo deficiente • Vestuario inadecuado	• Temporal • Accidente • Extravío • Imposibilidad de regreso por crecida de ríos o pasos bloqueados por nieve acumulada	• La altura • El invierno • Heridos/ enfermos • Sed • Hambre	• Orientación cartográfica • Cálculo de distancia • Cálculo de jornadas • Cálculo de consumo de combustible • Cálculo de consumo de agua/alimentos • Condiciones meteorológicas adecuadas • Alistamiento de equipo/vestuario
			Factor de éxito
			• Uniformidad de marcha • Descansos regulares • Conocimiento de la zona • Voluntad de empeño

Avalanchas

Las avalanchas de nieve son muy traicioneras y de su peligrosidad pueden hablar aquellos que en alguna oportunidad han visto de cerca estas descomunales moles en movimiento.

Por lo general existe latente la amenaza de una avalancha cuando en un declive de 25° o más se encuentra acumulada una superficie de nieve superior a los 30 centímetros de espesor. Las circunstancias por las que se origina son varias, desde una leve vibración, una brisa o un repentino aumento de la temperatura. Se produce entonces un deslizamiento o bien se forma una considerable bola de nieve en su camino. Estos fenómenos son conocidos en regiones montañosas de elevada altitud y de su fuerza podemos decir que, en pocos segundos, una gigantesca masa de nieve de miles de toneladas puede alcanzar velocidades superiores a los 100 km/h. No es necesario explicar lo que puede ocurrirle a una persona si llegara a ser arrollada. Algunas zonas de avalanchas son descubiertas al observarse detenidamente la base de ciertas montañas o algunas laderas. En esos sitios, es notoria la existencia de acumulación de piedras o nieve, que indican restos de avalanchas anteriores.

Los planos inclinados que contengan nieve, deberán ser subidos siempre en una pista directa sobre la línea de máxima pendiente. De lo contrario, si se lo hace en zigzag, se puede quebrar la masa nívea y provocar un deslizamiento. Ya hemos visto cómo son; ahora consideraremos cómo tratar de salvarnos.

En zonas de avalanchas, debe avanzarse tomando todas las medidas de seguridad posible: compruebe la cordada, transporte la mochila con una sola correa desde el hombro y esté preparado para quitarse todo el equipo con la mayor prontitud que pueda. Trate rápidamente de desprenderse de los esquíes, raquetas o mochila que le impidan salir al exterior una vez que sea cubierto por la masa de nieve. Si es sumergido por la avalancha, procure llegar a la superficie ayudándose con las extremidades y manteniendo el cuerpo lo más horizontal posible, como si nadara.

En cambio si llegara a ser inmovilizado, antes que la avalancha lo cubra intente formar un espacio entre la nieve con la cabeza, hombros y brazos a fin de conservar una burbuja de aire. Trate de sobreponerse al pánico y respire lentamente intentando consumir de a poco el oxigeno logrado.

El revolcón dentro del torrente níveo es tan intenso como confuso, y puede ocurrir que al cesar la avalancha la víctima se encuentre atrapada en su interior ignorando exactamente dónde se encuentra la superficie. Algunos expertos señalan que antes de cavar con las manos buscando el exterior, se escupa hacia adelante buscando la gravedad terrestre. De esta forma se evitaría cavar en una dirección opuesta a la correcta.

Grite lo más fuerte que pueda al sentir voces próximas de quienes lo pueden estar buscando. El rescate por los que observaron el accidente debe iniciarse sin demora sobre el área donde las personas fueron vistas al ser arrastradas. De lo contrario se buscará por sectores, comenzando por donde se marca el extremo inferior de la avalancha.

Existen muchas posibilidades de que una persona atrapada por la nieve logre sobrevivir muchas horas sepultada, soportando rigurosas condiciones. En este caso su vida se prolongará conforme al estado físico del individuo y de la calidad de la ropa que lo proteja, así como también de otros factores, edad, shock, etc. La nieve contiene una alta proporción de oxígeno. Por ello se explica que personas sepultadas por deslizamientos de nieve, han sido rescatadas vivas hasta 48 horas después. La nieve es un eficaz manto protector de las muy bajas temperaturas que cubre y protege a la flora hasta la siguiente primavera. Con igual propósito algunas especies de animales aprovechan esta protección nívea por días o meses.

Ciertos autores sostienen que una persona inmovilizada bajo la nieve más de 20 minutos, sus posibilidades de sobrevivir serán inferiores a un 50%. No obstante, no abandone la búsqueda de una víctima antes de las 48 horas de ocurrido el accidente. Algunos montañistas llevan un pequeño aparato electrónico que localiza personas sepultadas en la nieve, llamando "Pieps". En Canadá y en Europa, existieron casos, que para eliminar el peligro de una avalancha, fue necesario provocar la caída de ella mediante explosivos arrojados por un helicóptero o con disparos de artillería.

Mallines

En algunas zonas de la Cordillera, especialmente en la época de lluvias, se observan ciertas extensiones de terreno que, por la estructura del suelo bajo y arenoso o arcilloso, se encuentra con frecuencia inundado, dando la apariencia de un verde prado. Estos sitios se denominan "mallines" y son una suerte de "arenas movedizas" que también encontramos en la boca de arroyos y ríos como una formación de bancos de arena. Si una persona se viera obligada a cruzar un terreno con estas características no sufriría otra consecuencia que hundirse en el barro, a lo sumo hasta la cintura. Los esquíes y raquetas de nieve donde calce el pie, son útiles para distribuir el peso de un individuo. Debido a la absorción del suelo, los equinos sufren los mayores inconvenientes para cruzar un mallín, y suelen corcovear para librarse arrojando al jinete o su carga. También son verdaderas trampas para vehículos incluso aquellos con tracción en las cuatro ruedas.

Tormentas de nieve

Otro de los temibles adversarios, con que suelen encontrarse los montañistas, es el denominado "viento blanco" o tormenta de nieve. Viene acompañada con un brusco descenso de temperatura que suelen rayar los 30 °C bajo cero, con violentos torbellinos de nieve en polvo que impide la visión y que se deposita en amplias áreas ocasionando grandes acumulaciones muy peligrosas por las avalanchas que pueden producirse. Esta tormenta puede ser de una magnitud tal, que dificulte notoriamente todo movimiento. Las personas y materiales, en estas circunstancias, experimentan serios inconvenientes. Los principales son: **a)** Problemas para respirar como consecuencia de la fina nieve pulverizada que se introduce en la nariz. **b)** La nieve voladora que se introduce en las antiparras, en el cuello, botamangas y toda abertura que encuentre, hace descender la temperatura del cuerpo. Ello ocasiona frío intenso y fuertes dolores musculares que, sumados a la propia fatiga, provocan deseo de dormir con la grave consecuencia de morir congelado. **c)** Cambio repentino de la topografía del lugar como fruto de la fuerte nevada, ocasionando desorientación. **d)** Efectos magnéticos perturbadores que impiden el uso de la brújula, la radio y telefonía celular.

Este fenómeno produce aterimiento y puede ocasionar la muerte por congelamiento. En el caso que se viese sorprendido por una tormenta de inusitada violencia que le impida seguir caminando, deténgase y cabe sin tardanza un refugio en la nieve. Un pozo recubierto donde puedan caber una o dos personas será suficiente para salvar la vida.

Los indios de Alaska y Canadá, cuando no pueden regresar a su aldea por una tormenta, excavan rápidamente una suerte de cueva contra alguna pared o montículo de nieve. No existe otra solución. Lo ideal sería recubrir el piso antes de acostarse. Al cerrar la entrada siempre deberá dejarse un orificio para no morir asfixiado. Este procedimiento es válido para Sudamérica. Nunca se continuará la marcha al verse sorprendido por una tormenta de estas características. Lo prudente es acampar antes o, en el peor de los casos, durante ella.

A mediados de mayo del 2005, un batallón completo de 485 soldados chilenos que hacía un ejercicio de marcha, fue sorprendido por una tormenta de "viento blanco" en la Cordillera de los Andes al sur de Chile. El drama ocurrió muy cerca del volcán Antuco. En horas, 45 de ellos murieron congelados y el resto fue rescatado en mal estado de salud. En las tareas de auxilio se comprobó una vez más que, en esas condiciones climáticas, las comunicaciones por radio y telefonía celular son muy difíciles de lograr. Fue una marcha que nunca debió haberse hecho sin una debida evaluación del clima.

El rayo en montaña

El peligro del rayo en montaña es relativamente pequeño ya que en los Andes se da rara vez. Es obvio que, si la tormenta es previsible, lo más lógico será no salir en esas condiciones. Existe divergencia entre diversos autores acerca de la conveniencia o no de desprenderse de los objetos metálicos durante las tormentas eléctricas. Mientras unos opinan que deben dejarse a una distancia prudencial, otros explican que no es necesario, ya que su incidencia es casi nula en la atracción de la electricidad: el cuerpo humano, más alto y de menor resistencia eléctrica, sería un pararrayos mucho más perfecto. Además, cabe mencionar que, en una emergencia, los elementos que eventualmente se abandonen pueden ser de extrema necesidad más adelante.

Terrenos minados

En ciertos países, cruzar la frontera por lugares no habilitados (violando la Ley), suele ser peligroso. Según medios periodísticos, habría unos 300 campos minados en determinados sitios a lo largo de las fronteras que Chile tiene con Perú, Argentina y Bolivia. Desde 1974 Chile habría emplazado unas 500.000 minas antipersonal y antitanque, en diversos sectores fronterizos en especial en las Regiones XV (norte) y XII (sur). Algunas fueron sembradas en terreno plano, pero otras se instalaron entre los 3000 a 4000 metros de altura, incluso más alto. Lo grave es que muchas de estas minas por las lluvias y aludes pudieron desplazarse hasta

2000 metros más abajo siendo muy difícil su ubicación. Por esta causa y hasta el 2010, al menos unas 100 personas sufrieron graves heridas o murieron. La mayoría de estos campos minados están señalizados, pero hay que tener cuidado dado que por ser antiguos, los carteles están en mal estado o desaparecieron. Para peor algunas minas, están levemente cubiertas por una mínima capa tierra o de nieve. Se sugiere obtener información con nativos del lugar, pues existen minas terrestres en lugares insospechados incluso alejadas de la frontera. En esas zonas es peligroso apartarse de los caminos, y muy arriesgado ascender a ciertas elevaciones o transitar por planicies a campo traviesa a pie o en vehículo. El Ejército de Chile estaría retirando estos dispositivos de ciertas áreas, pero conservando otras, por lo que el problema subsistirá por tiempo indefinido. Ver Anexo IV: Proceder en un campo minado.

EL CUIDADO DE LA ROPA Y EL CALZADO

Las ropas

El frío en montaña es quizá el adversario más temible que tiene el montañista. Es un problema que merece toda la atención y no permite improvisaciones. Es básico recordar que la calidad de las vestimentas y equipos en regiones muy frías determinan sin lugar a dudas la diferencia entre la vida y la muerte. Lo esencial es mantener la temperatura del cuerpo en toda circunstancia. El vestuario debe ser abrigado, impermeable y liviano. La mejor vestimenta es la que consiste en varias capas de prendas de diversas tramas y composición textil, que podrán ser quitadas o aumentadas según se necesite menor o mayor aislamiento. Las prendas internas deben ser holgadas, para permitir el paso del aire allí acumulado y la capa exterior será la más gruesa e impermeable. En zonas de frío muy riguroso, habrá que emplear ropa acolchada de duvet, que permite mantener una capa de aire templado sobre el cuerpo. Cualquiera sean las prendas que vista, para que le den protección deben conservarse limpias y libres de aceites o grasa.

Los extravíos en la Cordillera de los Andes, son más frecuentes y peligrosos de lo que habitualmente se cree.

Vestirse para regiones muy frías no significa acumular sobre uno todo lo que se pueda. Lo más seguro es que una persona con exceso de ropas sufra más frío que aquella que lleva las prendas adecuadas.

La camiseta de manga larga como el calzoncillo largo es de uso imprescindible en montaña y deberán ser de buena calidad. Respecto a la camisa, será de mangas largas, de hechura resistente y de amplios y cerrados bolsillos.

Recuerde que la ropa húmeda, además de constituir una incomodidad, es factor de pérdida de calor y carece así de todo valor como aislante del medio. Una persona con las prendas mojadas, durante una travesía por zonas frías, está muy próxima al abatimiento mental y a la neurosis. **Evite transpirar**, ya que esto en temperaturas de frío extremo puede resultar muy grave. La transpiración acumulada en la ropa más próxima a la piel continuará eliminando el calor que el cuerpo necesita, aun cuando el propio proceso haya terminado, existiendo el peligro de que esa humedad se congele dentro de las prendas. De ahí que es erróneo respirar dentro de la bolsa de cama pretendiendo aumentar el calor. La experiencia indica que no es conveniente acostarse totalmente vestido dentro de la bolsa de dormir. Sus ropas exteriores al término de la jornada, estarán húmedas y no podrá dormir porque acumularán frío interior. Para estar confortable, lo mejor será desnudarse completamente, pero esto dependerá de la situación que se viva.

En ciertas circunstancias, puede ser necesario reducir la acumulación de calor en la ropa para prevenir la transpiración. En esos casos se suelen emplear el sencillo recurso de exponer durante unos segundos el rostro y extremidades a la intemperie o simplemente aflojarse el cinturón y las botamangas. Cuando se sienta frío, haga ejercicios sin llegar a la transpiración. El organismo produce continuamente humedad. En temperaturas bajo cero, ella puede congelarse dentro del tejido de las prendas y eso es un problema serio.

Nunca se quite los guantes mientras este trabajando; durante el movimiento pueden extraviarse y sobrevenir un congelamiento. El problema más grave de este fenómeno reside en que el proceso es indoloro y muchas veces se lo advierte solamente al término de la jornada, cuando es demasiado tarde y ha sobrevenido gangrena en los tejidos afectados. Periódicamente se moverán los dedos de las manos y de los pies para mantener la circulación. Si se notaran insensibles los pies, lo mejor será descalzarse y darles calor.

Trate de conservar toda su ropa seca. Las prendas deben estar limpias y sanas. El ajuste de botamangas se hará para impedir el paso de frío y la nieve, pero no deberá apretarse en demasía, para evitar la obstrucción de la circulación de la sangre. No lleve en sus dedos anillos, ni siquiera flojos.

En algunos casos, será necesario agudizar el ingenio para obtener una mayor protección térmica en el vestuario. Hojas de papel o hierba seca, hábilmente distribuidas entre las ropas que nos cubren, dan una excelente aislación adicional en situaciones de emergencia

Las hojas de papel de diario en contacto con la piel, y envueltas prolijamente en piernas, brazos y tórax, brindan una sorprendente protección térmica debajo de las demás prendas. Son muy útiles para motociclistas y jinetes. En Anexo II, se indica la forma de confeccionar una frazada rellena de papel.

En la Cordillera de los Andes, con temperaturas bajo cero durante gran parte del año según su altitud, fácil es de imaginar la importancia que adquieren las ropas. Prendas adecuadas darán no sólo protección contra ese clima, sino que a la vez amortiguarán golpes y rodadas, de los que nadie está exento en montaña. En supervivencia todas las ropas tienen valor, incluso las deterioradas. Estas últimas serán reparadas, sobre todo las rasgaduras, antes que adquieran mayor tamaño. No abandone prendas que suponga no volverá a vestir. Aunque no tengan aplicación inmediata, pueden usarse como almohada o abrigo suplementario. No lleve ropas apretadas o sucias, y preste especial atención a las medias. Lleve algún par de estas bajo su camisa para mantenerlas caliente en el momento de su empleo. Si no puede cambiar sus calcetines, deténgase igualmente y trate de hacer fuego para secarlos.

El calzado

Posiblemente no exista ninguna otra ocasión en que la conservación del calzado adquiera tanta importancia como en estas circunstancias. Es con toda certeza el elemento más valioso de su equipo. No use el calzado excesivamente engrasado o impermeabilizado mientras persistan las bajas temperaturas, pues impide el libre paso de la transpiración del pie, y puede provocar congelamiento. Los borceguíes serán lo suficientemente amplios como para permitir alojar dos pares de medias, pero cuide que éstas no se deslicen entre sí y ocasionen ampollas en el talón. La combinación aconsejada es usar en contacto del pie medias del algodón y sobre éstas las de lana. No use el calzado muy holgado o roto, pues esto en circunstancias extremas podría ser grave. Debido a la considerable frecuencia con que se humedecen las botas y los calcetines en montaña, cambie y seque las medias y la suela del calzado una o dos veces al día y en todo momento libre durante la marcha.

Nunca coloque el calzado muy próximo al fuego para su secado, ni lo deje afuera en la noche; en el primer caso se agrietará y en el segundo, podrá congelarse. Lo más recomendable para secar un par de botas es introducir en su interior algunas piedras calientes envueltas en un género y dejarlas por espacio de algunas horas en un lugar aislado de humedad. La mejor conservación que se le puede hacer a un borceguí, luego de una limpieza frecuente, es untarlo con una pomada de calidad y lustrarlo.

Las botas de goma no son apropiadas para largas caminatas por zonas nevadas. Este producto, por ser aislante, condensa la humedad en el interior, y el pie se enfría totalmente, según los casos, en unos 30 minutos. El calzado débil podrá protegerse envolviéndolo con géneros, cueros o plásticos, ajustando sobre ellos alambres o hilos. También puede ser factible improvisar un rústico par de "zapatones" cortando a la medida de cada pie dos trozos de una cubierta de caucho y cosiendo las partes abiertas a modo de "puntera", "capellada" y "talón", impidiendo con esas costuras que los pies se salgan al caminar. Antes de introducir los mismos en los zapatones, serán envueltos cuidadosamente con un género a guisa de media para evitar que se ampollen y se lastimen (Fig. 22).

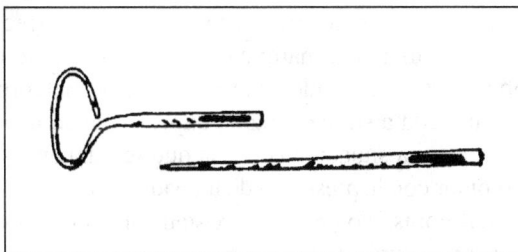

Aguja de coser improvisada.

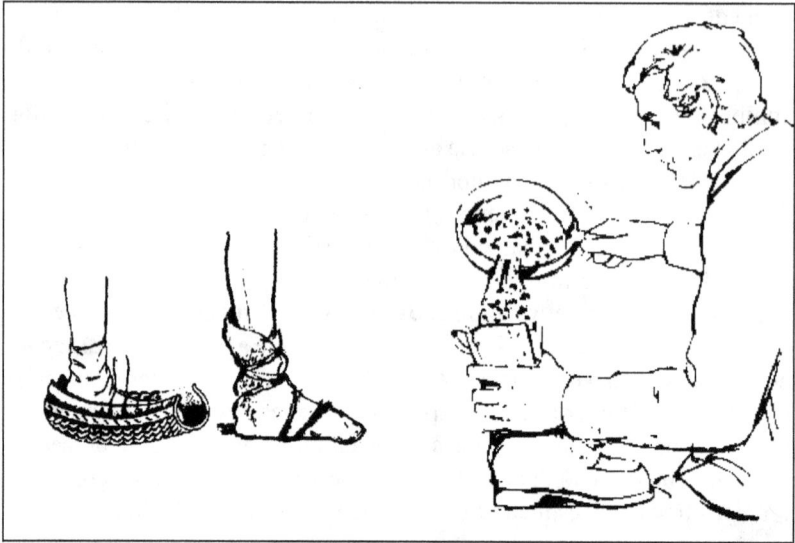

Fig. 22. Zapatones improvisados. Cuero-género-material sintético, etc. y forma de secar el calzado con arena caliente.

Recuerde que un buen par de raquetas de nieve se pueden improvisar con ramas verdes, formando una malla con géneros, tiras de cuero o alambres.

PRONÓSTICO DEL TIEMPO

La predicción del tiempo en montaña reviste gran importancia para la marcha de un grupo de sobrevivientes, importancia que se acrecienta cuando a mayor altura se encuentran sus integrantes. Es frecuente que el estado del tiempo en montaña marque el éxito o el fracaso de un rescate. Ciertos pobladores pueden adelantar los cambios meteorológicos con notable certeza, merced a su inestimable experiencia en la zona.

Obviamente, en una situación como la que se trata en este libro, será poco probable contar con la presencia de un baquiano que prediga el tiempo en las próximas horas. No obstante, existen para ello una serie de indicios atmosféricos y naturales que permiten una evaluación relativa (no siempre infalible) del cuadro meteorológico que habrá de presentarse.

INDICIOS PARA EL PRONÓSTICO
DEL TIEMPO

Tiempo	Apariencia del cielo	Temperatura	Animales	Otros
Bueno	Celeste grisáceo durante la mañana y sin vientos. Neblina que se disipa con el sol. Rosa al ponerse el sol con nubes al Oeste. Brillantes estrellas en la noche.	En ascenso en la mañana para bajar en la tarde.	Se muestran tranquilos.	El humo se disipa con rapidez.
Variable	Sol claro, halo solar o lunar. Cielo con trazos rojos al atardecer. Cambios de vientos de Este a Oeste.	Se mantiene templado en la tarde.	Intranquilos. Las aves tienden a bajar.	El humo no se disipa con rapidez.
Lluvia o nieve	Rojo al amanecer. Sol radiante o con halo. De noche halo lunar.	Estable.	Los animale se reúnen en reparos. Los pájaros bajan al suelo. Se reúnen en reparos.	
Viento	Rojo al amanecer con algunas nubes y rojo al atardecer. Ráfagas de viento progresivo.	En aumento.		
Tormenta	Vientos fríos y halo solar o lunar. Atmósfera pesada.	Templada.	Insectos muy molestos.	

En la Cordillera existen extensas regiones desprovistas de vegetación donde el clima es muy seco. Pero en la zona del bosque andino-patagónico, el clima es más húmedo, y en algunos lugares debido a las fuertes nevadas y las constantes lluvias (otoño-invierno), se registran precipitaciones de hasta 2.000 milímetros. Por ello la vegetación es exuberante, aunque el

En climas húmedos y fríos higienice sus pies y cambie sus medias al menos dos veces por jornada. Si los notara fríos por la transpiración, procure secarlos y darles calor lo más pronto posible

clima es frío, con temperaturas que varían bastante del día a la noche. Sería erróneo generalizar al clima cordillerano, pues una gran variedad de factores existen entre una zona y otra que influyen en las condiciones meteorológicas. Tanto es así, que suele ser común escuchar entre experimentados pobladores que: "Cada montaña y cada valle tienen su propio clima". Algunos lugares son más fríos, ventosos, más húmedos o cargan más nieve que otros. No es raro entonces observar gruesas diferencias entre dos puntos no muy lejanos entre sí.

CONSUMO DE AGUA

Existe una tendencia generalizada a preocuparse más, en una emergencia como las relatadas, por la comida que por las demás cosas, siendo ella normalmente menos vital que el agua, la vestimenta o el refugio.

En regiones frías no existe por lo común el problema de carencia de agua. En el invierno el hielo y la nieve la proveen en forma suficiente. Se preferirá fundir hielo y no nieve para obtener agua potable; a igualdad de volumen se lograra más agua con menor calor y tiempo. Si el combustible escasea, habrá que comer nieve o chupar hielo en pequeñas cantidades aprovechando consumir agua cuando se cocina.

Se preferirán bebidas calientes para mitigar la sed y para contribuir con la necesidad mínima de agua que el organismo requiere (2 litros diarios en reposo y a nivel del mar).

El clima de montaña es deshidratante de la piel (en especial con buen tiempo), debido a una atmósfera menos densa y a los vientos secos que se producen en las cumbres. Por ello para ganar alturas de hasta 4.000 metros se necesitarán más de **4 litros** de agua por día, y el doble de esa cantidad para cotas mayores o fuerte actividad física. Una ingestión menor de líquidos, especialmente habiendo fatiga, disminuirá considerablemente el rendimiento, se notarán síntomas de pereza, carencia de equilibrio, u otros más graves, como ya se señaló en el Capítulo II.

También el calor en montaña suele hacerse sentir con todos los efectos (incluyendo la sed) al igual que en las regiones más cálidas. En verano, sólo después de los 2.000 metros de altura deja de ser un inconveniente.

Recuerde que la única manera de vencer a la deshidratación es forzándose a beber más líquido de lo que se desee.

REFUGIOS

Todas las medidas que se adopten para construir y mejorar los refugios en montaña, particularmente en invierno, están directamente relacionadas con la supervivencia. Los mejores lugares para la instalación de un refugio pueden diferir según sea en verano o en invierno. El sitio elegido debe brindar por lo menos cierta protección contra los vientos, lluvias, avalanchas, inundaciones y bajas temperaturas. En climas muy fríos no es conveniente improvisar refugios en el interior de vehículos, aviones o cualquier otra construcción metálica sin calefacción permanente; el metal actúa como radiador y expande con rapidez el calor interior hacia afuera. El tipo de refugio que se construya dependerá de los materiales, del tiempo disponible y de la situación que se esté viviendo.

Otra cuestión a tener en cuenta es el fenómeno que ocurre con la temperatura a cierta altitud en la montaña. El aire diáfano y limpio facilita durante el día que los rayos solares calienten rápidamente el suelo, haciéndonos creer que ése es el lugar indicado para instalar una carpa. Pero merced al mismo fenómeno descrito, al ocaso, el enfriamiento es inmediato, produciéndose abruptas diferencias térmicas. Ej.: 20 °C al mediodía y 20 °C bajo cero a la noche, situación muy peligrosa si nos sorprende con poco abrigo. Por otra parte he comprobado que algunos valles suelen ser más fríos que ciertas laderas. Ello es debido a que descienden corrientes de aire frías (más pesadas), depositándose en las zonas bajas y húmedas donde apenas llegan los rayos solares, y se enfrían aun más al contacto con aguas abiertas como lagos o ríos. Esto no ocurre algunas decenas de metros más arriba, donde el sol tiene contacto más directo y en superficies mayores, aunque puede existir el riesgo de elegirse un sitio que será azotado por el viento horas después.

La carpa

Una tienda de campaña para montaña tiene que ser más fuerte que las demás para soportar los vientos. Para instalarla rigen los mismos principios que los mencionados en el Capítulo I: Campamentos. Solo reiteraré que antes de ingresar a su habitáculo (cabina, carpa, etc.), debe dejar en otro lugar protegido, sus prendas exteriores mojadas, incluyendo las medias y calzado. Los candiles, y especialmente los faroles, irradian un sorprendente calor en el interior de un refugio o una carpa aislada. Un candil puede improvisarse con una lata abierta con perforaciones a los costados practicadas cerca del borde superior y una mecha de género o musgo en contacto con aceite o con cualquier tipo de grasa animal. En el caso de disponerse de una vela, y cuidando no producir un incendio, será colocada en el interior de un recipiente abierto para evitar que se apague con el viento. En Anexo II, se explica que las carpas confeccionadas totalmente de nilon se incendian con facilidad.

Construcciones insólitas

Con un poco de ingenio y sin los materiales convencionales, es posible construir un refugio de singulares características, que puede ser de utilidad durante varios años. Ello se logrará si nos encontramos en un terreno húmedo, con gramilla o césped natural. El paso siguiente consistirá en cortar ladrillos de "tepes" (turba) de un tamaño más grande que los tradicionales. Una vez elegido el sitio, se marcará el perímetro desde donde se levantarán las cuatro paredes. Dentro y fuera de dicha línea se enterrará alternadamente una doble hilera de puntales (columnas) que oficiarán de guía para que la pared de "tepes" se encuentre sujeta entre ellos. Si los puntales están bien enterrados, los cimientos no serán necesarios.

Para una mayor aislación los vikingos levantaban en este perímetro una doble hilera de paredes con una cavidad central que rellenaban con grava, tierra y piedras. El muro terminado tenía un grosor de más de 1 metro y era forrado internamente con madera. La vivienda terminada era perfectamente aislante, tenía chimenea y albergaba a unas 40 personas. Ambos diseños se logran colocando capas sucesivas de ese tipo de ladrillo y trabando los mismos unos con otros, hasta alcanzar la pared la altura deseada. Las cumbreras se apoyan en los mencionados puntales y el techo se forma con abundantes ramas finamente entrelazadas. Nilon, chapas o cualquier otro material impermeable también sirve. El techo puede ser a "dos aguas", si su construcción es firme y posee una justa inclinación, se le puede cargar una espesa capa de turba. Pronto el césped crecerá sujetando dicha tierra. como puede observarse en el siguiente dibujo.

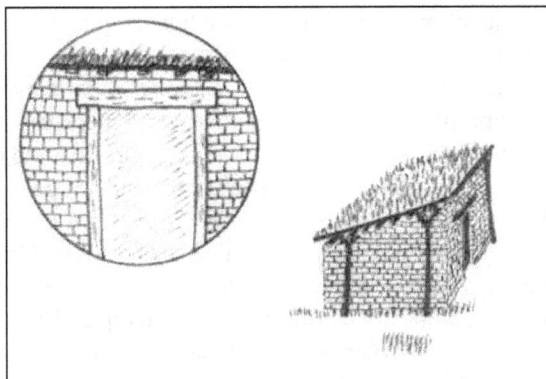

Choza de tepes.

Esta ingeniosa choza, correctamente construida, es apta para todos los climas, pues la tierra es un excelente aislante. Asimismo, esta característica aumenta con el tiempo, al asentarse los tepes y entrelazarse entre sí las raíces de gramilla. En época invernal, una estufa improvisada contribuirá a reducir la humedad. Una mayor "sofisticación" podrá lograrse recubriendo internamente las paredes y el cielo raso con cartón asfáltico y fijando polietileno transparente en las aberturas destinadas a ventanas. Los cables y alambres para estas construcciones adquieren un valor inapreciable. Una construcción de estas características fue visitada por el autor y fue realizada por una pareja de ingleses en la zona de Mallín Ahogado – El Bolsón – (Pcia. del Río Negro) 1974.

En ciertas ocasiones, es posible levantar paredes con botellas vacías dado que son muy térmicas. Por su mayor resistencia se elegirán las de sidra o champaña. En este caso la unión se hará con mezcla.

Refugios elementales

Si existiera un bosque cerca, la mayoría de los problemas estarán resueltos, ya que podrán construirse distintos tipos de refugios. Cavando un hoyo considerable alrededor de un árbol de amplias ramas, preferentemente un pino, se obtendrá un buen refugio que podrá ser "techado" fácilmente con ramas trenzadas (Fig. 23). Otro abrigo sencillo puede improvisarse bajo árboles caídos a modo de tienda, quitándoles las ramas interiores y aplicándolas entrelazadas sobre los costados.

No obstante, se tendrá presente que las ramas no reflejan el calor del fuego y no son apropiadas en tiempo de lluvia. La nieve es un excelente aislante. En nieve profunda se construirá un refugio cavando o ahuecando la cavidad hasta un tamaño adecuado y cubriendo el piso con ramas, telas o cualquier otro material que aísle (Fig. 24). Será conveniente amontonar la nieve extraída, como reparo del lado desde donde sopla el viento. Otro improvisado refugio puede lograrse usando uno o dos árboles próximos, sujetando una cumbrera entre ellos que sirva de sostén a una lona (Fig. 25). Para cavar una cueva, se elegirá un sitio cuya entrada no pueda ser cubierta por deslizamientos. El mejor lugar es la parte alta de la pared de un cerro y hondonada. Primeramente se cavará un túnel inclinado (en pendiente) hacia arriba y luego se hará el piso recto y nivelado (Fig. 26).

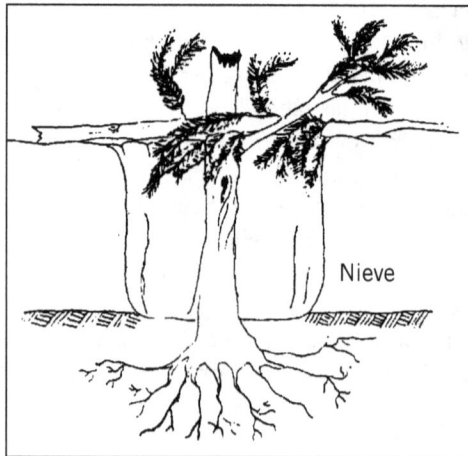

Fig. 23. Refugio practicado en nieve alrededor de un árbol.

Campamento es sinónimo de orden y disciplina.

Resumidero ➜

Fig. 24. Refugio cavado en nieve o arena.

Fig. 25. Tienda de circunstancia.

Fig. 26. Cueva construida en una ladera.

Todo refugio cavado en tierra o en nieve dura deberá tener un resumidero que por declive recoja el agua llovida o líquidos que se derramen en el suelo. De esa forma el piso del improvisado refugio estará un poco más seco y se evitarán los inconvenientes de la humedad. **Es necesario hacer una plataforma para dormir.** Esta capa aislante podrá ser formada mediante ramas, trozos de nilon o cualquier otro elemento afín. La entrada estará a espaldas del viento y se practicará en el techo un agujero para ventilación.

Es necesario tener en cuenta que esta construcción demandará cierto tiempo, aún con las herramientas indicadas, siendo necesaria una detenida reflexión antes de iniciar el trabajo. Nunca entre a cueva alguna sin llevar un cuchillo o una pala, ya que puede ocurrir un deslizamiento que tapone la entrada.

Antes de encender cualquier calefactor, se verificará si los agujeros de ventilación están despejados. Es importante sacudirse la nieve antes de entrar al refugio. Se aconseja hacerlo cuidadosamente antes de sentarse o acostarse: la nieve caída en lugares cálidos se derrite muy rápidamente y un poco de agua en el piso del refugio puede humedecer el ambiente y el equipo.

Un problema indirecto de supervivencia en estos refugios es el, **monóxido de carbono** que se produce por combustión incompleta de los calefactores en recintos cerrados o mal ventilados, al taparse los conductos de ventilación por condensación y congelamiento del vapor de agua en su interior. Recuerde que toda llama de color amarillo produce monóxido de carbono. Este gas es inodoro y pueda causar la muerte por asfixia sin que la víctima lo advierta. Generalmente la señal es un leve dolor de cabeza o en las sienes, pero no siempre sucede así.

Por principio deberán controlarse constantemente los conductos de ventilación, y de ser posible, envolverlos para aislarlos y disminuir así la condensación y taponamiento resultantes. En caso de usarse un calefactor en una carpa, se dejaran dos agujeros, uno en la parte superior y otro en la parte baja para obtener una circulación de aire. Si se sintieran los efectos de este gas, será necesario salir al aire libre, mantener el cuerpo caliente y no realizar actividad física alguna.

En nieve poco profunda podrá cavarse una trinchera y techarse a dos aguas con bloques cortados, o con telas con la debida inclinación, sostenidos por medio de esquíes, bastones o ramas. No debe olvidarse la construcción de una plataforma aislada para dormir. Por lo general los refugios serán pequeños, cómodos y a prueba de vientos. No serán necesarias herramientas especiales. Los esquimales han demostrado que con experiencia y un cuchillo se puede sobrevivir con éxito.

Dos o más personas pueden construir un iglú esquimal, pero deben conocer una técnica especial y contar con algunas experiencias previas pues, entre otras cosas, el armado de los bloques de nieve puede presentar inconvenientes.

La nieve más indicada para esta construcción es la brillante, con copos cristalizados en su superficie, debido a su consistencia regular. Se debe elegir cuidadosamente el sitio donde se instalará, pues el iglú puede quedar cubierto tras una tormenta de nieve o sepultado por una avalancha. Se clavará una piqueta o bastón en el centro del ambiente y con una soga de no más de 1,50 metro de longitud atada al mismo, se marcará el círculo donde se colocarán los bloques en espiral. Estos tendrán generalmente las siguientes medidas: largo 50 cm, ancho 40 cm y alto 30 cm.

Los bloques en principio serán todos de un mismo tamaño y se irán acomodando circularmente dispuestos con una inclinación propia con el fin de ir conformando el iglú (Fig. 27).

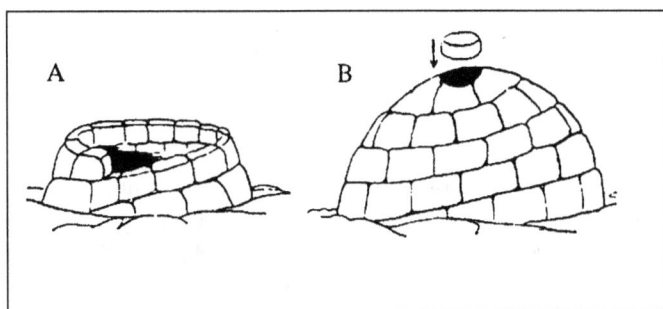

Fig. 27. Construcción de un iglú.

En esta operación los bloques serán acomodados de forma tal que queden trabados y se sujeten unos con otros. Recuerde que el túnel de entrada debe estar opuesto a la dirección del viento. A medida que se asciende, los bloques se cortarán en forma levemente triangular con el objeto de ir formando la cúpula. Una vez terminada la obra, se taparán con nieve las fisuras exteriores y se practicarán dos orificios para ventilación, especialmente si se quiere encender fuego en el interior. Probablemente al ingresar al iglú se sienta una inmediata sensación de calor, que puede desaparecer durante las bajas temperaturas de la noche.

Por ello, en caso de no disponer de vestimentas apropiadas, no debe dejarse vencer por el sueño, pues con seguridad conducirá a un congelamiento o algo peor. Lo indicado es mantenerse activo. Este tipo de refugio, correctamente construido, proporcionará abrigo contra las heladas, vientos, tormentas y bajas temperaturas. De su eficacia, sólo podremos agregar que por siglos los esquimales se han encargado de demostrarlo suficientemente.

Recuerde que en todos los casos será necesario improvisar junto al refugio un mástil en el que flamee un género a modo de bandera, cuyo color contraste con el de los alrededores; no sólo será una buena referencia para las patrullas de rescate o aviones; sino también de utilidad para uno mismo al regresar al campamento luego de recorrer las zonas próximas.

Los que deben dormir a cielo abierto en una llanura, primero harán fuego sobre la superficie donde se acostarán. Luego se apisonarán las brasas dentro de la tierra y se cubrirá todo con una tela. Este método permite dormir sobre una suerte de suelo caliente.

CÓMO ENCENDER EL FUEGO

El fuego es uno de los elementos básicos, para una feliz supervivencia. En casi todas las circunstancias habrá necesidad de él, ya sea para proporcionar calor, preparar comidas o hacer señales. Por principio, deberá buscarse el lugar apropiado siguiendo las indicaciones dadas en el Capítulo I en Maneras de hacer fuego, salvo algunas determinadas particularidades propias de montaña.

En ciertas zonas de la Cordillera de los Andes, los incendios de bosques se producen con asombrosa facilidad, alcanzando inmensas proporciones. Algunos siniestros son debidos a imperdonables descuidos: el clásico fósforo o colilla que se tira despreocupadamente en cualquier lugar. Pero otros son producto de la ignorancia. Esos suelos presentan un elevado porcentaje de materias resinosas originadas por la acumulación de restos vegetales durante siglos. De ahí que un fuego, iniciado imprudentemente en un terreno blando, puede propagarse de manera subterránea y provocar un foco de incendio a unos metros de ese lugar. En lo posible se hará siempre fuego sobre terreno rocoso, removiendo y apa-

El bosque Andino en invierno tiene índices de humedad similares a la selva tropical

gando perfectamente las brasas con mucho agua, cuando no se use más el fogón.

Fundamentalmente los fuegos serán preparados y mantenidos bajo control de forma tal que no superen la medida de un fogón. En el bosque Andino **¡nunca deje un fuego encendido sin vigilancia!**

En temporada invernal se evitará encender fuego bajo una cornisa nevada o un pino con las ramas cargadas de nieve, de lo contrario ésta el derretirse apagará el fogón. Si la excesiva humedad llegara a constituir un inconveniente para iniciar un fuego, se podrá recurrir a las calorías que produce una señal luminosa (no proyectable) al consumirse.

En este caso, el cartucho estará cubierto en el interior de la pirámide de ramas pequeñas que se procura quemar y luego, con el debido cuidado, se lo activará colocándose atrás del mismo. Este sistema, realizado correctamente, es infalible por la elevada energía calórica liberada hasta por espacio de 60 segundos o más, suficiente para encender cualquier astilla mojada, evitándose así el empleo de fósforos.

Conservar seca una caja de fósforos suele ser dificultoso cuando se debe caminar o montar en la temporada de las lluvias. Para prevenir "dolores de cabeza", se aconseja transportar una reserva abundante de fósforos impermeables que usted mismo puede preparar: sumerja un grupo de ellos en parafina derretida o pinte sus cabezas con una delgada capa de esmalte de uñas. Luego introduzca los mismos junto con el raspador que provee la propia caja, en un pequeño recipiente o bolsa pequeña de nilon que se cerrará herméticamente. La mayor fortuna para estos casos es contar con los llamados fósforos de supervivencia fabricados para expediciones, montañismo, etc.

Un procedimiento sencillo, experimentado por el autor para encender fuego en las zonas donde llueve o nieva a menudo, y por consiguiente la leña no puede arder, es hacer astillas de ramas y formar una pirámide pequeña. Luego colocar en ella, tiras de género previamente sumergidas en líquidos inflamables, kerosén, aceite espeso o gasoil, desechando la nafta u otro líquido volátil. Al ser encendidas secarán la humedad de las astillas y éstas entrarán en combustión quemado trozos más gruesos. Este preparado casero podrá ser transportado cómodamente en el equipo de supervivencia, dentro de un pote cerrado y listo para usar.

Otro ingenioso sistema para prender fuego se logra mediante una batería y un alambre o cable conectado a los bordes de distinta polaridad.

Entre sus extremos arrimados se formará un arco voltaico, que encenderá un trozo pequeño de género embebido en nafta. Asimismo, con el faro de un automóvil o de una linterna, es factible lograr el efecto anterior; para ello quite la lámpara eléctrica y enfrente el brillante cono directamente al sol. Los rayos solares convergerán al orificio donde se encontraba la bombilla y en el que usted habrá introducido un pequeño manojo de pasto seco o una mecha de papel. Se necesita algo de experiencia. Practique con un cigarrillo.

En una amplia zona de la Patagonia en la que se incluye la Precordillera, encontramos un pequeño arbusto achaparrado conocido con el nombre de "neneo". Esta planta compacta, en forma de semiesfera que en sus mejores condiciones alcanza fácilmente más de dos metros de diámetro por uno de altura, se enciende con suma facilidad, aun en días lluviosos o bajo nieve, con sólo acercarle un fósforo en la base.

Dicha planta tiene la propiedad de arder por espacio de dos minutos produciendo llamas y abundante humo, siendo muy eficaz para orientar a un grupo de personas. Como no crece en los bosques, no existe peligro de incendio. Ya en la época del explorador George Chaworth Musters (aventurero británico que recorrió la Patagonia en los años 1869 – 1870), los indios utilizaban ese arbusto para incendiarlo y enviar señales.

Fauna de la Patagonia

La fauna patagónica no tiene la misma cantidad ni variedad de especies que en otras latitudes tropicales. Las presas de mayor tamaño (ciervo, jabalí, guanaco y puma), son escasas y están en propiedad privada. Es erróneo como lo inducen algunos afiches turísticos, creer que en la Patagonia abunda la caza y la pesca. Sólo en contados lugares de difícil acceso y bajo ciertas condiciones, se suele tener éxito para capturar importantes salmónidos en lagos y ríos. Más dificultoso aún es la caza mayor. Por ello, cazar o pescar para comer en esta enorme región presenta muchas complicaciones.

El monóxido de carbono se forma en los refugios sin ventilación y puede ser mortal.

ALIMENTACIÓN

En climas fríos de montaña se necesitarán más grasas comestibles de las que normalmente se ingieren, debido a que la altura y las bajas temperaturas inciden en el aumento de consumo de las energías del organismo. Estos factores también pueden influir en la pérdida del apetito; no obstante, estos efectos y sus consecuencias podrán ser evitados consumiendo alimentos en reducidas cantidades varias veces al día según los casos.

La comida es un gran pacificador, pero no se agote buscándola si se considera que podrá ser rescatado en poco tiempo. La energía obtenida no compensa la que se gastará buscando frutos o animales de caza.

Si se vive una situación crítica y se decide enviar algunas personas en busca de ayuda, deberán ser dotados aproximadamente del doble de los alimentos que corresponden a los que aguardan en el campamento, debido a que los que viajan consumirán muchas energías en el trayecto.

Para las patrullas de rescate o grupos que puedan planear de antemano las comidas a consumir en el vivac, se les recuerda que el tradicional asado, el locro, la sustanciosa sopa y el guiso con sus distintas variantes, son, entre otros, los platos más sencillos y sanos recomendados por el alto poder calórico que poseen.

Fundamentalmente, no se realizará ninguna marcha sin haber desayunado algo en caliente, y se tendrá presente que al regresar muy fatigados no es saludable comer inmediatamente; se aprovechará un descanso reparador mientras se cocinan los alimentos. Para las travesías se planificarán comidas de reducido peso y volumen que faciliten el traslado, pero de un elevado rendimiento en calorías como ser: tocino ahumado, carnes, sémolas, chocolate y otros que se mencionan más adelante. También se considerarán como muy importantes el limón y la sal; el primero evitará los trastornos alimentarios provocados por la escasez de verduras, y la segunda (a su vez) impide la excesiva deshidratación del organismo.

En los campamentos, las comidas serán cocinadas con bastante agua; ello les da un mayor sabor. Los alimentos hervidos en su justa medida son más sanos y digeribles que los fritos. Por otra parte, la mayoría de las indisposiciones se previenen y curan con líquidos. Se insiste entonces que, para la administración de la dieta alimenticia es necesario se incluyan abundantes líquidos: agua, mate cocido, té o jugos de frutas.

Pero se evitarán las bebidas gaseosas por los conocidos inconvenientes de presión intra abdominal que producen. Si usará nieve para cocinar, agregue la misma en la marmita de a poco y añada más cuando se derrita. Esto evitará se queme el fondo del recipiente.

En alturas superiores a los 3.000 metros, el agua como consecuencia de la menor presión atmosférica hierve a inferior temperatura, ocasionando inconvenientes al cocinar carnes y fideos. Mayor dificultad aún se presenta con aquellos productos que tienen en su estructura almidones, féculas o celulosa, como vegetales y legumbres. Todos ellos tienen una cocción muy lenta, tal es el caso de lentejas, porotos, garbanzos y trigo. El mismo fenómeno se presenta con temperaturas muy bajas y se obvia con alimentos de rápida preparación o usando ollas de presión.

En general el frío intenso influye en mayor o menor grado en todos los alimentos, pero las que más sufren este rigor son las papas; si se las hallara muy frías podrán servir, luego de haber sido sumergidas por algunas horas en agua natural, pero si estuvieran congeladas deberán arrojarse de a una por vez en la olla de cocción, de otra forma entrarían en descomposición en poco tiempo.

Un sencillo procedimiento para conservar el pan y evitar su endurecimiento, es prepararlo al aceite o reducirlo en tajadas para tostarlo. Las galletas podrán ser trituradas y agregadas en sopas o en el café.

Algunas comidas podrán ser preparadas "a la piedra", a la manera del "curanto" que se acostumbra en la Patagonia. Este sistema de cocción consiste en cavar una pequeña zanja cuya longitud dependerá de la cantidad de alimentos a preparar, y de una profundidad no superior a los 30 centímetros. Su interior será cubierto con una capa de piedras planas sobre las que se encenderá un abundante fuego de leña hasta producir brasas. Luego de algunos minutos se retirarán éstas y, sobre las piedras limpias y muy calientes se colocarán hojas de plantas frescas poniendo sobre ellas los alimentos; primero las carnes rojas, luego las blancas, y después las verduras encimadas.

Todo será cubierto con hierbas de hojas anchas y verdes o algas (en la zona boscosa andina se emplean hojas de "nalca", que suelen alcanzar más

Sin experiencia, jamás encienda fuego en verano dentro de un bosque Andino.

de un metro de diámetro). Luego se tapa con una lona, y finalmente se cubre con tierra fina. El tiempo de cocción se determina introduciendo las manos en la capa superior de tierra, buscando la máxima temperatura que pueden resistir los dedos, y que normalmente se alcanza luego de dos horas. Con este procedimiento araucano-polinesio, los alimentos adquieren gustos exóticos, pues con el vapor se mezclan los sabores.

Otra forma muy sencilla de cocinar un ave, de cierta semejanza con la anterior, se consigue de la siguiente manera. Evisere la presa, luego envuélvala con un papel impregnado con aceite. Una vez logrado esto, entierre el preparado a no más de 10 centímetros de profundidad. Cúbralo con una fina capa de tierra, y proceda a encender una fogata encima. Al término de dos horas tendrá un excelente manjar.

Si no tiene utensilios de cocina, coloque las tiras de carne atravesadas por una vara delgada sobre brazas calientes

Para una buena planificación de los alimentos a consumir en campamento, guíese por esta tabla:

Cantidad a cocinar	Productos	Ración abundante
1 kilo	Arroz	10 platos
1 kilo	Fideos	7 platos
1 kilo	Polenta	7 platos
1 kilo	Lentejas	7 platos
1 kilo	Ingr. para guiso	3 platos
500 gramos	Carne roja	1 plato
1 litro	Sopa	2-3 platos

Los cítricos son antiescorbúticos y pueden reemplazar a las frutas.

En ciertas llanuras y bosques de la Patagonia, donde se prevea una estadía prolongada, construir una huerta es lo indicado para obtener verduras y mantener una ocupación que aleje a los individuos del ocio.

Una receta insólita

Normalmente, una persona sana debe tener una alimentación que no sobrepase un total diario aproximado de 3000 calorías, distribuidas en una dieta bien equilibrada. Excepcionalmente, para actividades en zonas muy frías en polos y otros lugares se han calculado raciones que alcanzan las 5000 calorías por persona al día. Algunas expediciones han empleado como alimento para regiones de frío muy riguroso un preparado que denominan "pemmican" (ideado por el Dr. Dana Coman y Sigmound Gutenko EE. UU.), y que consiste en una mezcla de grasas, carnes, harinas y otros productos.

Se prepara como una pasta y se conserva bajo la forma de torta compacta. Es una comida de alta energía utilizada en ciertas circunstancias en el Ártico. Sus ingredientes son: grasa vacuna, leche entera en polvo, tocino seco (ahumado por 48 hs.), hígado de vaca deshidratado, carne deshidratada de vaca, granulada y arrollada, concentrado de tomate y hortalizas deshidratadas, sémola de porotos de soja, harina de avena de cocimiento rápido, sopa de guisantes en polvo, papas deshidratadas, caldo en polvo, levadura de cerveza, sal de cebolla, pimentón, pimienta blanca y negra. Con esta receta se obtienen alimentos de gran poder en calorías, aunque su sabor no sea a veces todo lo exquisito que sería de desear en condiciones normales.

Alimentos y bebidas envasadas

Los productos envasados más importantes y básicos en toda cocina son el aceite y el tomate pelado tipo perita. La leche condensada, es excelente para un desayuno caliente.

Debido a nuestras costumbres y hábitos alimentarios, en ciertas ocasiones, la carne fresca será fundamental para integrar los alimentos nombrados y difícilmente pueda ser reemplazada por mucho tiempo.

Alimentos deshidratados

Merecen una consideración especial los alimentos deshidratados como la leche y las hortalizas. Se recomienda hacer un amplio uso de estos productos, cualquiera sea la latitud o el clima, entre otras ventajas, tienen escaso peso y volumen, tiempo casi indefinido de conservación, idénticas propiedades organolépticas y excelentes controles sanitarios. Para el consumo, simplemente habrá que agregarle una determinada cantidad de agua fría conforme al volumen que se desee usar en la comida, siguiendo las instrucciones del envase. Existe para la venta una variada gama de alimentos deshidratados, ya sea en polvo, o cubitos. También jugos de carne bovina, diversos tipos de miel, margarina, dulces y latas de conserva que poseen calorías muy convenientes para consumo en zonas frías. Uno de los mejores alimentos de poder calórico, agradable al paladar, es el denominado "ñaco", que consiste en una harina tostada que se elabora con trigo, maíz o cebada y es un alimento usado en Chile. Un puñado de ñaco en un jarro con agua o leche tiene un excelente valor nutritivo.

EFECTO DEL FRÍO INTENSO EN EQUIPOS

El frío por debajo de cero grado produce alteraciones en materiales, equipos y alimentos, los más comunes son:

a) La conservación de un arma de fuego en montaña reviste características casi únicas. Con temperaturas bajo 0° C, se aconseja limpiar perfectamente con nafta u otro solvente las armas de fuego, quitando todo resto de aceite o vaselina que contengan. En fríos muy intensos, el lubricante pierde algunas propiedades, retardando y obstaculizando la acción del mecanismo. Las armas mojadas por la lluvia, dejadas a la intemperie invariablemente amanecerán congeladas y no será posible accionarlas. En el interior de los refugios, a temperatura templada, la humedad se condensa en las partes metálicas en forma de gotas, que indefectiblemente se congelarán cuando el arma sea llevada al exterior, lo que entorpecerá los mecanismos. De ser posible, el armamento estará prolijamente envuelto en el suelo del refugio donde la temperatura ambiente es menor. Si alguna parte del arma se congelara, debe entibiarse suavemente y luego ponerla en movimiento sin forzarla. Ver Anexo II: El cuidado de las armas de fuego.

b) La munición estará aislada de toda humedad. Lo aconsejado es acondicionarla en latas o botellas previamente calentadas para su completo secado interior. Luego se sellará herméticamente la tapa o el corcho con sebo derretido.

c) Con marcas bajo 0° C, los delicados mecanismos de las filmadoras y cámaras que no tengan protección, se congelan rápidamente. Para que vuelvan a obturar deben entibiarse gradualmente. Mismo fenómeno ocurre con bolígrafos y lapiceras.

d) Durante ciertas tormentas con temperaturas por debajo de cero grado, las comunicaciones electrónicas suelen estar muy afectadas, ídem brújulas y GPS.

e) Sabido es que el frío y la humedad anulan las propiedades de baterías. Las pilas agotadas de 1,5 V para reactivarlas se pueden calentar algunos segundos sobre una hornalla. Ud puede transportar algunas de ellas en bolsillos que tengan contacto con la tibieza de su cuerpo. Encienda su radio sólo en el minuto cero de cada hora (noticioso) para escuchar si lo están buscando.

f) Las ropas lavadas y puestas a secar, se congelan indefectiblemente durante una noche estrellada, y será difícil se sequen sin sol. Si aplica calor adicional procure no quemar ninguna prenda.

g) En una carpa mantenga el calzado exteriormente debajo de los aleros, de forma tal que queden a cubierto de la lluvia y de las bajas temperaturas. Si se congelaran quedarán endurecidos y no podrán usarse mientras dure ese fenómeno. Evite quemarlos si los acerca a un fuego.

h) En la zona cordillerana las cañerías expuestas de las casas son debidamente recubiertas con géneros, brea y aún barro para evitar su fractura. La mayoría deja una canilla abierta durante toda la noche con lo que se evita el agua se congele.

i) Las mangueras con agua en su interior que quedan fuera de la casa, amanecen con hielo en su interior y no pueden ser usadas hasta que no se derrita.

j) Los baldes con arena sujetos en las paredes, absorben humedad y no pueden ser usados en caso de incendio pues su contenido suele estar congelado.

k) Todas las conservas en lata son muy prácticas para campamento, pero si no está protegidas se pueden congelar con una helada. En esas ocasiones, la presión del hielo interior hará que el envase se expanda, pero pueden consumirse sin cuidado cuando adquieren la temperatura normal. Este fenómeno físico también fractura los envases de vidrio con líquidos en su interior. Las damajuanas o botellas con vino expuestas a la intemperie, sólo se rompen cuando su contenido no tiene la suficiente graduación alcohólica, lo que evidencia una bebida ordinaria. Si no se tiene cómo proteger un bidón con agua o latas de conserva de las temperaturas bajo cero, entiérrelo y marque el lugar. Como se explicó, la cocción de alimentos reviste una particularidad especial.

l) Recuerde que al igual que las instrucciones que se dan para los "freezers" hogareños, si un alimento ha sido descongelado, no se lo debe volver a congelar.

m) Cuando la temperatura sea sumamente baja, deberán posponerse en lo posible reparaciones de motores o trabajos sobre piezas metálicas donde se deba hacerse presión o fuerza. El frío muy intenso anula las propiedades de temple de los metales, cristaliza sus moléculas y los convierte en quebradizos. Tal como lo comprobó el autor, aún los gruesos mangos de madera de las hachas y palas experimentan este fenómeno y se suelen partir, ídem herramientas de acero, sin que por ello sea culpable el usuario. Otro tanto ocurre con cadenas y sogas sometidas a tensión.

n) Cuando la temperatura baje a menos de 7° C bajo cero, es posible que tocando con las manos desnudas cualquier objeto de metal, la piel se adhiera. Si se le pega una mano a un metal frío, orine sobre él para entibiarlo. "Si se le pegan ambas manos, más vale que tenga un compañero..."

o) Colocar un buen anticongelante en el radiador de un vehículo es fundamental para que el agua no se congele y haga estallar el block del motor. Caso contrario, antes de irse a dormir desagote el radiador y el block de cilindros (ambas cosas) y deje una nota advirtiendo ello en un lugar visible de la cabina, para evitar que el olvido de esa circunstancia provoque el deterioro del motor cuando se lo ponga en marcha.

p) Tenga presente que si en esa noche cruzó un badén o llovió, al quedar el automotor detenido en las horas de mayor frío (aun bajo techo), pueden congelarse las cintas de freno, el cable del embrague y aun quedar bloqueadas las ruedas con hielo interior. Existen otros inconvenientes menores: cerraduras congeladas, puertas adheridas al marco por el hielo, etc.

q) Agregue anticongelante al depósito de agua del lavaparebrisas.

r) Si se prevé que bajará la temperatura durante la madrugada varias líneas bajo cero (cielo estrellado), será mejor quitar la batería y guardarla en un lugar tibio como ser en la cocina. El frío intenso neutraliza la energía que tiene un acumulador y al día siguiente se lo exigirá para arrancar el motor en severas condiciones.

s) A muy bajas temperaturas los motores diesel suelen tener inconvenientes para su puesta en funcionamiento. Algunos en invierno, mezclan en proporciones adecuadas (según el vehículo) el gasoil del tanque de combustible con algo de kerosén.

t) En caso de frío extremo, el gasoil suele absorber algo de agua. Por ello ciertos conductores agregan un aditivo inhibidor de formación de cristales para evitar que se congele el filtro de combustible. Pero a veces no es suficiente, por lo que sugiere lleve otro de repuesto para cambiarlo en esa circunstancia.

u) Con esa meteorología los aceites se espesan con facilidad y no lubrican en forma adecuada. A la mañana siguiente cuando un automotor debió soportar bajísimas temperaturas, en especial siendo diesel, podrá iniciarse con las debidas precauciones, un pequeño fuego bajo el block del motor antes de intentar ponerlo en marcha. Cuando se carece de anticongelante, algunos en esas circunstancias llenan el radiador con agua caliente. De lo contrario y existiendo suficiente combustible, tendrá que evaluarse la conveniencia de dejar toda la noche el motor en marcha lenta.

v) En condiciones tan rigurosas el termostato debe funcionar correctamente, pero cubra el frente del radiador con un género, nilon o papel a fin de permitirle al motor adquirir más rápido las necesarias cargas térmicas para su normal funcionamiento. Pero no olvide quitarlo cuando la temperatura sea la adecuada.

w) Siempre estacione bajo techo, caso contrario cubra con una lona o ramas el motor. El parabrisas también debe ser protegido para prevenir la escarcha que al día siguiente es muy molesta de quitar de los vidrios.

x) Carpas y lonas-cubre autos, durante la noche se congelan y al día siguiente suele ser difícil poder plegarlas.

Los fenómenos descriptos ocurren durante el invierno en las zonas más frías de Argentina y Chile.

CONDUCCIÓN DE AUTOMOTORES EN MONTAÑA

En cualquier viaje o latitud geográfica, siempre es prudente hacerlo con al menos dos vehículos. Si usted circula por la Patagonia en invierno o cualquier otra zona muy fría, siga en lo posible estas indicaciones:

1. Siempre debe ir despacio y **por su mano en curvas y pendientes**, que son sitios dificultosos para observar el tránsito contrario. Los accidentes más comunes en montaña ocurren porque (en especial los turistas) toman las curvas en contramano. De noche los faros se ven en las curvas y es difícil que colisionen dos automotores.
2. Lleve puesto siempre el cinturón de seguridad.
3. Nunca siga o se detenga muy cerca de un vehículo que esté subiendo o bajando una pendiente, ya que siempre está la posibilidad de que éste pierda el control.
4. Jamás se estacione en curvas o cerca de barrancos.
5. No acelere ni frene abruptamente; la montaña no tolera errores.
6. Cuando viaje en convoy, no pierda vista el automotor que viene detrás. Usted es responsable por del vehículo que le sigue.
7. No ingiera bebidas alcohólicas ni aún en mínima cantidad.
8. En montaña suelen haber bajadas prolongas por lo que debe dejar deslizar el automotor sin acelerarlo. Para evitar que adquiera una velocidad peligrosa conviene seleccionar una marcha de cambio inferior, ello evitará tener que accionar el freno que lo sobrecalentará. El mismo cambio que se usa para subir es el que se debe emplear para bajar. Jamás ponga el sistema de transmisión en "punto muerto" en una bajada.
9. El ripio constituye un problema, pues esas pequeñas piedras trizan parabrisas y suelen perforar tanques de combustibles, que transitoriamente pueden sellarse con algo de jabón.
10. Prepare adecuadamente su vehículo para cuando llegue el invierno.
11. Conducir sobre el barro tiene algún parecido a hacerlo en la nieve, salvo que el mayor peligro se presenta cuando esta última se congela en una capa de hielo. En ese caso si llegara accionar los frenos, súbitamente el camino se convertirá en una "pista

de patinaje", el vehículo dará varios trompos y podrá volcar. Los caminos de la Patagonia en invierno suelen tener trechos helados poco visibles. A menos que tenga neumáticos con cadenas o clavos, es imposible retomar el dominio en un vehículo con el suelo helado. **Si el camino brillara, ¡no siga avanzando!**

12. Después de una nevada, los caminos suelen ser cubiertos por un espeso manto níveo. Esto es particularmente peligroso para los vehículos que se aventuren pasar primero, pues no se notan las curvas, banquinas, alcantarillas, puentes ligeros, ni se tiene referencia alguna de cómo es el suelo debajo de la nieve. Por más que se marche a baja velocidad, el peligro persiste y se debe conocer muy bien el lugar para intentar viajar en esas condiciones. 30 ó 40 centímetros de nieve caída es suficiente para que un camino deje de ser identificable y se necesita mucho menos de eso para que una huella sea cubierta.

13. Por más frío que sienta, una ventanilla debe estar parcialmente abierta para evitar el riesgo de inhalar monóxido de carbono.

14. Arriba de los 1500 metros los motores pierden potencia, humean y consumen más combustible. Se hace más notorio a medida que se asciende y se agrava si el camino no se encuentra en buenas condiciones. El problema puede ser resuelto por un mecánico calibrando la mezcla aire-combustible.

15. Si está escaso de combustible, baje la velocidad a unos 60 km/h y evite el cambio de revoluciones manteniendo sus límites entre las 1.500 y 2.000 vueltas. Es preferible llegar más tarde que caminar.

16. Para caminos de montaña, **prevea un 100% de incremento de combustible** para el invierno, y un 40% para el resto de los meses del año. Estos porcentajes podrán aumentar o disminuir según el esfuerzo que realiza el motor.

17. Una deficiente distribución del peso puede originar pérdida de tracción en una cuesta, con barro, nieve o arena. Cargue uniformemente el lado de las ruedas tractoras para permitir un mejor agarre. En el caso de automóviles con fuerza motriz delantera, una o dos personas sentadas sobre el capot, puede dar buenos resultados. Las alfombras del auto también pueden servir para proporcionar tracción a las ruedas que se hallen atascadas en suelo blando.

18. Si una tormenta de nieve inmoviliza su vehículo, cuelgue un género en la antena y active las luces intermitentes. No salga de la cabina a menos que pueda ver una casa cercana.

19. Para cruzar un curso de agua difícil, ver Anexo: VI Inundaciones.

Para la conducción en general de un automotor por terrenos escabrosos, ver Anexo II: Vehículos todo terreno.

JORNADAS A PIE EN MONTAÑA (horas diurnas)

Los datos que se dan son estimativos, dependen necesariamente de las condiciones meteorológicas y la topografía del lugar, pues como se sabe, no todas las montañas son iguales ni tienen la misma altura. La capa de nieve blanda, cuando supera los 60 centímetros de profundidad, detiene por agotamiento a una persona a los pocos minutos.

No existiendo una necesidad absoluta de hacerlo no es conveniente caminar sobre este tipo de nieve. Antes de media hora de marcha, se tendrá el calzado y el pantalón completamente mojados, se sentirá fatiga, se acumulará transpiración y apenas se podrá avanzar algunos cientos de metros. Persistir en esas condiciones, sin poder cambiarse de ropas ni secarse, significa enfermarse o aun provocar un congelamiento, sin contar la fuerte depresión anímica que representa sentirse mojado, con frío y sin posibilidad de recibir calor.

Una persona que camine con raquetas, en terreno llano, podrá aproximadamente hacer 1 km. en 20 minutos. En bajada, 1 km. en 45 minutos, y en subida, 450 metros en 2 horas. Los esquíes acortan los tiempos indicados, pero en definitiva, todo esto estará supeditado al estado en que se encuentre la nieve.

En invierno, el hielo, el viento, las precipitaciones pluviales y nivosas pueden reducir los valores dados para caminar en montaña en un 50% o más.

La deshidratación, la puna y la hipotermia, hacen perder la capacidad de razonar.

Por otra parte, a cierta altura, como es sabido el aire se enrarece (efecto de la puna) produciendo típicas descomposturas y entorpeciendo el avance. También es necesario acotar que los lugareños pueden fácilmente hasta duplicar el rendimiento diario. Obviamente, el estado físico, la aclimatación y la edad de una persona es factor determinante para cualquier cálculo de este tipo.

Ascensos y descensos con cuerdas

Los ascensos con sogas para vencer alturas menores no implican conocimientos especiales; simplemente un poco de lógica y prudencia son suficientes. Con el fin de evitar alguna saliente o alero quebradizo, es importante establecer el borde exacto de la ladera. En tal caso, lo mejor es cortarlo para evitar que la cuerda se hunda en la nieve o simplemente redondear una suave caída en caso de tratarse de hielo, de forma que no se desgaste la soga. De no ser posible esto último, se podrá recurrir al sistema de colocar en paralelo al borde de la caída una piqueta empotrada, haciendo correr la cuerda por el mango para protegerla de la roca. Fig.28.

Fig. 28. Una forma de rescate.

El método más rápido y seguro para descender por una pared escarpada es sin duda el de "rapel". Tratase de una cuerda que se afianza alrededor de una saliente o se amarra a un "pitón"; luego se pasa la soga doble en torno de un muslo y el hombro del lado opuesto. La fricción de la cuerda permite entonces a la persona gobernar su descenso poco a poco con la mano libre a modo de freno, Fig. 29a. En la figura 29b se observa el recorrido de un accidentado mediante una guía que oficia de freno.

Salvo estos sistemas explicados no se aconseja en supervivencia intentar otros más complejos a personas que no sean expertas en estas prácticas.

Fig. 29a. Método rapel para descender.

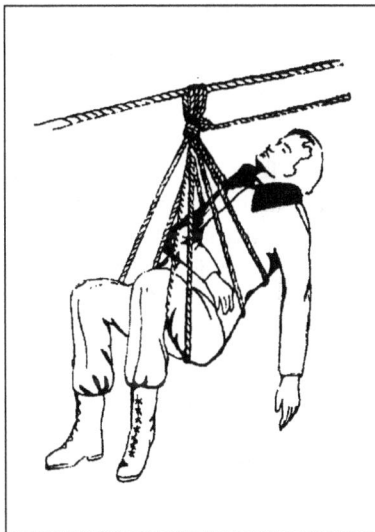

Fig. 29b. Método para transportar a un accidentado,

Teleférico

El inconveniente más serio, es que la persona gire sobre su eje y quede mirando al cielo Fig. 30. Para evitar este problema muy común, la pierna libre debe estar lo más perpendicular que se pueda.

Algunos atan al pie de dicha pierna un objeto no muy pesado, para bajar aún más el centro de gravedad y no girar.

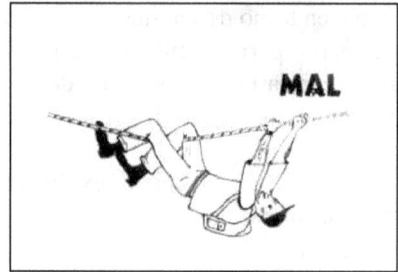

Fig. 30a.   Fig. 30b.

A TRAVES DE LOS ANDES

Una feliz travesía en montaña está relacionada con una serie de factores, siendo los principales: el tiempo meteorológico, la calidad del equipo-vestuario, una alimentación apropiada, conocimiento permanente de la orientación, uniformidad de marcha y un adecuado estado psicofísico.

No siempre los procedimientos serán los mismos y para aquellos que planifican una travesía por el Macizo Andino, deberán aplicar las siguientes indicaciones usadas entre profesionales:

Cómo organizar una marcha a través de los Andes:

1. Para expediciones o patrullas planificadas ver Anexo II.
2. Compare su idea con el esquema que se indicó en Introducción: Como hacer un plan.
3. El ambiente en montaña es extremadamente exigente y cuanto a más altura y lejos se encuentre una patrulla más descentralizada tendrá que estar, por lo que necesitará de un buen líder.
4. Antes de la travesía, habrá que asegurarse de la organización del grupo, de su equipo, la distancia a recorrer y el rumbo elegido.
5. No integrar grupos menores de tres personas para viajes por terrenos escabrosos.

6. El éxito, en gran medida se logra en planificar jornadas cortas para evitar toda fatiga o inseguridad.

7. No provocar riesgos innecesarios; con los inevitables alcanza.

8. Según sea el medio de transporte a emplear (a caballo o en vehículo), ver Anexo II.

9. Quienes avancen a la cabeza de una patrulla serán los más experimentados, pues todo el grupo dependerá de la sagacidad que tengan para descubrir un peligro. El líder tendrá su lugar en el medio de la columna. Los individuos más lentos irán adelante, y lo más importante del equipo en último término al igual que lo más pesado. Se tendrá en cuenta, que debido a la característica propia del terreno de montaña, los grupos numerosos tienden a distanciarse entre ellos formando una larga fila. Como ello puede producir retrasos y extravíos, se recomienda estar atento para regular el ritmo de marcha. Contabilice que no falte nadie. Cerciórese sobre la correcta orientación y no haya rezagados. Es preferible parar brevemente, que caer al vacío desde muchos metros, o equivocarse de rumbo.

10. En montaña, y en reposo una persona necesita aproximadamente 3000 calorías cada 24 horas y más cuando trabaja. Pero en invierno, puede requerir algo más, en una jornada de fuerte actividad física. La planificación de los alimentos a transportar es una tarea delicada, pues se debe considerar: el valor calórico, cantidad de raciones, peso de la carga y su distribución dentro del equipo, vajilla, etc.

11. Mediante una carta topográfica, se determinarán los lugares donde se descansará.

12. En montaña no es conveniente que el peso de cada mochila supere los 18 kilos y 10 más en armamento en caso de ser militares. Todo el equipo debe ser registrado y distribuido equitativamente por peso e importancia.

13. En los altos, que se deberán hacer para agruparse y descansar, se debe aprovechar para revisar el equipo, el vehículo o los animales y subsanar anomalías. En tal sentido se sugiere realizar la primera detención a los 15 minutos de iniciada la partida, para controlar si existen errores en la distribución de la carga, cabos sueltos, roturas, lesiones en la piel de los caballos, etc. Luego se

podrá continuar por un par de horas más, hasta el siguiente descanso. No apurar la marcha; se llegará mejor y más lejos.

14. Cuando descanse en una altura trate de observar detenidamente la dirección de marcha en procura de hallar la senda más ventajosa o tienda su vista al horizonte. Evite mirar siempre el suelo.

15. En general, en zonas montañosas es conveniente avanzar por las partes más altas. En ellas la superficie nevada es más firme y se tendrá una visión panorámica del rumbo a seguir. Pero esto es relativo si usted conoce un camino más corto.

16. En las cuestas se tomará la ruta más fácil bordeando y zigzagueando con el fin de ahorrar energías. Se inclinará el cuerpo y se cerrarán ligeramente las rodillas para reducir el cansancio de los músculos. Con idéntico sentido cuando se desciende, la espalda se mantendrá perpendicular y las rodillas flexionadas para amortiguar los golpes que el cuerpo da a cada paso, procurando que toda la suela del calzado se adhiera al terreno.

17. Habitúese a beber agua en forma periódica. Cuando tenga sed, beba lentamente y con sorbos breves venciendo la natural avidez de hacerlo rápido.

18. En el Macizo Andino, muy frecuentemente tendrá que vadearse ríos y arroyos. Para aquellos que se extravíen se les recuerda que la manera más segura de llegar a la civilización en cualquier región, es seguir un curso de agua. En zonas secas alejadas de arroyos, los senderos de animales terminan en las proximidades de algún puestero.

19. Durante las travesías en los meses de invierno, habrá que llevar abundantes raciones extras por si la nieve bloquea la senda o el caudal de los ríos impidiera ser vadeados para regresar.

20. Con temperaturas bajo cero, el viento y la humedad son enemigos mortales de seres de sangre caliente. Mantenga sus ropas lo más secas que pueda.

21. Aparte de los caminos conocidos, la Cordillera de los Andes tiene una cantidad sorprendente de sendas que la cruzan y unen distintos puntos, ya sea en el interior de un bosque húmedo como una serranía árida. Algunas tienen cientos de años, fueron usados por los indios, están claramente marcadas en el suelo y ahora son recorridas por puesteros. Pero también existen huellas

apenas visibles conocidas por muy pocas personas, que nos pueden acercar al sitio buscado, ahorrando muchas horas. Aquí es donde la elección del rumbo adquiere mayor importancia, pues un leve error significa recorrer fatigosa e inútilmente varios kilómetros. No existen caminos cortos en esta región. En la medida que se gana altura, las sendas van desapareciendo y por lo general después de los 3000 metros no se encuentra vestigio de huella que nos oriente.

22. En las sendas aludidas en el acápite anterior, suele ser casual encontrar alguna persona que nos pueda orientar. Es por ello que en algunos lugares a pie o a caballo se podrá inadvertidamente ingresar al país vecino cruzando una frontera invisible, lo que no significa que necesariamente se encuentre alguna vivienda. El único peligro es ingresar a un campo minado.

23. Si entre los integrantes del grupo viaja un baqueano de la zona y Ud. es el líder, acepte sus indicaciones. Toda una vida de experiencia en el lugar avalan sus dichos.

24. **En montaña nunca intente caminar de noche**. Bosques cerrados, arroyos traicioneros desniveles abruptos y la propia característica del terreno pedregoso, se conjugan no sólo para que termine extraviado, sino también para un accidente. Incluso con un visor nocturno también es peligroso. Los equinos pueden ver de noche, esquivar obstáculos y bordear precipicios en la oscuridad total, sólo bastará que le afloje la rienda para regresar. Ver Anexo II: Los caballos.

25. Cuando camine sobre nieve blanda y tenga dudas sobre el terreno, deténgase. Observe el estado del suelo en busca de pozos ocultos o avalanchas inminentes. No dude en abandonar un camino de nieve profunda y blanda por otro más largo pero con nieve sólida. Se ahorrará tiempo, esfuerzo y no se mojarán sus piernas.

26. Debido al peligro de resbalones y caídas, evite caminar sobre hielo. Normalmente superficies de hielo superiores a 5 centímetros pueden soportar el peso de un hombre, pero en lo posible no lo intente.

27. Las grietas ocultas por la nieve son una amenaza constante. Conviene repartir la carga en dos o más trineos para hacerlos

más livianos y fáciles de conducir. Procure que la pérdida de uno de ellos con valioso equipo, a varios metros de profundidad no sea fatal para el grupo.

28. Debido a las considerables distancias que existen entre montañas, contar con binoculares apropiados, nos permitirá adelantar decisiones. Ver en Anexo I: Cálculo de distancia.

29. Cuando exista poca visibilidad, o antes de una tormenta, se hará campamento.

30. Recuerde acampar a hora temprana, con suficiente anticipación a la puesta del sol. De esta forma podrá armar su carpa con luz diurna, buscar y cortar leña, hacer el fogón, preparar alimentos y atender otras necesidades sin ninguna dificultad; los crepúsculos son muy cortos.

31. Se debe tener experiencia cuando encienda un fogón y **¡nunca lo haga!** en el interior de un bosque de la baja Cordillera Andina. Antes de retirarse debe apagarlo con mucha agua.

32. En ciertos valles y montañas, de día con buen clima el humo de un fogón se eleva casi perpendicular, y puede ser divisado a gran distancia.

33. Preferentemente se consumirá una cena caliente antes de pasar al descanso. Organice las bebidas y comidas como se detalló en anteriores páginas. Cuando los alimentos sean escasos y los deba distribuir, recuerde que cada persona consume energías en proporción a su peso. Es decir, no siempre será posible dividir los alimentos en partes iguales, en especial si algunos individuos tienen asignados trabajos pesados.

34. Los que beben por demás bebidas alcohólicas para aumentar calorías obtienen un efecto contrario: se enfrían rápidamente, se duermen y mueren congelados.

35. En cualquier circunstancia, detenerse para cocinar una comida en caliente puede insumir varias horas, por ello se aconseja emplearlas sólo cuando se arma campamento. No obstante las dificultades, en ciertas ocasiones, una simple y nutritiva sopa caliente se convierte en el mejor de los manjares.

36. La hora más conveniente para iniciar la marcha es el amanecer, así evitará encontrarse en las zonas de nieve floja durante las horas de mayor calor. Esto implica tener fuerza de voluntad para

levantarse temprano de la comodidad del campamento. Por otra parte en noches invernales, suele ocurrir que el suelo sea azotado durante horas por vientos muy fríos. Ello permitirá, a temprana hora del día siguiente, iniciar la marcha sobre nieve congelada, que es dura y permite caminar sobre ella sin hundirse.

37. Cuando se deba recorrer largas distancias a marcha forzada, planee consumir a la mañana bien temprano una nutritiva comida. Más que un desayuno se debe "almorzar" en caliente. Con ello no necesitará detenerse para cocinar al mediodía, ganándose aproximadamente dos horas de luz diurna hasta el siguiente campamento. En esos casos, se estila reservar algo de la cena para ser consumida a primera hora de la mañana a modo de fuerte desayuno.

38. Cuando no sea posible detenerse para cocinar, las raciones preparadas de antemano serán correctamente distribuidas entre las prendas para que sean fácilmente accesibles; trozos de carne ahumada, frutas y emparedados suelen ser lo más común.

39. En la temporada invernal, la nieve transforma sustancialmente la topografía de amplias zonas, modificando el aspecto de montañas, valles y bosques. Esto significa que otrora puntos identificables y sendas bien marcadas desaparecen por efecto de una cubierta nivosa, produciendo desorientación.

40. El bosque andino tiene una considerable acústica, más aún con nubes bajas y la atmósfera cargada de humedad. Al igual que en el monte, no es posible establecer con exactitud la dirección, distancia u origen de los sonidos. Avanzar en silencio debe ser la norma.

41. Evite en todo momento ascender o descender una pendiente elevada y cubierta de abundante nieve, en especial durante las horas de mayor calor (mediodía). De este modo se evitará provocar un deslizamiento por la vibración de los pasos. Lo prudente es avanzar en encordadas de no más de tres personas atadas entre sí desde la cintura, y a intervalos de hasta 10 metros llevando una vara fuerte a modo de pico de montañista (Fig. 31). Se aconseja esta formación, debido a que en caso de una caída, los dos restantes podrán auxiliar al accidentado. Cordadas más numerosas no son convenientes, pero podrán operar varias así constituidas.

Con el improvisado bastón se podrán cruzar los puentes formados por nieve solidificada hurgando en el suelo en busca de puntos débiles en el terreno nevado que por lo general adquieren la
forma de pequeños hoyos o suaves depresiones que pueden provocar peligrosas caídas de decenas de metros.

42. En los glaciares los hombres deberán sujetarse con cuerdas al
igual que en los vadeos de ríos caudalosos. Sea cuidadoso en
zonas muy nevadas donde pueda producirse una avalancha.

43. Generalmente es posible bordear las grietas, ya que éstas tienen
una longitud limitada, pero en ciertas ocasiones habrá necesidad
de saltar sobre ellas. En tal caso, el hombre que encabeza la cordada deberá: **a)** Observar detenidamente dónde comienzan los
bordes (limpiar la nieve del lugar). **b)** Calcular el salto. **c)** Dejar
próximo a la cornisa un amplio rollo de su cordada con longitud
suficiente y llevar en la mano parte de una cuerda para que se
desarrolle en forma ordenada. **d)** Recomendar al resto del grupo
que se afirmen ante la eventualidad de su caída. **e)** Si la pared
opuesta llegara a tener un nivel superior, en el momento del
salto golpear el pico o hundir el bastón contra ella.

44. Durante la travesía la cuerda no debe arrastrarse sobre la nieve
ni mojarse innecesariamente, más bien se la recogerá en anillos
y se procurará mantener una suave tensión entre los cuerpos.
Recuerde detenerse varios metros antes del aparente borde
nevado de una grieta o de un precipicio; el peso de una persona
puede fracturar la masa que se encuentra precariamente sujeta y
precipitarlo al vacío (Fig. 32).

45. Cuando esté ascendiendo no trate de pasar sobre una cornisa,
especialmente si se encuentra muy nevada, ni tampoco lo haga
con sobresalientes de nieve hacia un abismo (balcones). Lo más
prudente es fabricar un túnel hacia arriba. De lo contrario se
puede provocar una avalancha que sepultará o precipitará al
vacío a quien lo intente.

46. En condiciones de frío riguroso las manos humedecidas, pierden su capacidad prensil dentro de un lapso de 5 minutos. Es
decir, no se podrán realizar labores en que se requiera sujetar
pequeños objetos y quien no domine sus manos en una travesía
corre peligro.

Fig. 31. Forma de avanzar en zonas de grietas.

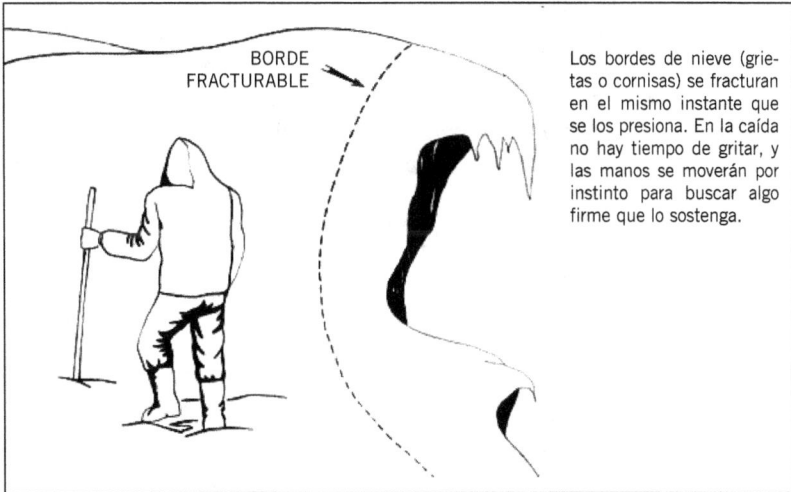

BORDE
FRACTURABLE

Los bordes de nieve (grietas o cornisas) se fracturan en el mismo instante que se los presiona. En la caída no hay tiempo de gritar, y las manos se moverán por instinto para buscar algo firme que lo sostenga.

Fig. 32. Forma de caminar en terrenos inestables.

47. Durante los descansos, cuando la temperatura haya descendido mucho o azote una tormenta de nieve (viento blanco), dejarse vencer por el sueño equivale a una muerte segura. Realice cual-

quier actividad para mantenerse en movimiento. Se recomienda golpear en rápida sucesión con las palmas de las manos la espalda de nuestro compañero. Hacerlo por diez segundos es suficiente para reanimarlo; luego él lo hará con nosotros. Aliméntese.

48. La cabeza deberá estar permanentemente cubierta contra las bajas temperaturas. En ella residen vitales centros de termorregulación, que sin protección, pueden disminuir considerablemente su rendimiento. Recuerde: "Si se le enfrían los pies cúbrase la cabeza".

49. Si se llevan ropas inadecuadas y ráfagas heladas soplaran con intensidad, el viento pasará la trama textil y lesionará la piel humana. En estos casos las extremidades sufrirán congelamientos; el rostro helado se deformará y las manos se cubrirán de grandes ampollas. Es el paso previo a un proceso más grave. ¡Deténgase! Ver: Tormentas de nieve.

50. El viento helado puede atravesar una bufanda de lana y en poco tiempo congelar el rostro. Por ello con temperaturas extremadamente bajas (-20º C) y viento, habrá que colocarse una máscara contra el frío o cubrirse el rostro con alguna prenda. Condiciones tan rigurosas harán que en poco tiempo esa protección, debido a la condensación del aliento, se congele formando una capa de hielo con la barba. Es un proceso climático muy desagradable y desmoralizador que se produce en la alta montaña y en los polos. Para lesiones causadas por el frío, y congelamientos ver: Capítulo VII.

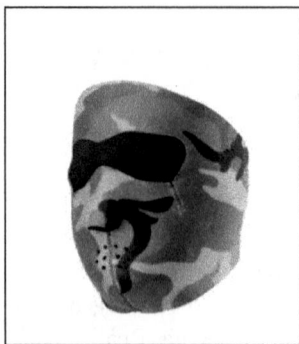

Máscara de gamuza contra el frío intenso.
Las bajas temperaturas y la intensa radiación solar queman dolorosamente el rostro.

51. La condensación del vapor corporal en regiones muy frías, constituye un problema a controlar. Como se comprenderá, en una actividad física intensa, las ropas se humedecen con la transpiración, y momentos después, con el reposo se congelan peligrosamente. Es decir, tendríamos una camiseta y un pulóver endurecido con una capa de hielo dentro de la trama tejida. Moriría en poco tiempo. Use las prendas necesarias para evitar este fenómeno y ventile todas las mañanas la bolsa de dormir.

52. Una marcha a pie de algunos kilómetros sobre nieve blanda, agotará a los hombres; transpirarán (1er. peligro), y se mojaran (2do. peligro). Antes de intentarlo, y aún con buen tiempo, es básico que calcule, si al término de esa jornada podrá solucionar los inconvenientes de referencia.

53. En áreas nevadas los **lentes o antiparras ahumadas serán usadas constantemente,** esté o no nublado. Si carece de anteojos ahumados, improvise un par de ellos con cuero o plástico al que se le practicarán ranuras estrechas horizontalmente, a la altura de los ojos. Incluso puede intentarse con género transparente.

54. Los ojos llorosos, ardorosos o sensibles a la luz indican nifablepsia. Estos síntomas aparecen cuando la vista está dañada y pueden ocasionar ceguera por un par de días. En los vuelos o durante una marcha diurna sobre enormes superficies de terreno nevado, es muy difícil distinguir el horizonte de las nubes, dado que éstas y la nieve son blancas y parecieran amalgamadas a la distancia. La nieve refleja aproximadamente un 80% de la luz, cuanto más brille el sol, más radiación habrá y mayor esfuerzo tendrán los ojos. La reverberación es tan grande que es posible subir una loma cubierta de nieve sin darnos cuenta. Podremos estar a escasos metros de una pared de hielo y no verla. Este panorama de intensa blancura se complica aún más debido a la dificultad de calcular visualmente las distancias y a los ocasionales espejismos. Pretender sin lentes apropiados mirar la blanca superficie tratando de visualizar grietas ocultas, produce una dolorosa ceguera. Estos fenómenos por sí solos pueden ocasionar peligrosos accidentes.

55. **Si tiene insensibles los pies, examínelos de inmediato**; puede que se estén congelando.

56. Condiciones ambientales tan rigurosas, entorpecen las más elementales normas de higiene personal, que en ciertas ocasiones se podrían tornar muy serias con el correr de las semanas. Las barbas espesas en vez de proteger la piel la perjudica, pues entre los pelos ensortijados se acumula humedad que puede congelarse con las molestias imaginables. Sin lugar a dudas, la imposibilidad de un baño caliente y de una buena afeitada afecta la moral. Pero, entre los integrantes del grupo, quienes más sufren la carencia de una ducha caliente son las mujeres. Estas contingencias deben tomarse con buen humor.

57. Las medidas sanitarias deben observarse para no contaminar la nieve y el terreno próximo al refugio. El problema se soluciona con uno o varios pozos distantes y adecuados.

58. Por fortuna, en estas regiones no suelen darse enfermedades infecciosas como en otras latitudes. Tampoco hay que tener muchas precauciones para beber el agua de deshielo que corre en ríos, arroyos y lagos. Pero uno de los problemas más serios es el tiempo que tardan para cicatrizar las heridas.

59. Siempre el estado anímico positivo aumenta las posibilidades de vida. Mantenga en todo momento alta la moral.

60. El equipo, obviamente, es lo más preciado y será objeto del mayor cuidado. Los efectos que deban permanecer fuera de las carpas o refugios se amarrarán convenientemente y se evitará que queden cubiertos por la nieve.

61. La tecnología actual ha conseguido que todo el equipamiento funcione con energía eléctrica. No abuse de linternas, celulares, transmisores y otros equipos. No malgaste la energía eléctrica que no pueda reemplazar.

Algunos conceptos dados en el Capítulo I: A través del Monte Subtropical, tienen aplicación para la baja Cordillera Andina cubierta de bosques, por lo que se recomienda una lectura comparativa.

Ríos de montaña

Es común que siguiendo un determinado rumbo en montaña se tenga que vadear un río en una o varias oportunidades. Puede ser peligroso ignorar lo siguiente:

a. El régimen estacional en que los ríos de montaña llevan más caudal corresponde a la temporada estival, o sea los meses del deshielo, incluyendo la época de las lluvias, en pleno otoño y parte
de la siguiente estación, disminuyendo el caudal en los meses más
rigurosos de invierno.

b. Estos cursos de agua, especialmente en los períodos de mayor
crecida, sólo podrán ser cruzados en los lugares de vadeo; las
horas más indicadas para ello son desde el alba hasta cerca del
mediodía. En todos los casos en que se desconozca un río y haya
dudas sobre su vadeo, habrá que atar a las personas con una cuerda de conveniente longitud amarrada a la costa.

c. Fundamentalmente no se cruzará a nado ningún río estrecho o
correntoso de aguas muy frías. Se recomienda estudiar el terreno
en busca de zonas llanas de suave nivel donde el río se bifurque,
con orillas donde el terreno baje lentamente hasta entrar en contacto con el agua, aunque ésta en el centro sea encrespada y rui-
dosa. Hay que tener presente que las arboledas espesas en las
orillas indican gran profundidad.

d. En algunas oportunidades, vadear un río corriente abajo en 45°
con respecto a la costa suele ser muy prudente, especialmente si
uno es arrastrado por la corriente ya que podrá detenerse en un
banco de arena o en la ribera.

e. Antes de un vadeo poco profundo (y para ahorrarnos el tiempo de
su secado) habrá que quitarse las medias y volverse a colocar el
calzado; las piedras filosas, frías y resbaladizas del lecho pueden
provocar considerable dolor capaz de hacer perder el equilibrio
durante el cruce.

f. Se usará un palo grueso a manera de pértiga que, apoyado delante de uno ayudará a mantenerse a la vez que sondeará el fondo.
En algunas circunstancias será preferible intentar el vadeo avanzando de espaldas con las piernas levemente flexionadas y abiertas para aumentar la seguridad. Si el agua es muy fría y profunda,
será necesario descartar el vadeo; el agua helada puede, en pocos
segundos, paralizar los movimientos de una persona.

g. En estos casos una balsa será el medio más antiguo y seguro para
la solución del problema. Se usarán troncos sanos, rectos, secos y
en buen estado, de no más de 20 centímetros de diámetro, por 4

metros de longitud, comprobando previamente su capacidad de flotación. Al respecto se tendrá presente que en los bosques de la Cordillera existe un árbol llamado coihue, cuya madera se hunde en el agua debido a su densidad molecular. Antes de buscar los troncos, se tendrán dispuestos los materiales a emplear parea amarrar todas las piezas. El alambre es ideal, aunque cables y sogas dan también buenos resultados. Luego de seleccionada la madera, se alisará con una herramienta filosa la superficie de contacto donde los troncos serán adheridos de forma que se enfrenten superficies planas que permita ser fuertemente sujetos. El paso siguiente es juntar esos troncos y practicar un rebaje transversal a los mismos en ambos extremos de la balsa, del anverso y reverso, que permita descansar o empotrar las cuatro vigas que irán en ella. Estas vigas serán amarradas entre sí en sus puntas salientes para darles mayor solidez, de modo que sujeten con fuerza los troncos de la balsa. Todos los componentes de la embarcación estarán bien amarrados, colocando pequeñas cuñas de madera seca en los lugares necesarios. La resistencia final de todas las piezas dispuestas estará dada al botarse la balsa al agua e hincharse al cabo de cierto tiempo la madera (Fig. 33). La construcción de una balsa de este tipo requiere bastante tiempo y cierta práctica, por lo que impone una serena evaluación sobre la conveniencia de construirla o rodear el obstáculo. Por otra parte los ríos de montaña frecuentemente presentan a intervalos regulares caídas de aguas y riscos que dificultan la navegación y obligan por lo general a abandonar la balsa y construir otra nueva algunos metros más adelante.

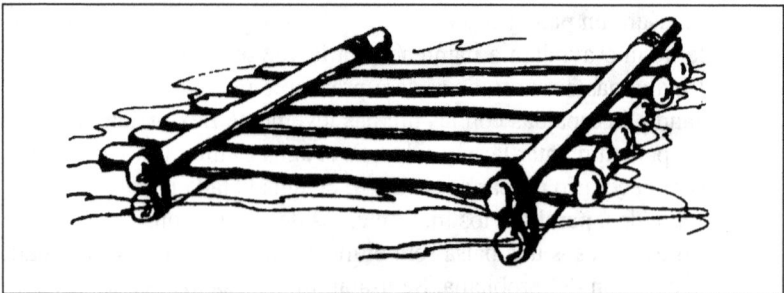

Fig. 33. Balsa improvisada con troncos.

h. Nunca se viajará de noche ni se intentará cruzar un curso de aguas rápidas o lagos durante fuertes oleajes. En el fondo de algunos lagos y ríos de la Patagonia yacen muchos botes que no siguieron este consejo.

i. Todo el equipo será sujeto a la balsa para evitar extravíos y se harán amarras a modo de pasamano para tomarse y no perder el equilibrio. Para navegar se usará un remo, que a la vez se empleara para presionar el fondo y producir movimiento. Navegue permanentemente cerca de la costa y no dude en encallar la balsa al menor indicio de dificultad.

j. Las bolsas impermeables bien cerradas que contengan prendas y objetos livianos son de un valor inapreciable, aparte de ser muy prácticas, flotan y pueden recuperarse si se caen al agua.

k. Un buen bote posee mayores condiciones de navegación que una balsa rustica de madera y si se puede elegir no dude por el primero, sus principales ventajas son: mayor rapidez hacia el rumbo elegido, más comodidad para personas y equipos, mayor capacidad de carga y más seguridad. En ciertas ocasiones meteorológicas un toldo es muy necesario y puede ser colocado sin mucha dificultad.

l. El régimen de crecidas de los ríos suelen jugar malas pasadas a los novatos; cuando deje solo el bote asegúrelo siempre con una soga. Es preferible amarrar en la costa con un cabo medianamente largo para que la embarcación flote libremente, de lo contrario si las aguas suben el bote puede presentar un ángulo peligroso. Guarde los remos.

m. Cuando navegue hágalo con el chaleco salvavidas colocado.

n. Es norma de supervivencia que siguiendo (hacia abajo) la corriente de un arroyo, tarde o temprano se desemboca en un río, y sobre la costa de éstos siempre hay vida. Seleccione el curso de agua más grande y avance por la orilla. Esta indicación es válida para cualquier región del mundo.

EL TIRO EN MONTAÑA

En montaña sólo es posible hacer tiro con un fusil de gran alcance pues los blancos estarán más allá de los 200 metros y serán escasamente visibles, por lo que el alza óptica se hace necesaria. Ídem antiparras que no brillen. Sea prudente; un disparo en montaña es escuchado a largas distancias y puede provocar una avalancha de nieve.

Combate en montaña

Constituye una de operaciones más difíciles, pues no sólo se trata de sobrevivir al combate, sino del terreno abrupto y el clima riguroso. Las montañas pueden ser un aliado o un adversario y en cualquier estación del año son peligrosas. Hay lugares donde ni siquiera los animales de carga pueden llegar y los abastecimientos se complican por las enormes distancias y la altura. Sin un buen entrenamiento, equipo y aclimatación, el desastre puede llegar en horas. Tal vez más que en otra ocasión son válidos los conceptos dados en el Capítulo I en: Combate en la selva.

El sniper

Tanto el "sniper" que actúa en el monte como el de montaña se rigen por los mismos principios y son dos especialistas que no pueden improvisarse, siendo válidos los conceptos dados en el Capítulo I.

Al igual que en otras áreas geográficas dos "sniper" forman un excelente equipo físico-moral y también es lo indicado en montaña, pero según el clima y la altura, sólo podrán desempeñarse por un tiempo limitado. Por ello estarán bien equipados, porque el frío y la fatiga harán que sus reacciones sean torpes y tardías. Si no cuenta con suficiente agua se deshidratarán y todo ello los desgastará prematuramente.

Si es verano su mimetismo estará basado en el color de la tela de arpillera, pero en zonas nevadas su vestimenta será completamente blanca, antiviento e impermeable, el calzado si no es blanco debe envolverse con género de ese color. Lo aceptable para un fusil "sniper" 5,56 mm. es que se haga puntería en blancos de hasta 500 metros. Con un 7,62 mm. lo normal es alcanzar los 800 metros, pero en calibre 12,7 mm. se puede duplicar esto último, lo que es muy útil en montaña. Para el tiro en esta zona más que en otra ocasión, se tendrá en cuenta la distancia y la deriva del viento. A menos que se cuente con un telémetro deberá recordar lo explicado en Anexo I. Cálculo de Distancia.

En ocasiones estará en alturas que le permitirá ver importantes movimientos de enemigos que podrá informar a su comando si cuenta con un transmisor liviano. Al igual que cualquier cazador deberá identificar los ruidos, su dirección y distancia, como cerrojos que se cierran, piedras que caen, etc.

Para moverse en el interior de un bosque, las precauciones serán mayores por el ruido que hacen las ramas al ser pisadas. Se avanzará lentamente mirando donde se va a poner el pie y nunca deberá correr dentro de un bosque. En terreno abierto (montaña desértica), caminará agazapado evitando proyectar su sombra y las crestas que pueden evidenciar la silueta. Ese movimiento no debe durar más de 5 segundos y en presencia del blanco tendrá que arrastrarse hasta poder hacer puntería. De noche en terrenos nevados y con algo de luna, habrá suficiente claridad para observar siluetas que se mueven. A menos que sea muy hábil con los esquíes no se recomienda su empleo, pues cuando se golpean hacen ruido. Son preferibles las raquetas para nieve. Salvo circunstancias excepcionales, de noche no se debe caminar; los sonidos se perciben a más distancia y el sigilo tendrá que ser aún mayor, ídem con las posibilidades de extraviarse. El "sniper" en montaña puede alcanzar una gran eficacia cuando su fusil posea una mira térmica que detecte seres vivos de sangre caliente y vehículos con el motor encendido, sea en la niebla o en la noche más oscura. Son de uso militar y se puede hacer puntería a blancos muy lejanos, pero es una "herramienta" que también puede ser usada en su contra.

TIEMPO DE SUPERVIVENCIA EN AGUA HELADA

El frío es indudablemente un temible adversario. La resistencia y tolerancia al mismo es una ecuación personal, es decir, varía de una persona a otra. Algunos individuos sobreviven días a la exposición de temperaturas bajo cero; otros mueren en pocos minutos. No debe desestimarse tampoco la influencia del shock, que afecta también en mayor o menor grado a todo sobreviviente de una emergencia y que disminuye el tiempo de supervivencia. En agua helada las posibilidades de sobrevivir son menores que en el frío seco, ya que la temperatura corporal desciende 25 veces más rápidamente que en tierra. Influyen además la época del año, la vestimenta y la actividad que se haga en el agua.

Se ha comprobado que, inmediatamente después de entrar en contacto con una persona con agua helada, es necesario un minuto para paralizarla muscularmente, y entre 10 a 15 minutos para que la temperatura del corazón y del cuerpo empiece a bajar a un margen peligroso. El cuerpo de una mujer, si bien tiene más grasas que el hombre, se enfriará un 15% más rápido, por ser de un volumen menor. Algunos autores mencionan que si sólo se posee un chaleco salvavidas convencional, sin otra protección especial, y está muy lejos de la costa, es preferible no intentar nadar hacia ella.

Ello sería debido a que en agua helada, el esfuerzo aumentaría los efectos del frío sobre el organismo y el nadador moriría antes de alcanzar tierra firme. La siguiente anécdota lo refleja claramente:

En diciembre de 1963, naufragó "Lakonia", cerca de la isla de Madeira, en el Océano Atlántico.

La temperatura ambiente era de unos 15°C y la temperatura del agua se acercaba a los 18°C; tanto pasajeros como tripulantes tuvieron que arrojarse al mar. Un par de horas después arribaban al lugar los barcos de auxilio, constatándose que 113 personas habían fallecido por hipotermia y 11, por otras causas. Investigaciones posteriores demostraron que aquellos que nadaron sin sentido se agotaron físicamente y perdieron calor corporal hasta su muerte. En cambio los que se limitaron a permanecer flotando, fueron salvados.

En el Capítulo IV hay casos similares, ocurridos a pilotos derribados en la Guerra de Malvinas.

TABLA APROXIMADA DE TOLERANCIA AL FRÍO

Velocidad del viento Km/h	TEMPERATURA AMBIENTE °C										
	10	4	-1	-6	-12	-17	-23	-29	-34	-40	-45
SIN PELIGRO											
–	10	4	-1	-6	-12	-17	-23	-29	-34	-40	-45
10	9	3	-3	-9	-14	-15	-26	-32	-37	-43	-49
15	4	-2	-9	-15	-23	-29	-36	-43	-50	-44	-63
25	2	-5	-13	-16	-28	-38	-42	-50	-58	-65	-72
30	0	-8	-15	-23	-29	-39	-47	-55	-63	-71	-78
40	-1	-9	-17	-26	-34	-42	-50	-58	-66	-75	-83
45	-2	-10	-18	-28	-35	-44	-52	-61	-70	-78	-87
55	-3	-11	-20	-29	-37	-45	-55	-63	-72	-80	-89
65	-4	-12	-21	-30	-38	-47	-56	-65	-73	-82	-90

Sensación térmica equivalente

PELIGRO EN AUMENTO PARA UNA PERSONA SANA Y CORRECTAMENTE VESTIDA

POSIBLES DAÑOS A CENTROS VITALES

MUERTE

CONGELAMIENTO DE LA PIEL HUMANA EXPUESTA

EFECTOS DEL DESCENSO DE LA TEMPERATURA CORPORAL INTERNA EN ZONAS FRÍAS

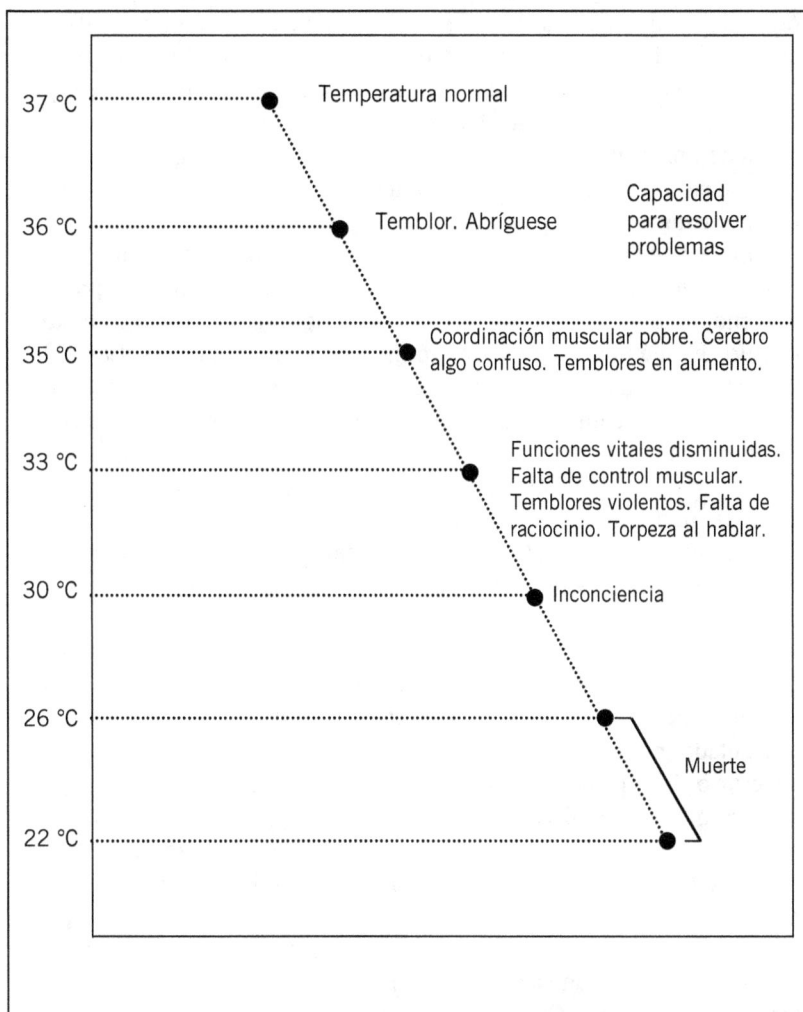

37 °C — Temperatura normal

36 °C — Temblor. Abríguese

Capacidad para resolver problemas

35 °C — Coordinación muscular pobre. Cerebro algo confuso. Temblores en aumento.

33 °C — Funciones vitales disminuidas. Falta de control muscular. Temblores violentos. Falta de raciocinio. Torpeza al hablar.

30 °C — Inconciencia

26 °C

Muerte

22 °C

Esta tabla puede variar levemente de acuerdo con la edad y estado físico.

EL CUIDADO DE LA SALUD

Todos los integrantes del grupo deben estar capacitados para descubrir los síntomas de una enfermedad derivada de la altura que lo afecte y también las de sus otros compañeros, que pueden no haberlo advertido.

En climas fríos y húmedos existe siempre la posibilidad que los pies se ampollen, padezcan la afección denominada pie de trinchera o, a causa de una prolongada y fría mojadura se contraiga gripe. No solucionar este serio problema a su debido tiempo puede derivar en un congelamiento, gangrena y amputación.

Los congelamientos ocurren casi siempre por negligencia o ignorancia cuando se realizan actividades al aire libre. La mejor terapia es la prevención, que se logra con un vestuario apropiado y algunos conocimientos elementales que nos permitirán no cometer errores. Las partes más propensas a sufrir los efectos del frío son las extremidades, las orejas, la nariz y la cara. Es importante que los individuos se observen entre sí, en busca de manchas blancas que aparecen en la piel y que señalan un principio de congelamiento. Ese es el momento de masajear con cuidado la parte afectada procurando restablecer la circulación. Con temperaturas extremadamente bajas, agotado y sin abrigo, **dejarse vencer por el sueño siempre resulta fatal**. ¡Impídalo! Esto ocurre porque durante el sueño, la producción de calor disminuye en gran medida el valor metabólico basal con respecto al individuo despierto, entre otras cosas por la cesación de la actividad muscular. Cuando la temperatura sea inferior a los 10° C bajo cero, no inhale profundamente el vigorizante aire helado, pues éste llegará a los pulmones sin alcanzar a calentarse lo necesario. Ello provoca dolor en el pecho y se puede presentar alguna hemorragia bronquial.

Para patrullas planificadas es muy conveniente que lleven un simple termómetro que les advierta si la temperatura ambiental está llegando a márgenes peligrosos.

Únicamente al acostarse se podrá suministrar cantidades controladas de vino, no más de un jarro mediano por persona, con el fin de reconfortar y elevar la moral. Otro tipo de bebida alcohólica será prohibida. Ello se debe a que las bebidas blancas, a la inversa del vino, aumentan con celeridad el calor del cuerpo por vasodilatación periférica, pero ese calor se pierde con suma rapidez, obteniéndose un efecto distinto al deseado.

En esos momentos la persona se ve incitada a nuevas ingestiones para lograr más calorías, con las consecuencias fáciles de imaginar. Por otra parte a cierta altura, el alcohol no se metaboliza con facilidad, por ello las bebidas a base de ese producto tienen un efecto más prolongado. Una copa de vino de vez en cuando está bien, pero una borrachera con temperaturas bajo cero termina siendo mortal.

Otro de los peligros derivados del frío, y que produce accidentes en los refugios, es la asfixia por monóxido de carbono, cosa que ya se explicó detalladamente. Sólo repetiremos aquí que, por principio, todo refugio deberá estar correctamente ventilado, en especial si se usan estufas.

Las heridas en ambientes muy fríos constituyen un problema tan delicado como en los trópicos. Tal es el caso, que más de una expedición en los polos fracasó por haberse accidentado, aun levemente, alguno de sus hombres. Ello es debido que, en la parte afectada donde se observan vasos sanguíneos rotos, se registra una importante sensibilidad térmica, dolores intensos, y perdida de calor. Todo esto sumado a la ausencia de una atención adecuada, puede derivar en una hemorragia, una infección o demorar considerablemente el proceso de cicatrización, tal vez el inconveniente más común. Es así que la atención de las heridas requiere en zonas frías iguales cuidados como en otra latitud. En cambio en la baja montaña y en los desiertos secos, no habría mayores problemas para la salud, pues no existen tantas bacterias.

En zonas frías, el contacto con la nafta y otros combustibles volátiles agrieta y lastima las manos, por lo que deben manipularse con precaución. Los rayos solares también pueden perjudicar la piel de la cara, contribuyen el reflejo de la nieve y el aire diáfano. El viento y la agresividad térmica pueden agrietar dolorosamente los labios, y antes que ocurra use protección labial (manteca cacao). La piel debe conservar algo de grasitud natural, por ello no exagere lavándose como lo haría en su casa.

Los ojos llorosos, ardorosos o sensibles a la luz indican ceguera de nieve que es causada por el resplandor que ésta origina y puede ocurrir tanto en días de buen sol como brumosos o nublados. Estos síntomas aparecen cuando la vista está dañada y pueden ocasionar ceguera por un par de días.

Lo más indicado para combatir el frío es la actividad física sin llegar a la fatiga y mucho menos a la transpiración, por el peligro de congelamiento. Cuando esté muy resfriado, suspenda toda actividad, descanse y trate de mantener el cuerpo lo más abrigado posible. En poco tiempo la fiebre cesará y en algunos días más estará restablecido. Como no podía ser una excepción, la naturaleza en estos casos se muestra muy agresiva con las personas débiles, alcohólicos, anémicos, cardíacos, niños y ancianos. Recuerde que puede ser posible salvar a un individuo en estas circunstancias, siempre que su temperatura rectal no sea inferior a los 26° C.

La raza de una persona constituye también un factor necesario a tener en cuenta. Para ciertos autores, el caucásico resiste los rigores del frío aproximadamente 6 veces más que un individuo de piel negra.

La altitud y sus efectos en el organismo. (Aclimatación)

En el aire rarificado a más de 2500 metros de altura, la sangre del escalador tiene pocas reservas de oxígeno y debe detenerse continuamente a tomar aliento. Estamos hablando de gente que habitualmente vive a nivel del mar, y que no usa equipos auxiliares de oxígeno. Los especialistas aconsejan que para esa altura y para evitar afecciones fisiológicas, es necesario un período de aclimatación de hasta 7 días. Pero para alturas mayores no puede ser menor a los 15 días para que el cuerpo se adapte y los pulmones se acostumbren al aire fino de la montaña.

A medida que se asciende a una montaña el frío es más y más intenso; se calcula que la temperatura desciende 1,6 ° C cada 300 metros, y arriba de los 1500 m. de noche se forma hielo.

El aire en zonas altas es mucho más tenue y seco. Ello significa que esta atmósfera ligera no absorbe el calor del sol como en el llano y, por lo tanto, deja pasar libremente los rayos ultravioletas (aún con neblina), que provocan quemaduras y ampollas. Para prevenir estas lesiones y a falta de cremas, se puede tiznar la piel expuesta con corcho quemado. Por otra parte, los vientos secos que se originan en las alturas deshidratan la piel y la dejan sin defensa frente a la acción del sol, por ello es necesario beber agua aunque no lo desee. En los ventisqueros o en las horas de frío intenso, sujétese con alfileres a la capucha del abrigo, un pañuelo a modo de máscara que deje ver sólo los lentes o antiparras. De esa forma se protegerá la piel de la brisa helada y de las quemaduras solares. Resumiendo: a mayor altitud se tendrá menor oxígeno, menor presión atmosférica, menor temperatura, menor resguardo contra los vientos, menor humedad y menor protección contra rayos solares. Pero como se explica a continuación, eso no es todo.

Delirios y alucinaciones

Las alturas elevadas transforma la conducta de las personas que pueden sufrir diversos trastornos, entre ellos paranoia. En ocasiones, el clima puede variar pasando de la oscuridad a la luminiscencia varias veces. Entonces el miedo y la confusión hacen que la mente se vuelva confusa, no se registran bien los horarios, se pierde la noción del tiempo y se suelen tomar decisiones erróneas. Este mal está relacionado con la rapidez del ascenso y la altura. Por lo general, individuos no adaptados, comienzan a sufrir estos males cuando superan montañas de 2.500 metros, pero esta tolerancia no debe considerarse absoluta, porque puede ser mayor o menor en otras regiones montañosas. Ello es el resultado de la suma de factores determinantes, como la dirección del viento, presión atmosférica, temperatura y humedad ambiental. Todos estos males desaparecen cuando el afectado desciende algunos cientos de metros, pero quienes lo acompañan deben estar preparados para advertirlo. Ver Capítulo VII: Psicosis de montaña.

Resumiendo

Como se ya se mencionó, antes internarse en una región geográfica se debe consultar a la autoridad jurisdiccional de la zona sobre su proyecto, rutas elegidas, etc. Ellos nos asesorarán y en caso necesario brindarán ayuda. Este consejo adquiere una gran importancia para zonas de montaña y constituye una irresponsabilidad no llevarlo a cabo.

Es imposible escribir en unas pocas páginas, las infinitas variantes que presenta viajar por la imponente Cordillera de los Andes. Por esa razón, lo explicado constituye sólo un punto de partida para que Ud. pueda ordenar ideas antes de hacer su propio plan. Las experiencias vertidas hasta aquí, tienen puntos en común con algunos principios básicos dados para expediciones a la Antártida cuyo título sigue a continuación. Procure estudiar todo el conjunto y elabore un proyecto de lo que considere de su interés.

EN LA ANTÁRTIDA

La Península Antártica y archipiélagos próximos están formados por un relieve montañoso, que en algunos casos alcanza los 5.000 m. de elevación. Su altura media es de más de 2.000 m. y su punto más cercano con el continente americano se encuentra en el cabo de Hornos, distante unos 1.100 kilómetros de la zona septentrional antártica, a través del pasaje de Drake.

El clima es muy variable y puede cambiar de un año a otro. Durante el invierno, y según sea la latitud, se pueden registrar temperaturas de 45 °C bajo cero y aun menores. No obstante ello, el aire puro y con un grado bajo de humedad, permite que los rayos solares actúen mejor que en otras latitudes. El suelo cubierto de nieve actúa como una gran superficie reflectora del sol. Por ello, en los días luminosos de los meses de verano, cuando no sopla el viento, es posible vestir sin abrigo especial, incluso estar con el torso desnudo. Pero el riesgo de sufrir quemaduras solares es mayor que en el desierto, debido al reflejo de la nieve a que se aludiera. Se sabe que cuanto más baja es la temperatura del aire, menor será el porcentaje de vapor de agua que contenga. Por esta circunstancia la atmósfera de este continente tiene poca humedad. Se registra un sensible aumento de ella cuando nos aproximamos a las costas del mar y en verano.

Precisamente es en la costa marítima, donde por la causa apuntada, se siente más frío que en otra latitud más alejada. También en la temporada estival es cuando comienza el deshielo, las noches tienen muy escasa duración y se caracteriza por el llamado sol de medianoche.

La nubosidad es un fenómeno importante de los doce meses del año especialmente en verano y aumenta progresivamente con la proximidad al Polo Sur. El peligro reside en que tanto la nubosidad como las tormentas dificultan la visibilidad, impidiendo ver fisuras o grietas de casi 10 metros de profundidad que están ocultas por la nieve.

Básicamente todo el continente antártico constituye una región muy ventosa cuya intensidad va en aumento a medida que nos acercamos al casquete polar, donde existen ráfagas de viento helado superiores a los 200 km/h. Con frecuencia, un viento helado cargado de partículas de hielo y nieve suele soplar con fuerte violencia durante días, golpeando y arremolinando todo a su paso. Este fenómeno disminuye rápidamente la temperatura corporal a límites peligrosos, hace imposible todo desplazamiento y ocasiona serios problemas a instrumentos y equipos.

La vida animal suele ser abundante tanto en las costas como en el mar, pero no existe en la profundidad del continente. En general, personas experimentadas no tendrían mayores inconvenientes en cazar y pescar para consumir carne. En Alaska, con el cuero de foca los esquimales confeccionan excelentes prendas de abrigo, calzado, levantan toldos protectores, y emplean la grasa como combustible.

A través de la Antártida y glaciares

Casi no hay viajes a estas zonas sin accidentes por lo que se deberá ser muy cuidadoso en la planificación de una travesía. Todos los consejos dados en este Capítulo, tienen aplicación para estas regiones, destacándose lo siguiente:

a. No menos de 4 personas integrarán el grupo cada vez que se inicie una recorrida y en los glaciares deberán ir sujetos con cordadas. Los guías en esquíes deben probar el terreno con sus bastones, en búsqueda de hendiduras.

b. Uno de los mayores peligros reside en la posibilidad de no poder regresar al campamento o al vehículo por quien se alejó apenas una decena de metros de él y morir irremediablemente. Por ello, especialmente en invierno, deberán tenderse sogas que unan las carpas, automotores o instalaciones a modo de cabos pasamanos, por donde transitar con seguridad, aunque la distancia fuese muy escasa. Aún en verano informe a los demás, cada vez que se aleje unos metros. Se han registrado casos de personas extraviadas que nunca fueron encontradas.

c. Cuando acampe durante un temporal, no se desate de sus compañeros.

d. Nunca descuide el equipo, pues puede llevárselos una ráfaga de viento o ser cubierto por la nieve. Asegure y marque todo lo que pueda.

e. La deshidratación también ocurre en la Antártida, por lo que deberá ingerirse no menos de dos litros diarios. Masticar nieve enfría demasiado la boca, por lo que debe ser derretida antes.

f. Los tractores y motos de nieve tienen que tener un sendero deli-mitado, por lo que es necesario probar el suelo para descubrir grietas y marcar el recorrido que harán los vehículos.

g. Las focas suelen perforar las capas más delgadas de hielo para salir del agua y tomar sol. Es decir, donde hay focas los hombres pueden caer al agua.

Resumiendo

La supervivencia en esta zona es muy dificultosa y se debe tener sólidos conocimientos prácticos para cualquier travesía. Por otra parte, los aspectos propios de la región, con sus enormes distancias de difícil desplazamiento, hace que los rescates se demoren mucho tiempo en lle-gar. Pero si usted puede hacer fuego para calentarse, tiene refugio y una idea clara de lo que tiene que hacer, sus posibilidades de sobrevivir habrán aumentado.

La vida humana en la Antártida es posible todo el año si se cuenta con la construcción necesaria que brinde protección, especialmente en el invierno. Desde hace casi un siglo nuestra Armada se ha hecho presente en el sector de Argentina, y es así que hoy contamos con numerosas bases y destacamentos en esa región, pertenecientes a las Fuerzas Armadas, los que certifican su indiscutible pertenencia a la soberanía argentina.

Capítulo IV

EN LOS ACCIDENTES AÉREOS

GENERALIDADES

Cualquiera que vuele está expuesto a una emergencia y esto merece especial atención si consideramos que constantemente existen máquinas en vuelo, cruzando amplias áreas montañosas, desérticas y acuáticas. Basta con observar mientras se viaja la vastedad y características de dichos lugares, para comprender, sin lugar a dudas, la importancia de esta materia. Innumerables son los relatos de cómo, tanto en la guerra como en la paz, muchas personas salvaron sus vidas. Es cierto que esto en gran parte se debió al azar generoso, pero también a una conducta serena y apropiada adoptada antes, durante y después de la emergencia.

EXPERIENCIA ACONSEJADA

Muy numerosos son los hechos en que, gracias a una serie de medidas acertadas, se logró salvar vidas humanas en accidentes aéreos. Las posibilidades que una persona sana tiene para sobrevivir, luego de una emergencia aérea, están en relación directa con la zona en que ella ocurrió y el equipo de supervivencia que lleve a bordo. La experiencia recogida de muchos casos, indica que la supervivencia exitosa depende de una variada cantidad de factores a considerar antes de subir al aparato. Los principales son:

1. Estar física y psicológicamente preparado para una emergencia.
2. Vestir conforme a la zona a sobrevolar.
a. Por la posibilidad de enganches, no use prendas abultadas.
b. Las ropas de telas sintéticas son inflamables y no deben usarse.
c. Las sandalias o zapatos de tacos altos para mujeres, impiden caminar en una emergencia.

Para el personal militar:

* Tener muy próximo el equipo de supervivencia y estar capacitado para su empleo.
* Dominar el conocimiento teórico-práctico de las técnicas para arrojarse en paracaídas.

Obviamente, un aterrizaje forzoso representa una experiencia particularmente traumática. Sin embargo, frente a ello, es menester obrar con absoluta calma y serenidad. Antes del aterrizaje forzoso se tratará de arrojar del avión o sujetar todo lo que pueda salir proyectado violentamente del mismo al producirse el impacto y pueda lastimar a alguien; termos, cajas, armas, herramientas y objetos que no estén firmemente sujetos. Luego de observar y recordar perfectamente la ubicación de las salidas de emergencia, cada persona deberá comprobar si los **cinturones de seguridad están bien sujetos**. A fin de protegerse contra cortes y fracturas que eventualmente se produzcan por los filosos bordes del fuselaje y plexiglás roto, es absolutamente necesario protegerse con abrigos, mantas, o cualquier elemento acolchado. Si se dispusiera de chalecos salvavidas, se colocarán éstos y se procederá a inflarlos. Si el avión descendiera sobre el agua, el inflado se realizará en el exterior; de lo contrario no se podría trasponer una puerta de tamaño reducido. No se quite el pantalón ni la camisa.

En caso de incendio, debe tratar de cubrirse la boca y la nariz con un pañuelo. El humo es altamente tóxico y debe evitar respirarlo.

Los que hagan abandono del avión saltando en paracaídas, deben observar el lugar donde cayó la máquina y hacia donde baja el resto de la tripulación. Luego, y una vez en tierra, es conveniente que todos se dirijan al lugar del accidente. Con ello se logrará:

1. La reunión de los sobrevivientes en un lugar fácilmente identificable.
2. Recoger material que pueda aprovecharse, estructuras, tapizados, cables, etc.
3. Ser localizados rápidamente.

Una vez en tierra, es necesario retirarse rápidamente a más de 200 metros del aparato, no intente ingresar en busca de su equipaje hasta asegurarse de que los motores se han enfriado y no existe peligro de explosión o incendio. El equipo individual de supervivencia será llevado consigo. En este momento todos los que se hallen ilesos ayudarán a evacuar a los heridos. Estos serán trasladados con sumo cuidado y se les prestará la mejor atención posible.

Es conveniente tomar alguna bebida reanimante caliente, o un sorbo de agua al menos, lo cual junto con un período de relax, contribuirá a poner en orden las ideas para la adopción de planes para la acción futura. Por último, al ser localizado, se seguirán las instrucciones dadas por la patrulla de rescate que puede necesitar de su ayuda para acercarse. Una señal fumígena, o en su defecto una columna de humo, puede ser de utilidad para el piloto del helicóptero de rescate con el fin de establecer la dirección del viento. No corra y sea precavido al acercarse a la máquina, hasta que las paletas o la hélice del avión se hallen detenidas.

Casi siempre es mejor permanecer en el sitio del accidente que salir en busca de ayuda, excepto que se conozca de antemano el terreno y se pueda llegar a algún camino. Si no se acampa en la máquina accidentada, se deberá proceder a la construcción de un refugio adecuado y a la organización de la vida en común, mientras se espera el rescate. En estas tareas contribuirán todos aquellos que estén en buenas condiciones físicas.

Es notable como una labor cualquiera hecha a conciencia, distrae la mente y ayuda a disipar tensiones. Mientras se aguarda el rescate, márquese la señal correspondiente del código internacional ICAO que se ilustra en el Capítulo V. Entre otras cosas, lo más importante es la atención de los heridos, la obtención de agua, la preparación de algún alimento caliente y la preparación de un fogón. Esto último adquiere particular importancia, no sólo por los distintos usos que en estas ocasiones se le da, entre ellos la posibilidad de ser detectados por las patrullas de rescate, sino también como factor de unión y sedante entre los sobrevivientes congregados alrededor del fuego. Con idéntico sentido y en forma tradicional nuestro hombre de campo ha hecho un culto de estos fogones. En caso necesario, se revisarán los tanques de combustible de las alas para evitar que se pierda por una rotura, y se retirará y guardará el aceite del motor para iniciar posteriores fuegos.

Conserve la calma, pero piense a 1000 Km/hs.

Después que el refugio esté organizado, espere y trate de conservar toda la energía corporal que pueda. Las adversidades serán tomadas con serenidad y no se permitirá que nadie corra riesgos inútiles. Un hombre sano es más fácil de rescatar que uno herido o fracturado.

No abandone un paracaídas. Con él se pueden improvisar refugios, ropas, bolsos y señales, entre otras cosas. Además, con cierta habilidad se puede armar un toldo colgante, una carpa, bolsas de cama, turbantes, un albornoz para el desierto. Bufandas y prendas para cubrir el cuerpo. Calzado, polainas para proteger las piernas, zapatos para nieve. Red de pescar. Camillas para transportar heridos, vendas, pañuelos. Velas para la embarcación, toldo para el bote. Paños de señalamiento, etc.

Una buena señal de auxilio se puede construir atando el paracaídas sobre un arroyo entre ambas orillas durante las hora diurnas, y de noche con luna llena, el paño reflejará el destello de la luz sobre el agua, siendo imposible no distinguirlo desde una aeronave en vuelo.

EL SHOCK EN LOS ACCIDENTES AÉREOS

Suele ser verdaderamente asombroso pensar cómo en sólo segundos una veintena de toneladas de costosa tecnología aeronáutica en forma inesperada cae violentamente en lo alto de una montaña o desiertos parajes. En esos momentos, los sobrevivientes cambian en instantes el confort de la civilización por la angustia del medio ambiente hostil que los rodea. Es una pesadilla muy traumática por la que pasaron no pocas personas. Todos los sobrevivientes de un accidente de esta naturaleza son afectados por el shock en mayor o menor grado aunque no tengan heridas visibles. Demuestran marcado abatimiento, son incapaces de seguir simples indicaciones y actúan irracionalmente, con los inconvenientes imaginables para los integrantes del grupo. No obstante, los efectos del shock pueden ser disminuidos aceptablemente mediante la identificación de la sintomatología, de tal modo que se proceda adecuadamente. Un hombre consciente de la situación puede casi siempre ser guiado aunque esté aturdido o desorientado. Una persona actuando irracionalmente luego de un accidente está sufriendo probablemente un shock suave. Se acostará al paciente con los pies ligeramente levantados, con las ropas flojas y se lo mantendrá abrigado en forma ligera. Se tratará a estas personas como si estuvieran heridas y se las vigilará para evitar que se incorporen y se alejen. Ver Capítulo VII: Shock.

¿DÓNDE ESTOY?

Por lo general, ésta es una pregunta que suelen hacerse todos los sobrevivientes y es motivo de seria preocupación si no se tiene una idea clara del lugar donde nos encontramos. Si no puede contestar a esta simple incógnita, entonces pregúntese dónde podría estar. Conociendo la aeroestación de partida, el destino al que se dirigía, la orientación general, el tiempo de vuelo y la velocidad del avión, puede tener un panorama aproximado del sitio donde se halla.

Busque y encuentre un mapa. Si sólo obtiene una carta aeronáutica, tenga presente que éstas son proyectadas para aviones que vuelan a cientos de kilómetros por hora y no son adecuadas para un caminante que en llanura recorre apenas unos 30 kilómetros diarios. De todas formas, dibuje su propio mapa en un papel o en el suelo, teniendo presentes las indicaciones que se dan en el Anexo I.

Luego y considerando los factores ya expresados marque en el mapa el punto donde supone que se encuentra. Las posibilidades de error pueden deberse a cambios de vientos no pronosticados (una deriva no prevista en la trayectoria del avión, velocidad aumentada o disminuida) o la falta de sentido común en la confección de su mapa, etc.

Estime el máximo error en kilómetros que estos factores puedan haber influido en su cálculo y dibuje un círculo con un radio igual a esa longitud y haga coincidir el centro de esa circunferencia con el punto anteriormente marcado. Ahora usted sabe que puede estar dentro de ese círculo. Recorra con su vista el terreno y descarte de dicha circunferencia los sitios donde no podría estar.

Una vez lograda una razonable orientación y si conserva la carta aeronáutica, usted podrá elegir la parte de ésta que más le interesa y tendrá que ser capaz de desdoblar la escala original y convertirla a una más grande (grandes detalles). Normalmente con 1:100.000 es suficiente. Es

Lleve un mapa con su recorrido y un diario de cada jornada.

decir, dibujará un mapa de acuerdo con sus necesidades. Este procedimiento le permitirá tener una idea aun más clara de la zona y el camino para abandonarla.

Para llevar a cabo este procedimiento, tendrá que pensar y concentrarse en una tarea muy delicada y ello no dará lugar a que lo invada el miedo. Esto por sí sólo ya es muy provechoso. Muchas personas, al no poder responder dónde estaban, fueron víctimas de pánico, se alejaron sin rumbo fijo y jamás fueron encontradas.

Cerciórese que cerca de la brújula manual que está usando no existan campos magnéticos o eléctricos. Aleje el instrumento de toda estructura metálica, equipos de radio, etc. y tenga presente que algunas rocas tienen hierro. Observe cuidadosamente y compruebe si al distanciarse cambió la lectura de la brújula. Un error de pocos grados significa al término del día haber recorrido varios kilómetros en dirección equivocada. Recuerde que extraer el compás del panel instrumental del avión significa descompensarlo al instante.

VIAJANDO EN BUSCA DE AYUDA

En general, la actitud más acertada que se aconseja para aquellos que se han visto obligados a aterrizaje forzoso, es la de instalar un refugio en el mismo lugar del accidente o muy cerca de él, ocupar los primeros tiempos en procurarse el mayor confort posible, preparar un fogón, revisar las señales de supervivencia y aguardar a que vengan por ellos, que **es lo que precisamente desean las patrullas de rescate.** Ya hemos visto que en casi todos los casos es preferible no abandonar el lugar de la emergencia, debido a que, entre otras ventajas, de un avión accidentado se pueden obtener elementos útiles para la supervivencia. Por otra parte, en las aeronaves con tecnología de punta siniestradas automáticamente se activa una radio baliza que emite una señal que es recibida por un satélite o por una aeronave de rescate que localiza las coordenadas del accidente. Nunca intente una travesía en condiciones precarias especialmente por zonas boscosas o montañosas, deshabitadas y desconocidas.

No obstante estas advertencias, que son de aplicación en la mayoría de los casos, pueden presentarse situaciones especiales en que se deba abandonar el sitio del accidente para buscar ayuda. Esta decisión puede estar motivada por encontrarse la máquina completamente oculta a toda observación, por haber transcurrido 10 días sin ser detectados, u otra causa valedera.

En tales circunstancias y luego de una equilibrada evaluación de los hechos, se preparará la marcha en forma detallada: rumbo elegido, equipo imprescindible a transportar, como ser: fósforos, espejo de señales, caramañola, cuchillo, señales de rescate, ropas y alimentos. Con respecto a las raciones, deberán llevar el doble de las calorías de los que no viajan, debido a que los primeros gastarán mayor energía. Todos los efectos deben estar equitativamente distribuidos entre los integrantes del grupo debido a las particulares y agotadoras circunstancias que se vivirán.

Otro detalle importante es dejar en un lugar visible, en la cabina del avión o en el refugio, una nota con la indicación del camino a realizar, la fecha y hora, copia del mapa que se posea y toda aquella información que se considere de valor para las patrullas de rescate que eventualmente lleguen al lugar. La tragedia que se relata lo explica:

El 13 de octubre de 1972 se inició, con toda seguridad, el caso de supervivencia más asombroso registrado en la humanidad. Ese día un avión "Fairchild" perteneciente a la Fuerza Aérea Uruguaya despegaba con 45 personas a bordo, de la base aérea de El Plumerillo, en Mendoza, con destino a Chile. Aproximadamente a las 16 horas de ese día y mientras efectuaba el cruce del Macizo Andino, una serie de "pozos de aire" hicieron perder altura al aparato, la suficiente como para que un ala rozara un pico y se precipitara deslizándose por una ladera nevada que amortiguó la caída. En ese trayecto la máquina perdió la cola y sus planos. Entre el pasaje viajaba un equipo de rugby que debía jugar en el país trasandino. Luego de los primeros instantes de confusión, se comprobó que 28 personas se encontraban con vida, aunque por sus heridas algunas fallecieron con el correr de los días. Con temperaturas inferiores a los -20 °C y en un valle nevado, sin vegetación, los sobrevivientes acondicionaron el fuselaje del avión a manera de refugio. Se taparon todas las aberturas con chapas y asientos para evitar el frío intenso. Con almohadones se improvisaron camas y con el forro de los asientos se confeccionaron prácticas mantas, acostándose juntos para darse calor, logrando de esa manera conservar un clima interno cercano a los 4 °C. Pronto tomaron conciencia de que era necesario organizarse. Unos derretían nieve haciendo reflejos con chapas de aluminio para poder beber, otros buscaban algo aprovechable y hubo quien improvisó unos lentes de plástico quitando el forro a unas libretas, practicándoles una abertura, con lo que se reducían los reflejos del sol en la nieve. Por cierto tiempo lograron alimentarse de chocolates y provisiones que la máquina llevaba a bordo. Una semana después todos los alimentos habían sido agotados. Algunas publicaciones de la época atribuyen declaraciones a determinados testigos en el sentido de que la supervivencia de los jóvenes sólo fue posible al aprovechar éstos los cuerpos de los muertos enterrados en la nieve. Según estos relatos, vencidas las naturales barreras inhibitorias, alguien se encargaba de suministrar al grupo las necesarias proteínas que extraía con un objeto afilado. La situación que se vivía era extrema y este relato debe entenderse con todo respeto, como algo absolutamente natural y normal en esas circunstancias. El 29 de octubre un alud de nieve sepultó a siete personas reduciendo el grupo a sólo dieciséis. Un día, dos de los más vigorosos decidieron buscar ayuda caminando hacia el Oeste. Tardaron diez jornadas en recorrer unos 10 Km. hasta que un arriero les prestó ayuda y avisó a las autoridades chilenas. Horas después dos helicópteros daban por terminada esta odisea evacuando del lugar a los dieciséis sobrevivientes que convivieron juntos indecibles privaciones y sufrimientos por espacio de 70 días, a casi 3.500 metros de altura, en plena Cordillera de los Andes. La mayoría de los deportistas sólo perdió entre 20 a 30 kilos de peso y aparentemente sin ninguna otra consecuencia. Esto demuestra que para sobrevivir en una situación límite, lo fundamental no es una alimentación abundante, sino la firme decisión de continuar viviendo y no abandonarse a la adversidad de la naturaleza.

Resumiendo

Por más pequeña que sea una aeronave siempre es conveniente llevar un bolso de supervivencia con el equipo necesario conforme a la zona que se vuele y recordar lo mencionado en Experiencia Aconsejada.

AVIONES DESAPARECIDOS

Diversas opiniones de expertos, calculan que anualmente se pierden en distintas regiones de este mundo, un promedio de cinco aviones, sin contabilizar las máquinas desaparecidas en guerras. En algunos países de gran desarrollo tecnológico, existen organizaciones que buscan en distintos parajes del planeta, máquinas que nunca fueron encontradas. En algunos casos, por la carga que transportaban y en otros por motivos históricos. Una suerte de "arqueología aeronáutica" de aviones perdidos en la medianoche de los tiempos. Con los barcos sucede algo similar.

Algunos aviones tardaron años en ser hallados, otros continúan extraviados.

Sudamérica contiene enormes extensiones de distinta geografía hostil para un sobreviviente extraviado. Existen selvas, desiertos, montañas y montes sin población. Pero según la zona, podemos encontrar distintos grupos étnicos agresivos; la mayoría en áreas tropicales. Es decir, que a las conocidas alimañas (serpientes, arañas, etc), debemos sumar: salvajes peligrosos, bandidos, productores de drogas y guerrilleros. Todo un muestrario para quienes sin información precisa se aventuren en ciertos lugares. A todo ello se debe agregar los numerosos aviones secuestrados por organizaciones delictivas que no se saben donde se encuentran.

No es exagerado entonces pensar que una aeronave en vuelo, de pronto pueda "esfumarse" sin dejar rastros por tiempo indefinido. No siempre los escasos nativos de alejadas comarcas informan a las autoridades de algún siniestro ocurrido en esos deshabitadas parajes. Muy ignorantes en su mayoría, con medios de vida asombrosamente primitivos y remisos a todo contacto en especial los indígenas, suelen revisar los restos de un accidente en busca de algo aprovechable. En la mayoría de los casos **tratan de ocultar el hecho**. Las dos anécdotas siguientes son muy claras:

Hace algún tiempo, un investigador relató al autor que, luego de casi un mes de intensa búsqueda, se ubicó un avión extraviado. Había impactado en un difícil y desierto cordón montañoso en el norte de Argentina. Luego de una fatigosa marcha se pudo llegar "primero" al sitio. Mientras buscaba entre unas piedras, próximo al aparato encontró una amplia carta aeronáutica plegada que, en una de sus caras estaba claramente descolorida por la intemperie. Su sorpresa no encontró límites cuando al abrirla en toda su extensión, descubrió que un plegamiento interno también mostraba el mismo fenómeno de la decoloración. Ello prueba que varios días después del infortunio, alguien cerca de la máquina encontró ese mapa, lo abrió y lo volvió a plegar de manera distinta. Esa circunstancia motivó que el sol incidiera en una nueva cara. No existe otra explicación.

El 17 de mayo de 1960, ocurrió un caso muy curioso que avala la predisposición de encubrir un siniestro. En esa fecha un avión Curtis C-46 de la Transamerica Air Transport, proveniente de Buenos Aires que transportaba nueve personas y siete caballos de carrera, se "esfumó" en la Cordillera de los Andes, entre la frontera de Argentina con Chile. La máquina fue buscada sin éxito durante años, hasta que alguien en 1972 avisó a la policía que debían visitar un rancho ubicado en un remoto paraje montañoso. Cuando la patrulla policial entró al lugar, grande fue la sorpresa cuando observaron que las paredes de esa humilde vivienda estaban empapeladas con dólares norteamericanos. Los arrieros todos ellos ignorantes y analfabetos confesaron haber descubierto los restos del avión en 1961, al que saquearon junto a las pertenencias de las víctimas de esa tragedia, resolviendo mantener en silencio su hallazgo. Según se supo, existía una valija con unos 500.000 dólares que en parte "lucían pegados" en las rendijas de las paredes de tabla, a modo de evitar el ingreso del viento. 12 años habían transcurridos hasta que los restos de ese avión fueron oficialmente encontrados sobre el cerro El Sosneado.

Casos históricos notables

Según ciertas investigaciones, indican que desde 1914, no menos de 64 aviones se abrían accidentado en montañas y selvas de Sudamérica presentando dificultad en ser halladas. Algunas de esas máquinas fueron encontradas casi medio siglo después, otras permanecen desaparecidas. La teoría más aceptada del porqué se "esfumaron" en la Cordillera de los Andes, es que al impactar en cumbres muy altas originaron una avalancha y los restos del avión se depositaron cientos de metros más abajo cubiertos por varios metros de nieve y roca. Ello puede imposibilitar el descubrimiento del accidente por espacio de muchos años aún en máquinas grandes. Los dos casos más significativos son los siguientes:

El 2 de agosto de 1947, mientras se dirigía a Chile desde Argentina, desapareció sobre el Macizo Andino un avión inglés. Era un Lancastrian de 4 motores con 10 personas abordo. Recién el 19 de enero del 2000, una patrulla militar argentina encontró lo que quedaba del avión diseminado sobre el cerro Tupungato (6.806 m). Estaba en un lugar inaccesible a unos 5000 metros de altura. Habían transcurrido más de 52 años y constituye el caso que más tiempo demandó descubrir.

El 22 de marzo de 1950, desapareció en la Cordillera de los Andes, el bombardero Avro Lincoln, B-019 de la Fuerza Aérea Argentina, con 11 tripulantes. En abril de 1983, Carabineros halló sus restos sobre una montaña al sur de Chile. Se encontraba próximo a la frontera con Argentina en Tierra del Fuego. Habían pasado 33 años.

Algunos aviones permanecieron sin descubrirse un lapso considerable debido al silencio de los habitantes que los hallaron. Pero también es cierto que Sudamérica contiene suficiente espacio para ocultar un accidente por mucho tiempo y tal vez algunas máquinas jamás aparezcan.

Insólitamente con los autos ocurre algo parecido. El 7 de diciembre de 1998, a 73 Km. de la Ciudad de Tucumán, cayó a un profundo barranco un automóvil con tres ocupantes. El rodado había quedado oculto entre el follaje. 3 días después fue encontrado en forma casual por unos pescadores que dieron aviso a la policía. Sólo había sobrevivido un menor de edad que tenía una pierna fracturada y pudo arrastrase para beber agua del río. El niño relató que en una oportunidad fueron robados por personas que lo ignoraron y no avisaron a nadie; una lamentable conducta que suele ocurrir en catástrofes.

CONFLICTO ISLAS MALVINAS

Este Capítulo estaría incompleto si no se hace una breve referencia a determinadas anécdotas de supervivencia militar ocurridas en la Guerra de las Malvinas, que dejan enseñanza.

El 21 de mayo de 1982, a las 11 horas, el mayor de la Fuerza Aérea Argentina, Carlos Antonio Tomba, luego de un combate aéreo contra un caza interceptor enemigo, debió eyectarse de su avión IA-58 Pucará. La acción ocurrió sobre la isla Soledad a unos 10 kilómetros al oeste del paraje denominado Darwin. Debido a la escasa altura en que volaba el descenso del piloto fue rápido. Una vez en tierra, y a pesar de la fuerte experiencia vivida, no sufrió shock alguno, acondicionó el paracaídas sobre el asiento eyectado en forma tal que pudiera interpretarse que el piloto había sobrevivido y se encontraba en buenas condiciones físicas. Luego procedió a orientarse sobre el terreno y caminó en dirección a la Base de Operaciones Argentina en Darwin. El avance se tornó dificultoso por la propia característica de la turba y un insistente viento helado de unos 15 km/h. Esta última situación trajo aparejado el siguiente peligro: como caminar sobre terreno tan irregular significaba un gran esfuerzo, la acumulación de transpiración era cada vez mayor. Cuando el sobreviviente se detenía para descansar, ráfagas de viento helado azotaban su cuerpo haciéndole perder de inmediato el calor logrado y lo acercaban a la hipotermia Ello fue advertido por el piloto quien comenzó a disminuir el ritmo de sus pasos, deteniéndose en todo curso de agua que encontraba para forzarse a beber y vencer la deshidratación. En su camino halló un río, pero no le fue posible vadearlo, pues mojarse las ropas o el cuerpo con agua helada significaba congelarse en contados minutos. Así continuó caminando hasta que aproximadamente a las 17, luego de recorrer unos 5 kilómetros en 6 horas, divisó una vivienda a donde se dirigió esperanzado. Contar aunque más no fuera con un techo cuando la temperatura ambiente desciende de noche, bajo el punto de congelación, era sin duda la diferencia entre la vida y la muerte. El sobreviviente carecía de traje antiexplosión, y era consciente de que debía encontrar ayuda lo más pronto posible. Con las precauciones del caso penetró en la precaria casa. Como la encontró deshabitada, encendió el hogar con algunos leños y se preparó a pasar la noche en las mejores condiciones posibles. Al caer las primeras sombras escuchó a la distancia el reconocible sonido de un helicóptero que se acercaba. Era la esperada ayuda. Sin dudar, y en forma espaciada arrojó varias señales luminosas que fueron orientando a la máquina de rescate hasta donde se encontraba. Eran las 20,30 hs. de ese mismo día.

El 21 de mayo de 1982, el capitán de corbeta Jorge Oscar Philippi, jefe de la escuadrilla integrada por tres aviones que hundieron a la fragata británica "Ardent", debió eyectarse de su Douglas A4-Q, sobre la bahía Fox, luego de haber recibido el impacto de un misil Sidewinder, siendo aproximadamente las 14,50 hs. Al descender en paracaídas sobre el mar e inmediatamente de entrado al agua, el velamen de la tela se recostó suavemente, sacando al piloto y arrastrándolo sobre la superficie con la cabeza fuera del agua en dirección a la costa. Esta inesperada ayuda hizo que decidiera postergar el desprendimiento del paracaídas. Luego de repetidos e infructuosos intentos de inflar su bote salvavidas, y cesar el impulso sobre el agua, debió abandonar todo este equipo, para poder nadar con libertad, lamentando tener que deshacerse de estos valiosos elementos que podrían ser de utilidad en tierra. Sólo conservó el chaleco salvavidas y el de supervivencia, con todo su contenido. Mientras braceaba, notó que en varias ocasiones su torso y piernas se trababan peligrosamente en las algas denominadas cochayuyos. Sin perder la calma, las fue cortando con su cuchillo de supervivencia y nadando de espaldas, ganó la costa, ya tan exhausto que debió salir del agua sobre manos y pies. Recostado sobre la arena, trató de reponerse y recobrar la calma. Enterró el arnés del paracaídas y luego subió a un médano a fin de lograr una mejor visión del lugar donde se encontraba y para tener mayor altura de antena para la radio de emergencia. En esas circunstancias observó aviones enemigos y preocupado por la suerte de otros camaradas trató de escuchar o emitir llamados de advertencia, pero sin resultado aparente. Pronto sentiría el rigor de las bajas temperaturas. Como resultado de su excelente preparación física y su adiestramiento, con su cuchillo logró cavar un refugio para pasar la noche, a pesar de sufrir fuertes dolores en la base del cuello y en la pierna izquierda. Cuando sentía frío trataba de entrar en calor ahondando su refugio, para volver a caer en un sueño intranquilo. Alrededor de las 7 del día siguiente y 24 horas después de su última comida formal. Decidió acomodar su equipo y echar a andar en dirección al Sur. Caminó todo el día tomando un sorbo de agua y un caramelo cada 4 horas; la goma da mascar le ayudaba a mantener húmeda la boca y atenuar la sensación de hambre. Al atardecer llegó a un galpón de esquila abandonado. Allí procedió a encender fuego utilizando astillas de madera, trozos de turba seca, ayudándose con las calorías de una bengala ya que sus fósforos de supervivencia estaban empapados. Al cálido resplandor del fuego secó sus ropas mojadas y cuando su cuerpo tuvo calor pudo sacarse el traje antiexposición. Con una lata que halló pudo hervir agua para su consumo. Al manipular unas tablas sufrió un profundo corte en la yema del dedo mayor de la mano izquierda. En supervivencia una simple herida revista una suma importancia pues limita la capacidad del individuo. Rápidamente lavó y desinfectó la lesión aplicando polvo de sulfamida colocándole una pomada cicatrizante y un vendaje. Luego, para prevenir una infección tomó un antibiótico. El día 23 de mayo observó un grupo de corderos pastando cerca de su refugio, de modo que eligió uno, lo sacrificó con su cuchillo y aunque no sentía demasiado apetito, se obligó a comerlo asado para reponer fuerzas y combatir mejor el frío. Pasada la noche y al amanecer de una jornada espléndida, Philippi continuó la marcha hacia el Sur, luego de haber ordenado cuidadosamente su equipo y provisiones. Desde una elevación divisó el techo rojo de una casa, a la que se dirigió dificultosamente a causa de los turbales anegados. Cuando se hallaba a unos 2.000 metros de la construcción distinguió tres vehículos a los que no pudo hacer señales con su espejo por no hallarse el sol en el ángulo adecuado, de manera que el convoy se alejó sin verlo. Siendo las 12,30 del día 24 de mayo, se detuvo a descansar y comer los restos del asado de cordero que transportaba. Luego de concluir su improvisado almuerzo observó el retorno de los vehículos que había visto antes, a los que en esta ocasión pudo hacer señales con su espejo. Localizado, éste resultó estar compuesto por ovejeros isleños que cumplían sus tareas de control del ganado lanar. Estos hombres, entre curiosos y divertidos por este acontecimiento que rompía la monotonía de su rutina, invitaron a Philippi a compartir su merienda. Horas después facilitaban el reintegro del piloto a nuestras propias fuerzas. Habían transcurrido casi 4 días desde la emergencia.

El 24 de mayo de 1982, durante la Guerra de las Malvinas, el Mayor de la Fuerza Aérea Argentina, Luis A. Puga, luego de un combate aéreo debió eyectarse de su avión Dagger, a casi 950 km/h. Cayó al mar, se quitó el paracaídas y comenzó a flotar. La temperatura del agua apenas era superior al punto de congelación y el viento batía las olas con inusitada fuerza. El sobreviviente veía la costa a la distancia mientras la corriente lo llevaba en una trayectoria paralela. Nadando y con la ayuda del viento consiguió acercarse. Sólo después de 8 horas de luchar contra el mar logró de noche hacer pie en la playa. Tenía puesto su traje impermeable de neoprene que lo protegía aceptablemente de las bajas temperaturas. Ante la posibilidad de morir congelado, decidió caminar toda la noche. Se detuvo a beber agua de un arroyo y cada vez que se recostaba para descansar le costaba grandes esfuerzos levantarse. Con las primeras luces del día siguiente divisó un grupo de casas donde momentos después recibió ayuda. Ahí se enteró que había caminado 15 kilómetros. En esas circunstancias y después de 24 horas del hecho bélico fue rescatado por una patrulla argentina. Sin lugar a dudas la decisión de este piloto de caminar toda la noche, sumado a una firme voluntad de lucha y a su traje antiexposición, fue lo que le salvó de morir congelado.

El 13 de junio de 1982, y luego de una misión de bombardeo sobre un objetivo en las islas Malvinas, fue derribado un avión Canberra argentino. Sólo uno de los pilotos alcanzó a eyectarse y cayó al mar. Era cerca de medianoche y el frío del agua se hacía insoportable, los dedos se volvían torpes y tenía dificultad para inflar el bote salvavidas. Tuvo suerte y pudo navegar. Luego de algunas hora de duro esfuerzo y orientándose siempre por el lejano resplandor de la lucha en tierra, llegó a la costa. Estaba muy extenuado, pero logró vencer el sueño pues temía morir congelado. Al día siguiente fue capturado por el enemigo. Se estima que existiendo temperaturas tan bajas, la supervivencia en agua helada de este piloto de la Fuerza Aérea, se debió (entre otros factores) al traje antiexposición que vestía. El viento y las corrientes marinas también conjugan una circunstancia importante para alcanzar la costa mientras una persona está nadando. En tal sentido se estima que, desafortunadamente, ésta podría haber sido la causa por la que algunos pilotos caídos al mar no pudieron regresar jamás de esta guerra.

Con toda seguridad podemos decir que, el perfecto dominio de la mente un adecuado estado físico, la natural predisposición para el combate y los sólidos conocimientos de las técnicas de supervivencia, fueron los principales factores que permitieron a estos valerosos argentinos sobrevivir en las circunstancias mencionadas. Se hace notar que las narraciones expuestas no constituyen en absoluto todos los casos de supervivencia ocurridos en dicho conflicto. Existieron muchos otros episodios sobre los que no se pudo obtener referencias concretas.

Capítulo V

COMUNICACIONES Y SEÑALES

GENERALIDADES

FORMA DE OPERAR UN EQUIPO DE COMUNICACIONES

Generalmente todos los transmisores tienen las mismas sencillas características que permiten ser operados aún por personas sin mayores conocimientos en la materia. Si tiene la fortuna de contar con uno de estos en condiciones operables, indudablemente el problema estará resuelto.

Para encender el equipo se girará la perilla de volumen partiendo desde la posición "OFF" (apagado) en sentido de las agujas del reloj, hasta escucharse el zumbido común de todo transmisor. Para transmitir se aprieta la tecla del microteléfono, soltando la misma para recibir (escuchar).

A fin de lograr un óptimo alcance de la transmisión se debe verificar que la antena esté orientada de frente hacia donde se transmite y que no existan en las inmediaciones árboles ni obstáculos que la oculten. En caso de no lograrse encender el equipo, revisar cuidadosamente todas las conexiones, la batería, pinzas y bornes que deben estar limpios y ajustados. Finalmente recuerde que si el equipo por alguna circunstancia debiera estar más de dos días sin usar, se debe desconectar la batería para evitar su agotamiento.

Para efectuar la llamada, transmita la sigla "CQ" que internacionalmente significa llamado general, no más de tres veces y seguidamente la característica de la máquina o del equipo. Ej.: "CQ, CQ, CQ, ésta es... llamando en emergencia". No efectúe un CQ prolongado; es preferible realizar repetidas y breves llamadas hasta obtener respuesta, que emitir un mensaje largo no siempre captable en su totalidad. En consecuencia, las frases a intercambiar serán cortas y repetidas para asegurar su recepción.

SEÑALES Y SU EMPLEO

El uso correcto de una señal puede ser sinónimo de pronto rescate. Una persona o grupo aislado no siempre podrá ser localizado, especialmente en zonas montuosas, por lo tanto el uso de señales es fundamental en este estudio.

El sistema de reflejos con espejos ocupa el primer puesto entre las señales visuales diurnas. El destello intermitente que produce un espejo, correctamente dirigido en forma de señal, es imposible de ignorar o de ser confundido, ya sea por un observador aéreo o terrestre y puede ser detectado a más de 20 kilómetros de distancia. El autor vio reflejarse el parabrisas de un automóvil en movimiento a esa distancia. Los más modernos espejos de señales poseen una pequeña abertura para poder apuntar hacia donde se desea. No obstante, puede improvisarse fácilmente uno de ellos. Practique con cuidado una abertura en el centro de una superficie metálica brillante, que puede ser una lata usada de comestibles y sosténgala a pocos centímetros del rostro apuntando al blanco a través del agujero. Corrija el ángulo del espejo hasta cerciorarse de haber sido visto. De otro modo elija un área y recórrala lentamente con la señal, procurando en el enfoque no hacer ángulos muy abiertos. No mueva el espejo "a tontas y a locas". En días brumosos, el resplandor de un espejo también es visible a considerables distancias (Fig. 34).

En montaña:

En todo terreno pero fundamentalmente en montaña de noche, los sonidos se propagan con mayor claridad y alcanzan mayores distancias (340 metros por segundo) y más en el agua. Para quienes cuenten con elementos de iluminación, la nieve es un gran "telón de fondo blanco" muy visible para señales diurnas o nocturnas, en especial con bengalas. La tintura que se emplea en el mar como señal, esparcida en la nieve se mantiene con un brillante color hasta que el manto níveo se derrite. En montaña durante la noche, la luz de un fósforo puede verse tal vez a más de mil metros. El humo durante el día y el fuego en la noche son observados desde muy lejos. El humo negro señala mejor en días claros y se puede obtener agregando al fuego gomas, trozos de algún tapizado, aceite de motor o trapos engrasados. El humo claro, en cambio, es apropiado para los días oscuros y se consigue agregando al fuego hojas verdes, musgo o un poco de agua.

Recuerde que una señal internacional de auxilio son 3 fogatas colocadas unos 15 metros de distancia entre sí, en forma de triángulo equilátero. Pero en las grandes planicies esta distancia deberá aumentarse hasta 30 metros para poder ser distinguidas. Mantenga los fuegos de manera que produzcan humo de día y que brillen en la noche (Fig. 35).

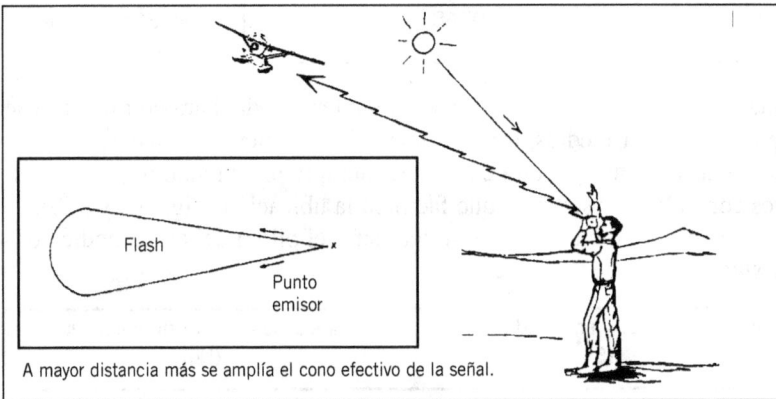

Flash

Punto emisor

A mayor distancia más se amplía el cono efectivo de la señal.

Fig. 34. Señales con espejo

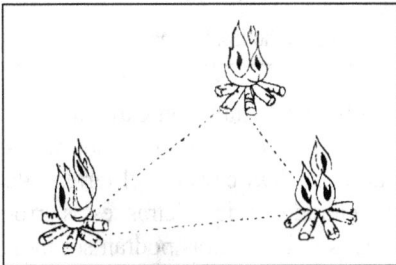

Fig. 35. Triángulo equilátero formado por tres fogatas (de día forme columnas de humo).

Emplee el código internacional ICAO que es ampliamente conocido, y que consiste en construir señales en el suelo en forma geométrica, en medidas superiores a los 3 metros. Cuanto más grande sea una señal,

Saber qué hacer y cómo, puede significar la diferencia entre la vida y la muerte.

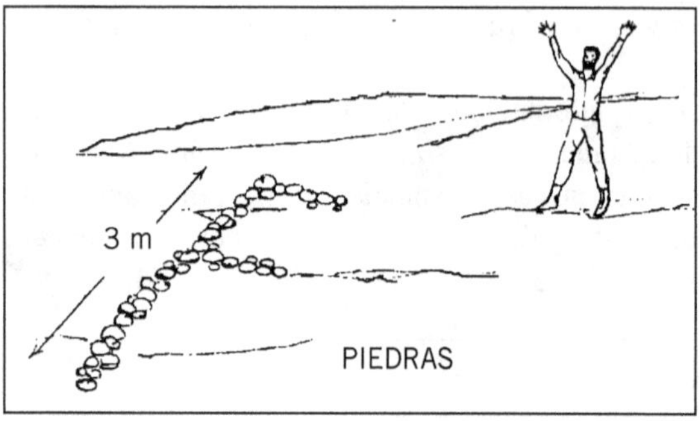

3 m

PIEDRAS

Fig. 36a. ICAO no menor de 3 metros.

más posibilidades habrá de ser vista e interpretada. Para configurarla se pueden utilizar piedras, troncos, telas, tierra o nieve removida, personas acostadas o cualquier otra cosa, pero siempre procurando hacer contrastes con colores y sombras que faciliten la ubicación (Fig. 36a y 36b).

Al observar cualquier señal terrestre, el piloto del avión podrá contestar de la siguiente manera:

Mensaje recibido y entendido (Sí)	Mensaje recibido sin entender (No)
Encendido o destellando una luz verde	Encendido o destellando una luz roja
Moviendo lateralmente ambas alas	Haciendo giros completos a la derecha
Cabeceando verticalmnte la nariz del avión	Oscilando horizontalmente la nave

Haga todo cuanto sea posible para llamar la atención cambiando el aspecto natural del lugar. Ello podrá consistir en pasto quemado, ramas cortadas o tierra removida. Escriba un gran SOS cavando el terreno de forma tal que al colocar la tierra extraída alrededor de la letras, éstas arrojen una sombra aumentada a la caída del sol. Esas letras podrán ser moldeadas en grueso tamaño con dimensiones aproximadas a los 30 metros de longitud para asegurar su visualización desde una aeronave. Si se encuentra con combustible suficiente esta señal podrá ser rociada y encendida en el momento oportuno.

De lo contrario habrá que hacer un SOS algo más chico para ser encendido y otro de la medida indicada para horas diurnas. Estas señales necesariamente, deben ser de mayor tamaño que las establecidas en el código ICAO, pues los sobrevivientes las emplean cuando el grupo aun no ha sido ubicado y deben hacerse notar.

En agua o nieve, lo más indicado son las señales especiales de tintes fluorescentes. Una pequeña porción de ellos dura lo suficiente y tiene un color inconfundible. Al usarlos se recomienda tener la precaución de diseminarlos a favor del viento, de lo contrario el fino polvo penetrará en las ropas, alimentos y todo aquello que toque.

Las luces, cilindros fumígenos y bengalas serán guardados perfectamente secos y limpios en espera del momento oportuno para su uso. La bengala de humo anaranjado es una señal de auxilio muy efectiva para ser empleada durante el día y puede observarse a gran distancia. Como la duración de una bengala manual encendida, por lo general, no supera un minuto, no será activada a menos que se esté seguro de poder ser visto. No se las gaste inútilmente.

Las barras de luz fría químico luminiscentes son útiles a corta distancia, duran cerca de ocho horas, son inofensivas y se venden en distintos colores. En la oscuridad sirven para leer, marcar un lugar, etc. Particularmente para pescar de noche solía atar una barra cerca del anzuelo con aceptable rendimiento.

Sea precavido con las bengalas

Cuando de bengalas y señales luminosas se trata, se recomienda tener presente 6 consejos fundamentales.

1. Lea antes las instrucciones de empleo que aparecen escritas en la cubierta exterior de la misma señal.
2. Conserve los fumígenos y bengalas secas, limpias y a mano.
3. Cuando los dispare, hágalo con el brazo extendido hacia arriba manteniendo el artefacto en forma vertical y cuidando de no quemarse ni quemar a nadie.
4. No intente desarmar el cilindro o mirar el tubo si éste por alguna causa no estalló; es peligrosísimo.
5. No los malgaste inútilmente. Elija el momento exacto, sin apresuramientos.
6. Disparar una bengala en tiempo cálido dentro de un bosque de árboles resinosos o pajonales secos puede ocasionar un incendio de grandes proporciones.

CÓDIGO INTERNACIONAL DE EMERGENCIAS ICAO *
TIERRA-AIRE (ampliado)

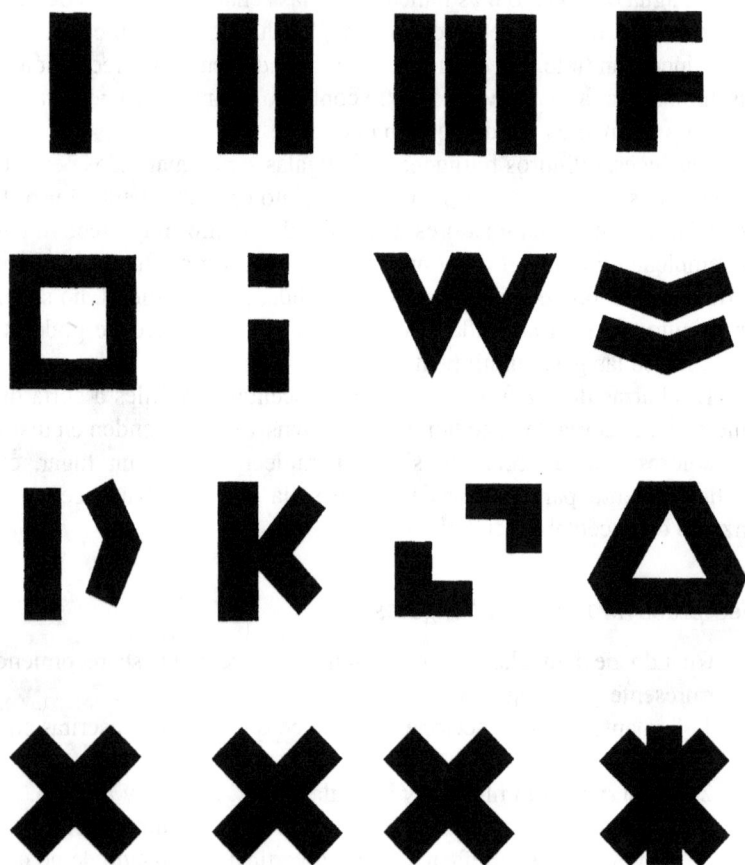

Fig. 36b

* International Civil Aviation Organization, con más de 200 naciones miembros.

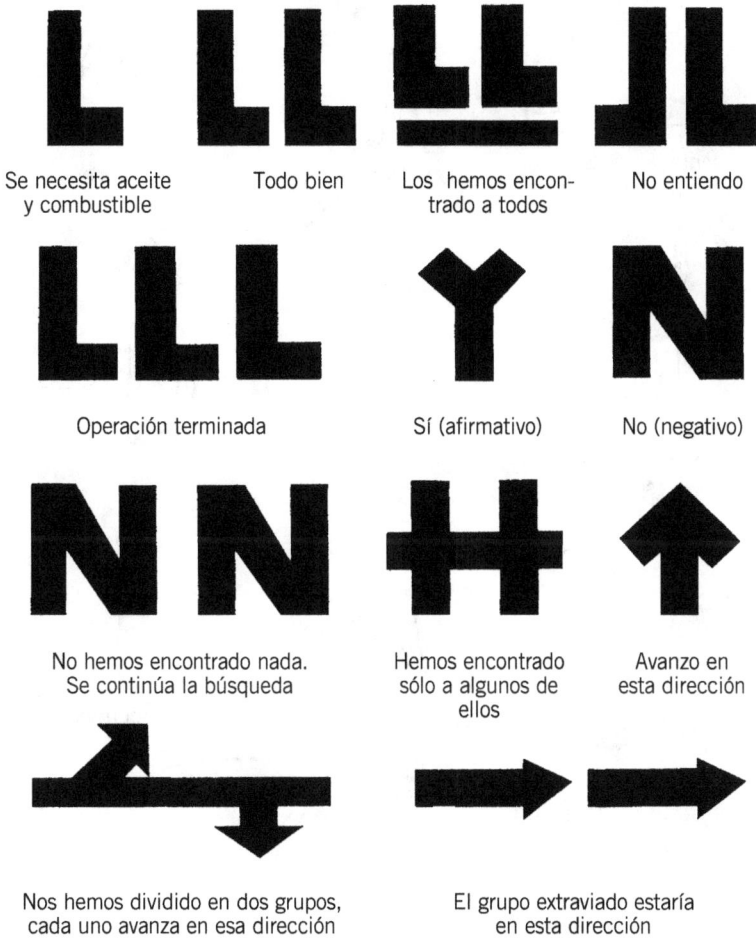

Se necesita aceite y combustible

Todo bien

Los hemos encontrado a todos

No entiendo

Operación terminada

Sí (afirmativo)

No (negativo)

No hemos encontrado nada. Se continúa la búsqueda

Hemos encontrado sólo a algunos de ellos

Avanzo en esta dirección

Nos hemos dividido en dos grupos, cada uno avanza en esa dirección

El grupo extraviado estaría en esta dirección

Fig. 36b. Continuaciòn

CÓDIGO INTERNACIONAL DE SEÑALES (con el cuerpo)

Urgente se necesita
asistencia médica

Nuestro receptor
está funcionando

Arroje un mensaje

Todo marcha bien.
No espere

Puede proseguir dentro de
poco, espere si puede

Afirmativo (sí)

Negativo (no)

Se necesita ayuda de un
mecánico, o piezas. Larga
demora.

Aterrice aquí (muestre
la dirección

Recójanos, hemos
abandonado el avión

No intente aterrizar aquí

Fig. 37

Otro ingenioso sistema utilizado para señalar la posición de una persona extraviada o accidentada en zonas de densa vegetación, consiste en un globo de brillantes colores, provisto de un largo cordel, que se infla merced a un pequeño tubo de gas comprimido. De esta forma, al elevarse el globo sobre el follaje, indica por un tiempo prolongado el sitio que se desee.

SEÑAL DE AUXILIO PARA HORAS DIURNAS

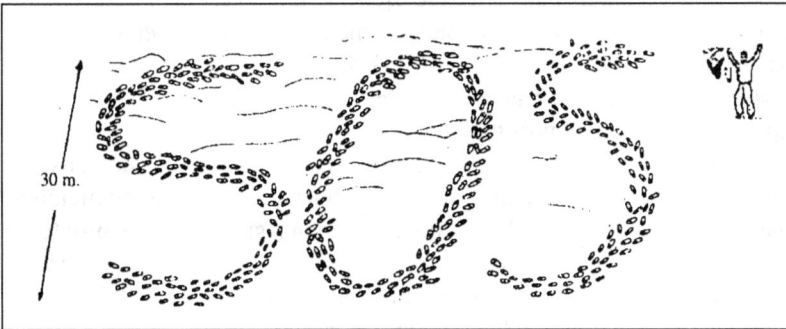

Fig. 38. Pisotee el suelo (arena, nieve, pasto).

Cuando de máquinas accidentadas se trate, si la radio llegara a funcionar transmitirá a intervalos regulares, aún si no se obtuviera respuesta. Si fuera posible, es conveniente hacer funcionar el motor para mantener cargadas las baterías. A la noche se señalará la posición con un triángulo de fogatas como se explicó. Si se llegará a disponer de un reflector, se lo empleará solamente ante la certeza de ser visto, debido al alto consumo de energía que ocasiona en perjuicio de la utilización de la radio, es fundamentalmente hacerse visible cuanto se pueda. Paracaídas desplegados en derredor, trozos de vidrios o plexiglás roto de las ventanillas distribuidos hábilmente en el suelo para que destellen con el sol, telas anaranjadas o púrpuras de supervivencia colocadas en forma apropiada o atadas a un mástil donde flameen, son detectados con facilidad (Figs. 37-38-39).

En montaña, el reflejo que produce un espejo durante el día o la luz de un pequeño fuego en la noche, pueden ser vistos a más de 20 km. de distancia.

Para cualquier aproximación aérea de rescate o aeroabastecimiento por paracaídas, el piloto necesitará conocer la dirección del viento para sus cálculos. Es en esos momentos cuando se deberá producir una buena columna de humo.

En lo que se refiere a las señales acústicas, diremos que tres disparos seguidos significan una llamada de auxilio. Es útil conocer que en el momento en que se observe el fogonazo de un disparo, si Ud. comienza a contar los segundos hasta que se escuche la detonación y luego multiplica esa cantidad por 340, le dará en metros la distancia entre Ud. y el sujeto. Si vemos la luminosidad de un rayo y la cuenta alcanzó a 3 segundos hasta escuchar el trueno, el punto de caída estará a 1.020 metros aproximadamente de nosotros.

Dispare su arma cuando divise o escuche a quienes lo están buscando. De lo contrario, si se dispone de una buena cantidad de municiones, habrá que hacerlo cada hora, aunque ello no significa que pronto se obtenga auxilio. Un silbido, en esas circunstancias, puede ser igualmente eficaz y su alcance óptimo se estima en el orden de los 1.000 metros. No se agote gritando ni silbando con los labios.

SEÑAL DE AUXILIO NOCTURNA

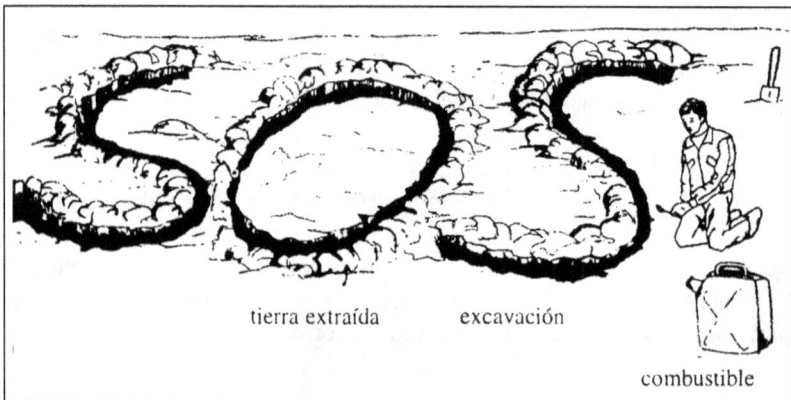

tierra extraída   excavación

combustible

Fig. 39. El tamaño de la señal dependerá de la cantidad de combustible que se posea. Encienda el líquido vertido en las letras moldeadas en el momento oportuno.

Resumiendo:

Las radios y más aún los teléfonos celulares han resuelto mucho, pero es un error confiarse sólo en esa tecnología. En determinadas condiciones climáticas (tormenta en montaña), con efectos magnéticos perturbadores suele ser muy difícil comunicarse.

Hacerse visible con una señal puede salvarle la vida a una persona extraviada que la estén buscando. Si viajará por lugares alejados de centros poblados, adquiera alguna de las señales que se mencionan en Anexo II.

Los sonidos en montaña se propagan mejor en la noche, sobre los espejos de agua o con la atmósfera saturada de humedad. Un disparo en esas condiciones es escuchado a miles de metros.

Capítulo VI

EN EL MAR

GENERALIDADES

No obstante ser éste un libro dedicado con exclusividad a las formas y técnicas para superar un problema de supervivencia en tierra, estaría incompleto si no hacemos una pequeña mención a aquellos que sin mayores conocimientos se viesen sorprendidos en alta mar y no supiesen cómo resolver esta eventualidad.

LOS PELIGROS DEL MAR

El frío es una de las mayores amenazas. El promedio de supervivencia de un individuo sin protección sumergido en aguas de nuestra costa atlántica, al sur de la Bahía de Samborombón, es de menos de 12 horas en verano, disminuyendo progresivamente en la medida en que se aproxime al Polo Sur y ello según el estado de shock, fatiga, edad, salud y otros factores ya mencionados.

*Escala de supervivencia en el agua**

Temperatura del agua	Máximo tiempo de vida
0 °C	5 a 75 minutos
5 °C	30 minutos
10 °C	1 a 2 horas
15 °C	6 a 8 horas
21 °C	24 horas
26 °C	2 a 3 días

* Manual de Medicina del Deporte. Página 361.

Después de todo lo escrito en este libro sobre el frío y sus consecuencias para el organismo humano, se ha podido diagramar en el mapa del cono sudamericano, una escala del tiempo de vida aproximado que tendría una persona sumergida en el mar, dependiendo su supervivencia de los diversos factores ya descriptos en capítulos anteriores (Fig. 40).

TIEMPO APROXIMADO DE VIDA DE UNA PERSONA SUMERGIDA
EN LOS MARES DE SUDAMÉRICA.

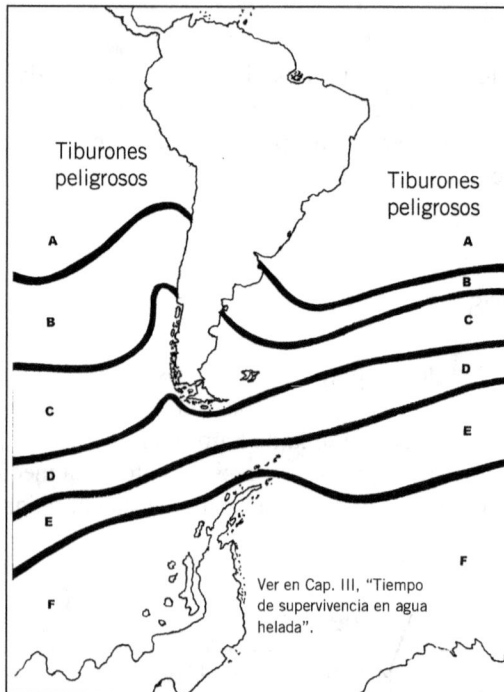

Tiburones
peligrosos

Tiburones
peligrosos

A

A

B

B

C

C

D

D

E

E

F

F

Ver en Cap. III, "Tiempo
de superivencia en agua
helada".

A. Más de 2 días   C. 5 horas   E. 1 hora
B. 12 horas   D. 3 horas   F. Menos de 25 minutos

Fig. 40.

Tiburones

Nada en el mar produce tanto temor a un náufrago como la aproximación de un tiburón. No fue sino en ocasión de la Segunda Guerra

Mundial cuando comenzaron con intensidad los primeros estudios serios sobre las técnicas anti-tiburón. Fue entonces cuando circuló un folleto en el que se afirmaba que el miedo a los tiburones es mucho más peligroso que el escualo mismo, y entre otras consideraciones, culpaba a la víctima del ataque. Incluso se llegó a puntualizar como método infalible el gritar y chapotear fuertemente en el agua para espantar a la bestia. Para quien entienda algo sobre este tema, esos folletos de la Segunda Guerra Mundial fueron escritos más con miras de dar ánimo a los marinos y pilotos, que con alguna base cierta. Desde los barcos siempre se arrojan desperdicios de comida lo que hace que sean seguidos por tiburones cientos de millas, por eso nadar cerca de uno de estos navíos suele ser peligroso. Debido a la devastación de los recursos pesqueros, tiburones hambrientos se están acercando a las costas atacando cada vez más a los bañistas y es un fenómeno que antes no existía. Pueden atacar tanto de noche como de día y es precisamente al atardecer cuando todos se ponen más excitados Además poseen una considerable cantidad de receptores sensoriales en su línea lateral capaces de detectar sonidos a millas de distancia. Un pez herido o un bañista en dificultades que se deje dominar por el pánico y comience a nadar precipitadamente, producen vibraciones diferentes que son captadas de inmediato. Igualmente algunas gotas de sangre en el agua son percibidas desde lejos acudiendo rápidamente estas bestias para desdicha de la víctima. En algunas especies peligrosas para el hombre su velocidad de ataque se calcula en unos 30 km/h habiéndose registrado graves accidentes en **profundidades menores a un metro**.

No se acerque imprudentemente a un tiburón recién capturado. Algunos adoptan una actitud pasiva, pero basta que alguien se encuentre a su alcance para que se produzca un accidente grave.

La carne de escualo salada y secada tres días al sol es un buen reemplazante del bacalao. Con sus aletas se prepara una sabrosa sopa de receta china.

El tiburón es un animal de mar, pero el llamado "tiburón toro" tiene aptitud para remontar ríos continentales para asentar su hábitat en lagunas y otros cursos de agua dulce. Son escualos muy peligrosos causantes de muchas víctimas que ignoraran estas incursiones. Se sabe que uno de ellos de 3 metros, en los EE. UU recorrió 18 kilómetros de un angosto río hasta matar a un desprevenido bañista.

En los océanos del mundo existen varios centenares de especies de escualos (casi todos comestibles), pero es reducida la proporción de los que atacan a los humanos. Todos son merodeadores de aguas templadas, aunque se sabe que no son los únicos que, poseyendo una longitud de más de un metro, se atreverían a atacar a una persona (Fig. 41).

ESPECIES MÁS PELIGROSAS DE TIBURONES

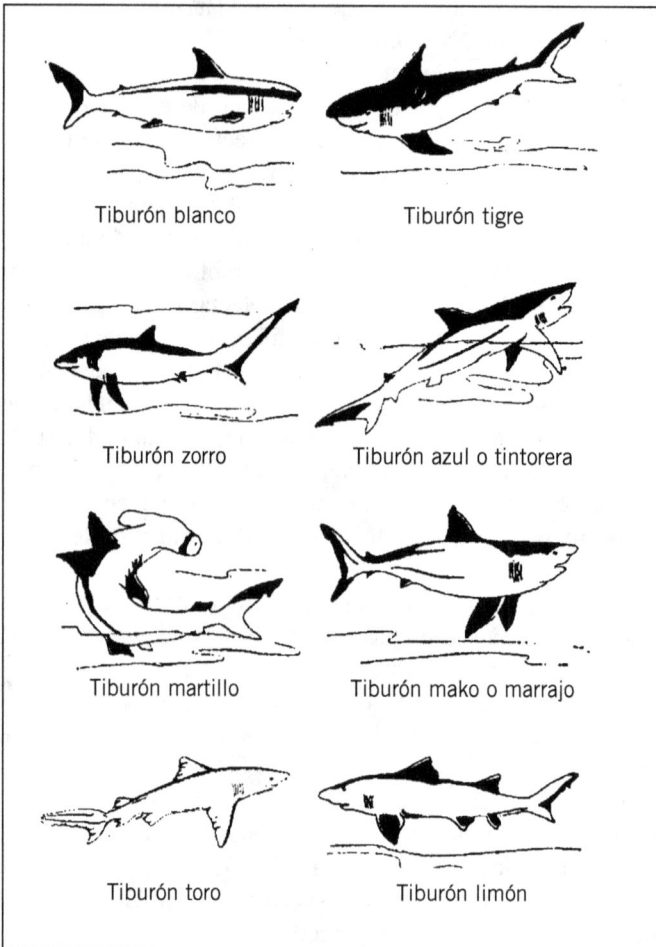

Tiburón blanco

Tiburón tigre

Tiburón zorro

Tiburón azul o tintorera

Tiburón martillo

Tiburón mako o marrajo

Tiburón toro

Tiburón limón

Fig. 41.

TIBURONES MÁS PELIGROSOS*

Nombre común	Longitud	Peso	Observaciones
Tiburón blanco	5-6 m	700-1500 kg	
Tiburón tigre	3-5 m	400-600 kg	
Tiburón Mako o marrajo	3-4 m	200-500 kg	
Tiburón azul o tintorera	3-4 m	90-120 kg	
Tiburón martillo	3-4 m	90-200 kg	
Tiburón zorro	3-5 m	90-200 kg	
Tiburón limón	2-3 m	80-200 kg	
Tiburón toro	2-3 m	80- 00 kg	Incursiona en agua dulce

* Existen otros.

El largo promedio de un tiburón adulto en aguas cálidas oscila en los 3 metros, aunque en esas mismas latitudes se han cobrado feroces asesinos de casi 6 metros, con un peso superior a los 1.500 kilos.

Desde hace años las marinas de los EE.UU., Inglaterra y Francia, entre otras, vienen realizando experiencias anti-tiburón. Se experimentaron cientos de métodos y una considerable cantidad de productos que, al contacto con el agua, se suponía debían producir el alejamiento de los tiburones. Pero no fue posible lograr nada 100% eficaz, pues los métodos que se emplean varían según sea la especie del escualo, incluso se trate de un sólo tiburón o de un grupo de ellos. En el primer caso, el escualo normalmente se limitará a girar en grandes círculos en torno de la presa, para luego aproximarse lo suficiente como para empujarla con el hocico, "presentarse" e iniciar nuevamente los círculos, dando tiempo a la inminente víctima para abrir el sobre con el "Shark-Repelent", con lo que el animal comprenderá los deseos de paz y soledad del náufrago.... Pero en caso de tratarse de varios tiburones, la situación cambia, pues cada uno tratará de adelantarse a su congénere por la disputada presa, comenzando una feroz competencia en que lo único que importa es morder algo y lo más pronto posible, perdiendo eficacia el producto repelente.

De lo expuesto hasta ahora podemos deducir una conclusión: **no existe un método infalible de protección.** Todo depende del hambre que posea el tiburón; de la especie de que se trate; del tamaño y peso; de su actuación, ya sea solo o en grupo, y finalmente de la imprevisible voluntad de atacar, pues los tiburones suelen matar caprichosamente y sus raras costumbres escapan a toda predicción. También es cierto que un náufrago puede involuntariamente, provocar un ataque, especialmente si se deja dominar por el pánico.

No obstante haber quedado completamente aclarada la imposibilidad de adaptar una regla fija que determine de antemano cómo debe procederse ante un tiburón, existen ciertos principios fundamentales que debemos seguir. Ellos son los siguientes:

1. Sobrepóngase al pánico y nade hacia la costa con brazadas regulares.
2. Nade siempre con algún acompañante.
3. Evite nadar de noche o en aguas turbias.
4. No arrastre las extremidades en el agua fuera de borda.
5. No golpee el agua con las manos pretendiendo alejar a un tiburón; normalmente obtendrá un efecto contrario.
6. Si arponea un pez, deposítelo rápidamente en el bote o arrástrelo en el peor de los casos del extremo de la cuerda de no menos 5 metros de longitud. A sí podrá ser espectador y no víctima de un ataque. La sangre es percibida a millas de distancia.
7. En el caso de un grupo de náufragos amenazados por tiburones, la mejor defensa es unirse formando un círculo con los pies hacia afuera. Esto fue probado en algunas ocasiones con aceptables resultados.

Los limites geográficos, en que generalmente tienen su hábitat las especies peligrosas para el hombre, se consideran entre los 22° de latitud norte y sur para los ataques durante todo el año. Sin embargo, éstos pueden producirse hasta los paralelos 42 con un pico de frecuencia en enero para el cuadrante sur y, en agosto, para el hemisferio norte. Antiguamente se creía que un tiburón difícilmente se aventuraría en aguas con una temperatura inferior a los 18° C pero actualmente se com-

Para refrescarse evite nadar en zonas desconocidas y menos aún de noche.

probaron incursiones de hambrientos escualos en áreas donde la temperatura estaba por debajo de 14° C (Fig. 42).

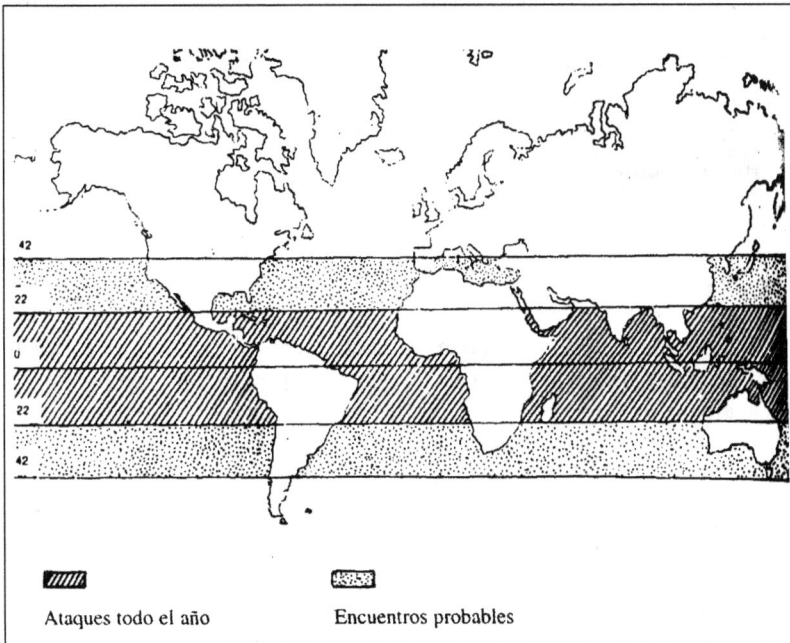

Fig. 42. Límites geográficos de los ataques de tiburones.

Las especies que pueden ser fatales para el hombre no se encuentran
habitualmente en las costas del Mar Argentino. El accidente ocurrido el
22 de enero de 1954 frente a las playas de Miramar (provincia de Buenos
Aires), puede ser un hecho casual. Ese día un joven de 18 años, fue atacado por un tiburón a unos 70 metros de la costa. Del análisis efectuado
en un diente hallado en una de las piernas del muchacho pudo determi-
narse que el tiburón agresor era un tigre, de 4 metros de unos 150 kilos,
que estaría siguiendo a un gran navío que provenía del Caribe. No existe en nuestro litoral marítimo otro hecho tan ampliamente conocido
como el caso relatado.

Otros peligros

Los tiburones no son el único peligro que tendría que cuidarse un náufrago. En otros mares existen especimenes de cuidado: rayas eléctricas, medusas gigantes, serpientes marinas, barracudas, peces de carne venenosa, y morenas de agudos dientes (anguila de mar), cierran esta enumeración. Al menos en el Atlántico sur, no se tiene conocimiento que la imponente orca haya atacado a seres humanos, pero se sabe de ataques mortales en otras latitudes estando en cautiverio.

CÓMO ABANDONAR LA NAVE O AVIÓN

Se da por descontado que cualquiera sea la nave, avión o embarcación en emergencia, se debe poseer al menos un equipo completo de supervivencia conforme con las directivas nacionales en vigencia. Conserve la calma y siga estas instrucciones:

1. Busque y colóquese el chaleco salvavidas. Guarde entre sus ropas un cuchillo y un silbato, este último le permitirá hacerse notar en el agua.
2. No deseche el calzado al abandonar la nave. Sabido es el inconveniente que presenta para nadar, pero sobre un acantilado de filosas piedras o en una playa de arenas calientes, seguro que se acordará de él. Lo mejor será entonces atar los zapatos a un costado del cuerpo antes de saltar al mar.
3. **No abandone el barco hasta asegurarse que éste se hundirá sin remedio.** Entonces se buscará la parte más baja próxima al agua donde tirarse de pie y no de cabeza. Para ello esperaremos que el impulso que traía la embarcación haya cesado y se encuentre detenida, de lo contrario sería difícil agrupar a los sobrevivientes en el mar. Si el mejor lugar para saltar tiene petróleo derramado, tápese la nariz con los dedos y échese por la borda. En esta situación nade con la cabeza alta y la boca cerrada. Si por el contrario el petróleo está encendido, habrá que nadar bajo el agua (sin salvavidas) apartando violentamente las llamas al momento de emerger.

4. Es importante recordar que siempre se debe descender en estos casos del costado de la nave por donde no golpea el viento (sotavento); de lo contrario, en el agua nos será muy difícil nadar y preparar la balsa sobre las encrespadas olas formadas en barlovento. Por principio, aléjese de la popa aunque suponga que las hélices están detenidas. Si tiene el chaleco salvavidas puesto, ajústelo fuertemente en el momento de saltar, pero si debe hacerlo desde una altura considerable y tiene uno neumático, no lo infle hasta el momento de haber entrado al agua. **Agrúpese** rápidamente con otros sobrevivientes y **aléjese** del barco próximo a naufragar. No se agote nadando en cualquier dirección, pero evite el entumecimiento y la somnolencia manteniéndose en movimiento. No se descuide y advierta a los demás sobre este peligro.

5. Aunque es poco práctico pues se desinfla en breves minutos, se puede improvisar con un par de pantalones un rudimentario flotador. Primero anude las dos bocamangas y abroche todos los botones. Luego con un movimiento enérgico y veloz procure embolsar todo el aire.

6. Si se encontrara nadando lleve su salvavidas ajustado, conserve la ropa puesta y no deseche el calzado. En caso de fuerte oleaje, nade entre dos olas sumergiéndose debajo de la onda que vuelve mar adentro y repita el proceso. En mar calmo, deje que una ola lo traslade y al llegar a la playa sumérjase antes.

7. Si usted observa una persona que se esté ahogando, lo más aconsejable es arrojarle algo que flote, una cuerda amarrada, una toalla o una camisa a modo de arrastre. No siendo experto, no trate de tomarlo con las manos, pues en la desesperación ambos podrían morir ahogados.

Cómo sobrevivir en una balsa

a. Si usted dispone de una balsa salvavidas, antes de botarla al mar recorra rápidamente el barco, recoja y guarde en ella todo aquello

Para saltar desde una altura, debe hacerlo de pie con las piernas juntas y tapándose la nariz

que pueda ser de utilidad, tal como bidones de agua, cuchillos, sogas, ropas, alimentos, linternas y elementos de pesca. Siempre que se tenga tiempo y oportunidad, se recomienda beber la mayor cantidad de agua potable que se pueda y que no sea posible embarcar a bordo de la balsa.

b. Toda embarcación debe tener un líder idóneo que organice el salvataje.

c. Es conveniente asegurar con un cabo suficientemente largo esa embarcación al navío o avión accidentado antes de ser botada y mientras duren los preparativos. De lo contrario, un golpe de mar podría colocarla fuera de su alcance y perderse. Esté atento y tenga a mano un cuchillo para cortar la soga en el momento deseado.

d. Las embarcaciones pequeñas deben ser abordadas exclusivamente por la popa, de otra forma el peso de un nadador la haría zozobrar. Se aconseja subir a las personas de a una por vez para mantenerla estabilidad y ayudarlas. Insista sobre la necesidad de estar sentado en el bote para evitar que éste se vuelque, y distribuya el peso en su interior en forma equilibrada.

e. En lo posible, coloque el equipo en bolsas; de esa manera podrá ser recogido flotando en caso de que caiga al agua. El interior de un bote o balsa siempre está mojado, especialmente en el mar. Por ello guarde en recipientes herméticos, fósforos, señales pirotécnicas y todo aquello que la humedad pueda deteriorar.

f. Envuelva o guarde en una caja todos los objetos de punta o con filosas aristas que puedan deteriorar la balsa. Con idéntico fin permanezca descalzo a bordo. Periódicamente revise las cámaras estancas y cerciórese de que no estén deterioradas.

g. El óptimo y oportuno funcionamiento de una bengala, una linterna, tintes fluorescentes o de un destellador, puede dar por terminada una desagradable experiencia. Recorra constantemente el horizonte con el espejo de señales. Si tiene un transmisor de radio, globos inflables y otros equipos que usted no conozca, **antes** de abrirlos o manipularlos, lea atentamente las instrucciones que están a la vista. Un manejo indebido de este material puede ser peligroso.

h. De existir más de dos botes o balsas, se los amarrará desde la popa de uno de ellos, a la proa del restante con un cabo, procu-

rando una distancia aproximada de 8 metros entre ellos. Se reco-
rrerá el área en busca de personas aisladas o a la deriva y de elementos flotantes que puedan ser de utilidad, tales como ropas,
maderas, cajas, etc. Si la balsa está completa, se permitirá que
otros sobrevivientes se tomen del cabo pasamano destinado para
ese fin, pero no se consentirá que la embarcación cale una profundidad peligrosa.

i. La determinación de los puntos cardinales le permitirá saber
como organizase. Luego de ese primer paso, evalúe la situación:
posición geográfica, cálculo de distancia, **rumbo** a seguir, equipo
disponible, agua potable y alimentos. Con estos datos analice la
salida más aceptable y **tome una decisión.** Comunique a todo el
grupo ese proyecto y el porqué del mismo. Una vez hecho lo
necesario, procure que todos descansen y no se agoten energías
inútilmente pues ello llevará a consumir agua potable.

j. Se calcula que, en alta mar, las corrientes marinas no superan las
8 millas de recorrido por día y en distintas oportunidades han sido
empleadas por náufragos para acercarse a tierra firme.

k. Asigne a todos una ocupación, turnos de vigía, remeros, timone-
les, etc., de forma que se organice la vida a bordo y se ocupe la
mente en algo provechoso.

l. Si posee una brújula manual, es prudente asegurarla a la propia
balsa, con lo que se evitará su pérdida luego de un golpe de ola.
En algunos casos, izar una vela suele ser fundamental para ahorrar combustible y hacerse notar.

m. Habiendo tempestad, arríe las velas, arroje el ancla flotante (para
conservar el rumbo), vístase, ajuste su salvavidas y amarre todo
lo que pueda caer al mar.

n. Es conveniente tener una segunda ancla flotante para cambiarla
en el preciso momento que se extravíe durante la tormenta.
Envuelva con telas la porción necesaria de cables para evitar la
fricción sobre los compartimentos de flotación. Recuerde que un
ancla de este tipo puede improvisarse con un manojo apretado de
ropa que pueda ser arrastrado.

o. En cualquier latitud del planeta y estación del año las prendas de
vestir en una embarcación descubierta tienen un considerable
valor. Ellas nos resguardarán tanto del frío como de la deshidra-

tación y de las quemaduras producidas por la exposición solar. Improvise un cubrecabeza con cualquier tela y humedézcalo en los momentos de mayor intensidad solar. No se alarme si experimenta escalofríos; es natural que ello ocurra, en especial de noche. La única defensa es mantenerse seco, abrigado y bien alimentado. De lo contrario habrá que frotarse el cuerpo y hacer algún ejercicio. Sobrevivientes sobre balsas salvavidas, en la zona de los trópicos, contaron que permanecieron sin dormir por el frío, cuando sus ropas se mojaban. La vestimenta antiexposición permite aumentar hasta cuatro veces el tiempo de vida de una persona sumergida en condiciones de frío intenso. Ver Capítulo III: Tiempo de supervivencia en agua helada.

p. Para evitar el llamado "pie de inmersión", haga ejercicios con los dedos de sus pies si no los puede mantener secos. Ver Capítulo VII: Pie de inmersión.

q. Tenga presente que al igual que en planicies nevadas es muy necesario usar lentes ahumados para neutralizar la reverberación que producen los rayos solares al proyectarse sobre el agua. Ello con el correr de los días y la acción irritante de la sal marina en los párpados pueden cegar dolorosamente a una persona. Aunque tenga calor no se quite la camisa, con el fin de evitar quemaduras solares y prevenir la deshidratación del cuerpo. Con idéntico sentido se procurará cubrir la cabeza. En caso de carecerse de estas prendas, con lona o telas en desuso improvise ingeniosamente lo aconsejado.

r. Tal como se detalló al principio de este libro, la disposición mental, la estabilidad emocional y la forma cómo se asimile el temor de navegar a la deriva en el océano, son factores fundamentales para el éxito. Recuerde que por más pequeño que sea el bote salvavidas, debe tener alguien que mande y tome decisiones a bordo. El pánico y la desorganización en el mar equivalen a una muerte segura.

s. No desembarque sobre rocas o lugares donde las olas se convierten en torbellinos de blancas espumas y menos lo intente de noche.

t. Normalmente, una balsa en nuestro mar litoral puede ser auxiliada dentro de las 48 horas.

u. Un bote neumático es prácticamente insumergible, pero en aguas turbulentas, es necesario atarse de la cintura con una cuerda de unos 4 metros de longitud. Ello facilitará el trabajo de recuperar la embarcación y no quedarse nadando solo en caso de que un golpe de ola lo aleje de ella. Dicho cabo permitirá enderezar el bote en caso que se dé vuelta. Para ello proceda de la siguiente manera:

1. Cruce la cuerda a lo ancho de la quilla expuesta y luego súbase al flotador del lado opuesto.
2. Tire del cabo hacia arriba hasta voltear la embarcación y quede en posición de navegar (Fig. 43).

Fig. 43. Técnica para voltear una balsa invertida.

AGUA POTABLE Y ALIMENTACIÓN

Racione inmediatamente todos los alimentos y en especial el agua potable que posea. Nadie puede saber el tiempo que durará una travesía de este tipo, especialmente si no se observa la costa.

Tampoco es posible establecer con precisión cuál es el tiempo de vida de una persona joven y sana carente de agua potable. Pero según estudios de indudable valor científico, se calcula que un náufrago en alta mar sin agua, y sometido a la deshidratante acción solar, entra en agonía antes del quinto día, para morir irremediablemente al noveno o décimo día como máximo. Bebiendo líquidos potables y no ingiriendo alimentos, puede su organismo resistir más de 15 días.

El agua de lluvia puede embolsarse a bordo mediante velas o telas dispuestas hábilmente. Es conveniente humedecer la trama de estas telas con un poco de agua de mar antes de intentar recoger la lluvia de un aguacero. Se aconseja este procedimiento pues puede ocurrir que el chaparrón sea tan breve que no alcance a empapar los hilos del género, siendo de esta forma factible obtener un poco de agua de lluvia sin que tome un gusto muy salobre.

No beba agua de mar, orina o líquidos combustibles; son muy tóxicos. Sólo en caso necesario puede beberse una parte de mar diluida en no menos de 6 partes de agua dulce. En este sentido algunas comidas podrían sazonarse con agua de mar en la proporción adecuada. Se considera oportuno señalar que según ciertas estadísticas, el 40% de los fallecidos en los botes salvavidas se debió a que no resistieron la tentación de beber agua de mar. Mientras que el 3% de los muertos recogidos de esas circunstancias no la ingirieron. Recuerde que el agua salada puede ocasionar una insuficiencia en la función renal y del sistema nervioso. Evítese fumar y cantar, pues esto aumentará el martirio de la sed. Ver Capítulo II: Consumo de agua.

En lo que alimentos se refiere, guarde los envasados para ocasiones de escasa pesca y pruebe suerte con un sedal lo más pronto posible. La carne fresca de pescado puede ser consumida cruda o cocida, es excelente como alimento y en el mar es usada además para mitigar la sed simplemente chupándola. Si la pesca es abundante, la carne será conservada secándola al sol en tiras delgadas, pero cuidando no sea "hurtada" por alguna gaviota. Estas aves marinas, como cualesquiera, pueden ser atrapadas mediante un cebo dentro de un lazo en algún lugar apropiado.

No trate de comer mariscos encontrados muertos. Deseche el hígado y los huevos de pescado para su consumo, y sea precavido con los peces de carne venenosa que suelen aparecer en los trópicos. Cuando pesque en alta mar no ate el sedal a la balsa ni mucho menos al cuerpo. Existen peces de un peso varias veces superior al de su embarcación y de fuerza colosal, que en caso de sorprenderlo no le darían tiempo a reacción alguna. Procure usar guantes y absténgase de pescar si observa tiburones.

Evite arponear o disparar con un arma a peces grandes, pues constituye un grave riesgo hacerlo desde una embarcación liviana.

En determinadas regiones ha sido posible cobrar peces sin ningún implemento de pesca. Se conoce el caso de un sobreviviente que arrojó al mar un extremo de los intestinos de un pescado anudado a un hilo corto, logrando extraer un pez cuyas fauces aún sujetaban el cebo. Si se encuentra en la playa y posee varios sedales, utilícelos a todos.

En las costas rocosas del litoral Atlántico se puede aprovechar una depresión natural de las que suelen quedar al descubierto en la bajamar, para acomodar en el borde exterior cierta cantidad de piedras en forma de semicírculo. Esta trampa permite capturar algunos peces que naden cerca de la playa en la pleamar.

Luego, al descender las aguas, podrán ser arponeados con una vara puntiaguda, con un machete o sujetando en el extremo de un palo un cuchillo o un hueso agudo. Ver Capítulo I en: Normas para pescar. Recuerde, por último, que la manera más fácil y rápida de matar a un pez es mediante un golpe de cabeza.

Aunque todos los peces capturados en aguas dulces y frías son comestibles, no ocurre lo mismo con los de mar. Por ejemplo, en zonas tropicales existen algunas especies cuya carne es venenosa, al igual que sus espinas, y que pueden causar la muerte al ser humano que ingiera dicha carne o se hiera con la aleta dorsal. Estos peces son los siguientes; pez lija, pez raya, pez cebra, pez piedra, pez escuerzo, y el pez puerco espín. Todos ellos carecen de escamas comunes. Algunos ostentan la piel desnuda, es decir, sin púas o escamas.

Nunca coma un pez que posea la particularidad de inflarse como un balón o tenga el cuerpo desigual, y recuerde que la cocción no neutraliza el veneno de la carne. Tampoco intente recoger con la mano desnuda a alguna de las especies mencionadas, ni aun encontrándose muerto el animal. La herida producida por las espinas dorsales causa un intenso dolor y es muy peligrosa (Fig. 44).

PECES VENENOSOS

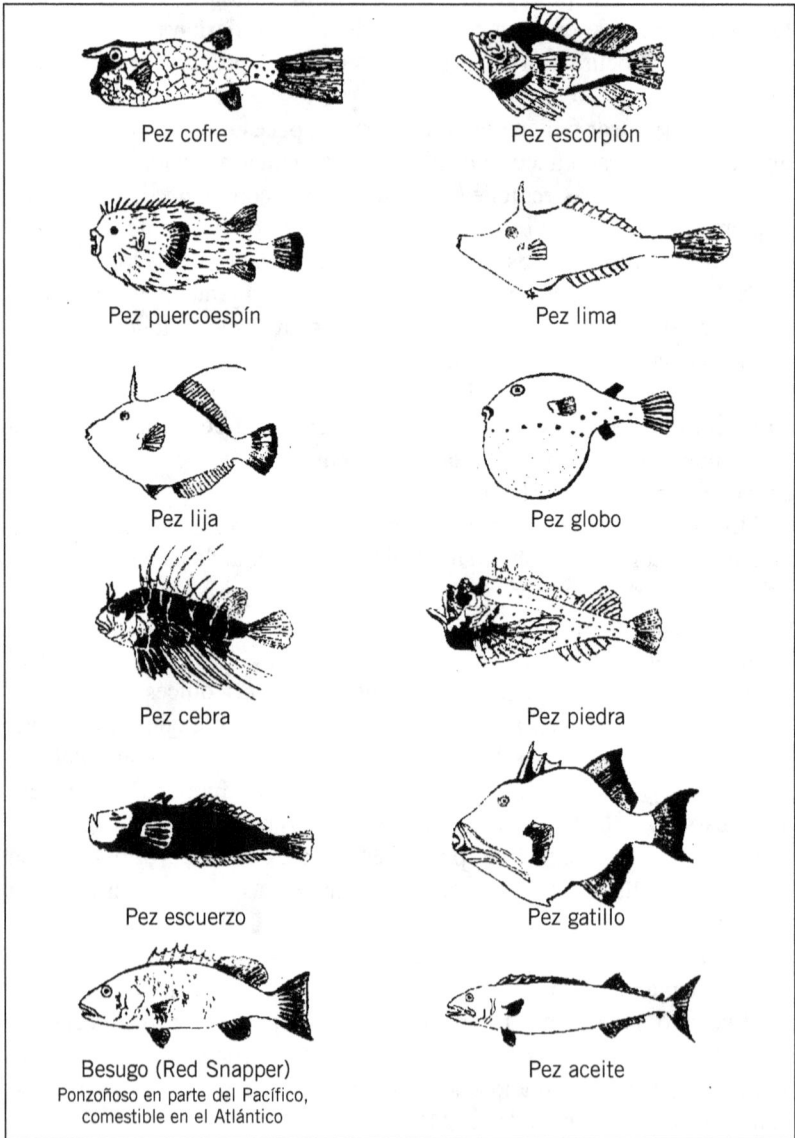

Pez cofre

Pez escorpión

Pez puercoespín

Pez lima

Pez lija

Pez globo

Pez cebra

Pez piedra

Pez escuerzo

Pez gatillo

Besugo (Red Snapper)
Ponzoñoso en parte del Pacífico,
comestible en el Atlántico

Pez aceite

Fig. 44.

Mariscos y plancton

Normalmente sólo será posible atrapar las diversas especies de mariscos que la naturaleza ofrece en la costa o cerca de ella. Pero supongamos que usted ha sido afortunado y fue a parar a una playa. En algunas regiones, en la bajamar quedan al descubierto, sin su medio ambiente protector, una considerable cantidad de mariscos que pugnan por ocultarse y sobrevivir. Si están vivos, todos son comestibles, pero en ciertas ocasiones aún no determinadas, los moluscos bivalvos: mejillones, cholgas, vieyras, almejas y berberechos, tienen un tóxico muy violento. Los mariscos capturados se conservarán unas 6 horas en un recipiente con agua con el fin de que pierdan toda la arenilla que contienen las valvas. Estas especies de mar se descomponen con gran facilidad, de ahí es preferible dejarlos caer vivos en agua hirviendo durante media hora para comerlos después. Este mismo sistema se empleará con los cangrejos. La cocción servirá también para eliminar posibles parásitos.

No introduzca las manos ni dedos en grietas, ni palpe debajo de las rocas para buscar mariscos; suele ser peligroso.

La ingestión de moluscos bivalvos contaminados puede provocar la muerte repentina. Este proceso fue coincidente con la aparición de la llamada "marea roja" y que consiste en un color rojizo-azulado que toman las aguas marinas. El 21 de noviembre de 1980, dos marineros a bordo del pesquero "Constanza", en proximidades de Mar del Plata, sufrieron una muerte fulminante por haber consumido mejillones frescos que contenían una de las toxinas más peligrosas que se conocen. Esta contaminación no afecta a los peces y a otros seres marinos.

Con respecto al plancton, del que tanto se ha hablado, debe ser desechado como comida en una situación de supervivencia. Su alto contenido de sales hace que se necesite una ingestión mayor de agua para eliminarla. Asimismo es probable comer con el plancton, microorganismos venenosos como los dinoflagelados, pequeñas medusas y otros hidroides. También puede resultar un factor irritativo la quitina proveniente de las conchillas de animales marinos, que en suspensión se mezclan con el plancton. De modo que, a menos que sea experto en biología marina, debe abstenerse de ingerir esa sustancia.

Se puede improvisar un mediomundo con una rama verde arqueada o un alambre al que se le unen los bordes interiores con un género que posea varias perforaciones menores. Este implemento sumergido y pendiente de una cuerda puede ser útil para atrapar cangrejos, siempre que contenga cebo, preferentemente carne en descomposición (Fig. 45).

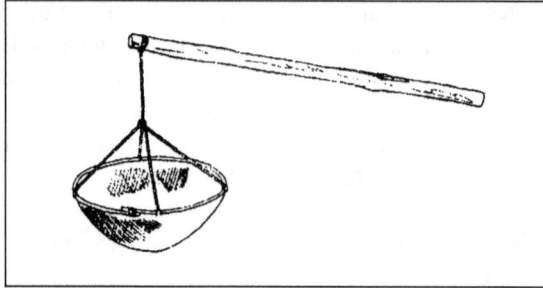

Fig. 45. Mediomundo improvisado.

También puede probarse, como sustituto del sistema anterior, arrojar una línea de pesca con dicho cebo amarrado a unos 20 centímetros de la plomada. En ambos casos, recobre la línea muy lentamente luego de algunos minutos a fin de evitar la huida de los crustáceos por atrapar. Los cangrejos son más fáciles de capturar de noche y su cuerpo se utiliza como carnada para pescar.

En algunas ocasiones ciertos productos de mar pueden recogerse directamente de la playa luego de un temporal, pero siempre es necesario revisarlos para comprobar que estén vivos. Recuerde que las intoxicaciones por alimentos marinos en mal estado son las más peligrosas.

Algas marinas

En amplias zonas de nuestro litoral atlántico se pueden extraer algas marinas entre la alta y baja marea. Se elegirán las que presenten mejor aspecto, es decir las más anchas y flotantes. Deseche las algas con olor a pescado y resbalosas, pues ello indica que están en descomposición. Estas plantas podrán prepararse con otras comidas. Para ello se procederá previamente al enjuague y secado al sol de especies tiernas o, en su defecto, al calor de las brasas; finalmente se las pondrá en remojo por algunas horas hasta obtenerse un líquido espeso que podrá consumirse como sopa o como componente de un guiso. Es posible adquirir este producto deshidratado en algunas casas especializadas. Su popularidad reside en su gran valor nutritivo, sales minerales, yodo, calcio, potasio y vitaminas.

Señales indicadoras de proximidad de tierra

Existe una determinada cantidad de indicadores sobre la proximidad de tierra, ya sea que nos acerquemos a una isla o a un continente. Por lo general, es muy fácil observar el vuelo de las aves: ellas nos indicarán en las últimas horas de la tarde la dirección de la tierra pues están volando hacia sus nidales; en cambio al amanecer toman rumbo al mar donde permanecen revoloteando hasta cerca de la caída del sol. En los trópicos puede sentirse a considerable distancia el olor a tierra húmeda después de una lluvia, o bien apreciarse un reflejo verdoso en el horizonte. Asimismo, puede servir de indicador la dirección de las olas que se refractan al acercarse a una costa. Restos de maderas o cualquier objeto manufacturado flotante es un buen indicio de la proximidad de una playa. Se tratará de desembarcar en zonas donde las olas no golpeen formando espuma, dado que esto es un indicador de arrecifes, rocas o afilados riscos. Por ninguna causa desembarque de noche en una costa desconocida.

Ejemplos históricos

De los numerosos casos históricos ocurridos en el mar, se desprende un común denominador: aquellos que sobrevivieron fueron los más jóvenes, fuertes y preparados psicológicamente El caso del malogrado ex presidente de EE.UU., John Fitzgerald Kennedy, que durante la Segunda Guerra Mundial buscó refugio en una isla del Pacífico y sobrevivió en ella junto a la tripulación de su lancha torpedera hundida, es otro ejemplo que avala lo dicho.

Pero, sin duda alguna, el caso donde puede apreciarse toda su dramática dimensión, fue cuando los no aptos físicamente debieron sacrificarse por los demás. Ello dio origen a la película "EI mar no perdona" (1958), en la que Tyrone Power personifica al capitán de un barco de pasajeros naufragado en alta mar al finalizar la última conflagración mundial. A bordo de un reducido bote, excedido en peso por el número de sobrevivientes y amenazado por un temporal, decidió abandonar sobre las aguas a algunos pasajeros, ancianos y enfermos, ante la certeza de que no podrán salvarse y de que su permanencia comprometerá la seguridad del bote. Posteriormente, en el juicio a que fue sometido por un tribunal bajo la acusación de asesinato y en el que declararon los testigos salvados, fue absuelto.

Resumiendo

Según sea la situación, la supervivencia en el agua puede ser la que presente mayores dificultades. Si Ud. llegara es estar en un bote dependerá del pronto rescate, antes que la deshidratación termine con su vida y eso está relacionado con la señal de auxilio que se pueda haber enviado. Por las razones explicadas, mucho más grave es si se encuentra flotando en aguas frías.

Antes de caminar por la playa, conozca los horarios de las mareas altas.
Evitará ser atrapado por el mar contra un acantilado.

Capítulo VII

SUPERVIVENCIA Y PRIMEROS AUXILIOS

Este libro no es un consultor médico.

GENERALIDADES

Ninguna expedición estará bien organizada si entre sus integrantes no hay alguien idóneo para auxiliar a una persona enferma o herida. Cuando se está lejos de una ciudad, debemos considerar que la víctima no puede recibir pronto atención. Por ello la medicina de supervivencia se basa en una serie de conocimientos específicos y sencillos que se deben comprender y practicar y cuyo mérito consiste en tratar a un enfermo con procedimientos improvisados y sanarlo. En estos casos es vital saber actuar correctamente. Las que siguen a continuación son afecciones que puede sufrir cualquiera de nosotros en una circunstancia determinada en algún lugar alejado y aun durante una apacible temporada de camping, y cuyos efectos deben contrarrestarse a la mayor brevedad. Recuerde que en muchos casos la prevención es la mejor medicina. Los cuidados que se brindan durante los primeros minutos a un accidentado son decisivos. Es lamentable, pero en no pocos casos las heridas se agravaron debido a un procedimiento inadecuado. Por ello, en cada caso, usted deberá saber qué hacer y qué no hacer. La presencia de un médico es lo ideal. Pero si está aislado o lejos de cualquier ayuda, siga en lo posible estos consejos:

1. No pierda tiempo, administre rápidamente a la víctima los primeros auxilios.
2. Acueste al accidentado, aflójele las ropas y no le permita que se incorpore. No deje que sospeche la gravedad de sus lesiones. Infúndale confianza.
3. Revise el cuerpo del paciente, ubique sus heridas. fracturas o quemaduras.
4. Normalmente no se trasladará un accidentado hasta que no se determine la naturaleza de sus lesiones.

5. Si tiene fracturada la columna vertebral, un pequeño movimiento puede serle fatal.
6. Aplique la respiración artificial toda vez que sea necesario, pero no confunda un estado de inconsciencia con falta de respiración.
7. No permita que el paciente ingiera bebidas alcohólicas.
8. Mantenga abrigada a la víctima.
9. Actúe enérgicamente para detener una hemorragia y trate rápidamente los efectos del shock.
10. Lleve en su equipo un buen manual de primeros auxilios y estudie su contenido antes y no después de una emergencia. Sólo así podrá salvar una vida.

HEMORRAGIAS Y HERIDAS

En todos los casos se lavarán las heridas con jabón o detergente procurando quitar la suciedad y se aplicará agua oxigenada o un buen desinfectante, seguido de un vendaje limpio. A falta de uno esterilizado, las vendas podrán hervirse en un recipiente cubierto o chamuscándolas directamente a la llama. Se debe tener en cuenta que ciertas heridas, en particular las profundas o producidas en zonas sucias, barrosas o donde abunden excrementos animales, tienen mayor probabilidad de contraer una infección tetánica. Es conveniente, por lo tanto que tanto niños como adultos realicen preventivamente una oportuna vacunación antitetánica bajo consejo médico.

Cuando la pérdida de sangre producida por una herida es considerable, se habla de hemorragia. **Deténgala lo mas rápido posible** aplicando una compresa esterilizada y presionando sobre la herida. Si no se dispone de compresas estériles utilice un tapón de cualquier otra tela, la infección podrá combatirse luego que haya cesado la hemorragia.

El torniquete se empleará como último recurso. Para ello use un cinto ancho pues tiene más superficie de apoyo que una cuerda y no ocasiona daños sobre tejidos, que los puede llevar a la necrosis. Es importante tener en cuenta que cada 15 minutos deberá quitarse el torniquete para comprobar si la hemorragia cesó o disminuyó lo suficiente como para colocar un vendaje a presión.

Recuerde que un torniquete aplicado durante un período mayor al señalado puede dar lugar a una gangrena, que en supervivencia siempre es fatal. Ahora bien, aflojar el torniquete en el lapso que se indicó, significa (si la hemorragia no cesó), que se pierda algo de sangre cada vez que lo hace. Esa pérdida puede llevar al shock y a la muerte del herido en poco tiempo. Por lo tanto habrá que evaluar serenamente: no aflojar el torniquete aun a riesgo de que se deba amputar la extremidad herida (brazo o pierna), o permitir el flujo sanguíneo cada 15 minutos. Este último caso es el más aconsejable si se prevé que el auxilio médico no demorará más de una hora. Las hemorragias nasales se tratan colocando al paciente acostado, con la cabeza ligeramente hacia atrás, y aplicándole un tapón de algodón en el orificio nasal y compresas frías en la frente.

El herido o paciente con una hemorragia de consideración debe guardar reposo en un lugar oxigenado y tranquilo A menos que esté inconsciente o que la herida sea abdominal puede darse de beber al lesionado, aunque no convienen los estimulantes fuertes. En el caso de hemorragias en la mano, se debe levantar el antebrazo, presionando en la abertura del codo. Si la hemorragia se produce en la palma, con apretar un pañuelo o compresa en el puño cerrado bastará.

Las heridas, excoriaciones y quemaduras ocasionadas en las playas con envases, piedras filosas, alambres, vidrios, etc., son causa para la infección y han provocado casos de tétanos. Contraído el mal, la posibilidad de muerte puede alcanzar un 40% y en los menores casi un 100%.

El uso del azúcar como bactericida

Si bien los estudios efectuados revelan que el azúcar granulado no contiene ninguna sustancia antibiótica o antiséptica que le otorgue poder germicida, actúa como tal al destruir bacterias a través de un proceso de deshidratación celular sobre heridas infectadas. El "método del azúcar" como bactericida inespecífico es utilizado como procedimiento de rutina para la curación de heridas infectadas en diferentes especies de animales de campo. Aunque hay que renovarla sobre la herida un par de veces, suele otorgar un 100% de efectividad en la totalidad de animales tratados. En lugares inhóspitos, de ciertos países donde los medios de esterilización son escasos, también se usa para tratamiento de heridas superficiales infectadas en humanos.

El agua oxigenada, es un potente desinfectante que hasta puede evitar una gangrena y es muy económico.

FRACTURAS

La voz de orden: **no mover** a un accidentado con probabilidad de fractura en la columna vertebral o en el cráneo. Máxime si el que quiere moverlo es una persona inexperta en primero auxilios. El paciente debe permanecer inmóvil hasta la llegada de un médico. Si llegara a ser imperiosamente necesario mover la víctima, deslícese bajo el cuerpo del herido una manta o género amplio para arrastrarlo sobre él. El arrastre se hará a lo largo y no de costado. Si tiene que levantar al accidentado, sosténgase el cuerpo sin encorvarlo. No debe administrársele calmantes ni estimulantes, pero se tratará de que conserve el calor corporal. Las fracturas representan siempre un gran riesgo, ya que en muchos casos, trasladar al paciente puede agravarle las lesiones existentes. Extreme las precauciones ante la mera sospecha de una fractura. Síntomas y signos de ella son, entre otros, el dolor intenso en el lugar fracturado, con rápida inflamación de los tejidos circundantes, hinchazón o edema y hematoma por ruptura de vasos sanguíneos. Movilidad y posición anormal del miembro, acortamiento del mismo, heridas con rotura ósea visible. Si bien algunos autores recomiendan no entablillar si existiera la posibilidad de pronto auxilio médico, daremos algunas instrucciones sencillas para hacerlo en caso de que dicho socorro fuera improbable o tardío. Corte las ropas con sumo cuidado lejos de la herida y quítelas con suavidad. El entablillado se hará utilizando cualquier material duro tal como palos, maderas, cortezas, etc. que se almohadillará convenientemente con algodón, tela o hierba en la superficie que haga contacto con el miembro. Las tablillas deben ser lo suficientemente largas como para inmovilizar perfectamente la zona afectada, sujetándolas por medio de tiras de género, cinturones u otras prendas. En caso de fractura de miembros inferiores átense también las piernas entre sí. Si la fractura fuera de extremidades superiores, además de entablillar se improvisará un cabestrillo en que descanse el antebrazo. Una clavícula fracturada requerirá cabestrillo, pero no entablillamiento.

El lesionado no debe ser movido ni trasladado antes de haberse entablillado las fracturas importantes, y cuando se lo haga se preferirá la posición de acostado. A falta de camilla, cualquier superficie rígida sirve, una puerta, escalera, chapa, tabla, asiento o butaca, etc.

PARO CARDÍACO

Se trata de una emergencia grave en la que se dispone de pocos minutos para salvar la vida de una persona. Hay que valerse del masaje cardiaco externo, que todos debieran conocer y que puede ser realizado por uno o dos operadores. Confirme la falta de pulso en la carótida y la permeabilidad de la vía aérea. La víctima deberá colocarse con el cuello hiperextendido, boca arriba, sobre una superficie dura y plana. La técnica consiste en apoyar el talón de ambas manos superpuestas en el tercio inferior de la parte media del pecho, por encima del apéndice xifoides (extremo inferior del esternón). Presione a razón de 80 veces por minuto si está solo y haga dos insuflaciones boca a boca cada 15 compresiones. Si los operadores son dos, se hacen 5 compresiones y una insuflación, sin interrumpir las compresiones cuando el otro operador insufla. La ventilación debe realizarse cubriendo ampliamente la boca del accidentado y oprimiendo las fosas nasales. No abandone la tarea sin haber transcurrido una hora de trabajo. No es necesario poseer sólidos conocimientos médicos para aplicar este método. Estudie estas técnicas, que todo esfuerzo que logre éxito estará sobradamente compensado con la enorme satisfacción de haber salvado una vida.

FALTA DE RESPIRACIÓN

Existen varios métodos de respiración artificial, tales como el de Silvester, Schaefer y el de Holger-Nielsen. Por razones de espacio, describimos este último por ser el que ofrece mayor ventilación pulmonar. Básicamente, se coloca a la víctima boca abajo, se impide que tanto la boca como la nariz toquen el suelo, se ubica uno de los brazos del asfixiado de forma que la mejilla se apoye en él y se procura que la lengua queda afuera y sin obstrucciones. El procedimiento consiste en colocarse el operador de frente al accidentado, apoyando una rodilla en tierra (Fig. 46).

Luego se apoyarán ambas palmas sobre la parte lateral de los omoplatos y se hará presión con el propio peso de una manera progresiva durante dos segundos y medio. En un siguiente paso, se tomarán ambos brazos de la víctima, levantándola ligeramente para lograr la expansión del tórax. Este movimiento se hará aproximando un brazo del accidentado al otro, permitiendo de esta forma una completa inspiración. Este lapso será también de la misma duración que el anterior, volviéndose a la posición inicial. En suma, el sistema brinda unas siete respiraciones por minuto las que deben efectuarse con sincronización Practique la respiración artificial por horas si es preciso, hasta que observe una reacción favorable. Una vez que el paciente comience a respirar por sí mismo, manténgalo en reposo en sitio abrigado tranquilo. Otro método aconsejable de eficaz resultado es el comúnmente denominado "boca a boca" y que consiste, como su nombre lo indica, en forzar aire dentro de la boca del paciente con la nuestra.

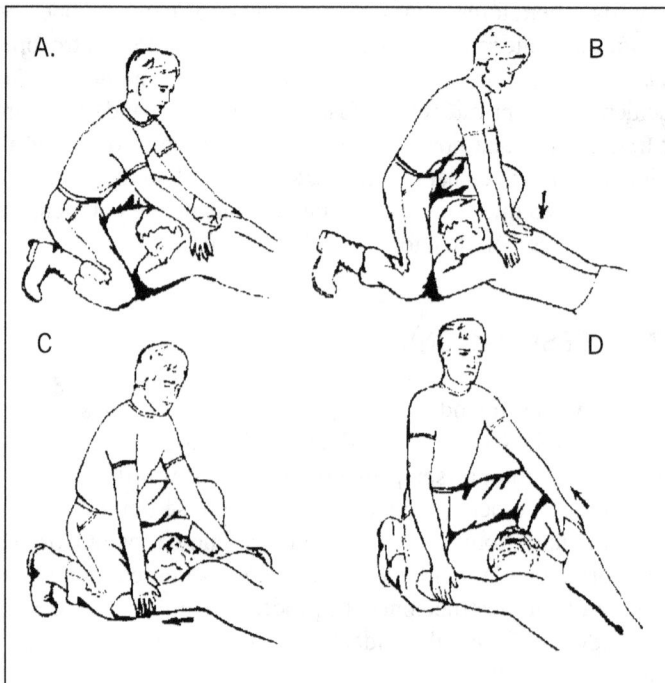

Fig, 46. Método de respiración artificial Holger-Nlelsen.
A. Posición inicial B. Presionar, C. Aflojar presión. D. Elevar los brazos y juntar los codos.

LESIONES EN EL PECHO

Las heridas profundas en el pecho deben ser tratadas colocándose una compresa estéril (si es posible) o un tapón de tela en el momento de máxima inhalación. Sobre esta compresa se ajustará una venda larga. Si la lesión consiste en fractura de costillas, habrá que inmovilizar al herido, ya que el borde astillado de las mismas puede lastimar el delicado tejido de los pulmones. Se puede efectuar un vendaje, en este caso, cuando el paciente exhala el aire. Para ajustar las vendas, puede humedecérselas con agua.

SHOCK

Se caracteriza por un marcado descenso de la presión sanguínea, pulso rápido y disminución de la función renal. Externamente se manifiesta por una respiración acelerada, sudor, palidez, piel fría, ansiedad, conducta irracional y confusa. El shock causa muchas veces resultados fatales aun en personas que no han sufrido lesiones físicas. Haga acostar a la víctima del shock, abríguela y aflójese las ropas. Si no ha perdido la conciencia, dele a beber algo caliente. Debido a la conducta irracional, es conveniente vigilar bien a las personas afectadas. Nunca abofetee al paciente. Es imprescindible, para evitar el shock, sobreponerse al abatimiento y al desaliento, pues éstos son los principales enemigos de la vida en supervivencia. Es sorprendente, pero un 90% de las muertes ocurridas luego de un accidente corresponden a personas en estado de shock. Para traumatismos y lesiones, una manera eficaz de aliviar el dolor y descongestionar es aplicar en la zona afectada paños fríos o trozos de hielo. A pesar de la situación, es factible obtener algo de cristales de hielo. El freón usado en los recipientes de aerosol, el tetracloruro de carbono y el dióxido de carburo usados por los matafuegos que normalmente son llevados en vehículos y aviones, pueden ser empleados para obtener una muy delgada capa congelada. Simplemente haga una almohadilla, humedézcala con agua y luego rocíela con el gas hasta que se congele. Ver en Capítulo IV: El Shock en los accidentes aéreos.

PSICOSIS SELVÁTICA

El encontrarse solo en la jungla implica generalmente someterse a presiones físicas y psíquicas considerables, que en algunas ocasiones se han aproximado a todo límite de resistencia humana. Este cuadro puede mermar seriamente la efectividad de un individuo y hacerlo parecer enfermo. Indudablemente, y sin lesiones que lo afecten, el mayor problema que puede sufrir un sobreviviente es el estado de shock, que normalmente se presenta en las primeras horas y que se convierte en crítico cuando se impone al propio raciocinio y le hace cometer errores peligrosos. En este tipo emergencia, su mente puede ser su mejor aliado o su peor enemigo, todo depende de su dominio (control mental). Algunos individuos sometidos durante semanas a las penurias de la selva tropical, podrán actuar de manera extraña. Sin dudas, la formidable presión del medio ambiente habrá trastornado su razón y estará sufriendo de psicosis selvática. Recuerde que, como en ninguna otra ocasión su razonamiento para superar situaciones, deberá ser absolutamente lógico. La selva Sudamericana es un enorme manto verde de asombrosas formas vegetales, con muchos peligros, algunos desconocidos. La elevada humedad produce erupciones y hongos. Las heridas se infectan. La lluvia y el barro pudre las ropas y los equipos se deterioran rápidamente. Estos padecimientos pueden enfermarlo de psicosis selvática. **¡No se abandone a sí mismo!**

PSICOSIS DE MONTAÑA

Vivir en estas regiones no afecta a un sufrido montañés, pero para un individuo de ciudad, la soledad, el silencio y el ocio son enemigos silenciosos. Con temperaturas bajo cero, el paisaje montañoso se convierte en desolado, más aún al atardecer. Ello sumado al silencio total suele conducir a que la mente se comporte de manera anormal. La persona en estas condiciones puede imaginar problemas inexistentes y sufrir serias perturbaciones psicológicas, lo que indica claramente que no está adaptado a la montaña. La preocupación constante para elevar la moral del grupo debe ser un hábito. Los comentarios desfavorables serán evitados. Se insistirá sobre la necesidad de un franco optimismo fundado en que sin convencimiento no habrá éxito posible. Ello permitirá estar en óptimas condiciones en todo momento para afrontar los más serios peligros y vencerlos.

MAL DE MONTAÑA (puna)

Frecuentemente es el resultado de subir o caminar demasiado rápido con una deficiencia de oxígeno y son más propensos a este mal aquellos que no están debidamente aclimatados a la altura. Los síntomas son: dolor de cabeza, náuseas, perturbaciones respiratorias, irritabilidad e insomnio. Pueden presentarse juntos y la gravedad depende de la altitud, edad y condición física. También el excesivo trabajo muscular en zonas de gran altitud o de aire menos denso. Ello causa serios problemas psicológicos y generalmente estos pueden presentarse o hacer crisis durante una tormenta. Entre las principales señales se observan obnubilación, alucinaciones, poco cuidado por su persona, distracciones, atolondramiento y falta de serenidad. Estas alteraciones mentales, que tantos inconvenientes ocasionan, disminuyen sensiblemente con el descenso de la víctima a lugares más bajos. Las personas que tuvieron dificultades ocasionadas por la altura o la agresión climática, no deben regresar a la montaña.

FATIGA DE COMBATE

El coraje es una virtud que suele agotarse y personas sometidas por largos períodos a los horrores de la guerra pueden tener reacciones de pánico ante los ruidos y experimentar una fuerte parálisis cuando deben tomar decisiones. Si se combina con histeria el individuo puede enloquecer haciendo peligrar su vida y la de quienes lo acompañan. Esto no debe ser confundido con cobardía. El afectado debe ser desarmado y llevado a descansar en lugar seguro donde beberá algo caliente. En lo posible no será medicado. Bebidas alcohólicas están contraindicadas.

ENFERMEDADES TROPICALES

Es lamentable decirlo, pero existen enfermedades como el cólera, que periódicamente azotan algunos pueblos, que son propias de civilizaciones rudimentarias, donde reina la miseria, la suciedad y la ignorancia. La desnutrición es el factor que más influye para el desarrollo de las enfermedades.

ENFERMEDADES MÁS COMUNES

Bacterianas	Virales	Parasitarias
Difteria	Poliomielitis	Paludismo
Tétanos	Sarampión	Chagas
Brucelosis	Meningitis	Esquistosomiasis
Cólera	Gripes	Necatoriasis
Venéreas	Fiebres:	Leishmaniasis
Salmonelosis:	– Hemorragia boliviana	Amebiasis
- Tíficas	o tifus negro	Hidatidosis.
- No tíficas	– Amarilla	
	– Dengue	

Cierra esta clasificación un grupo importante de penurias tropicales y que se conocen como: agotamiento, golpe de sol, deshidratación, infecciones en la piel, pie de trinchera, fiebres por picaduras de insectos o arácnidos, y cuadros de ofidismo. Los futuros viajeros a regiones selváticas, necesariamente deberán un mes antes de la partida vacunarse contra las enfermedades típicas de la zona a transitar, tétanos incluido.

DESHIDRATACIÓN

La deshidratación en cálidas latitudes o en montaña es un problema muy serio, dado que puede someter a un individuo en un lamentable estado de postración. Basta un ambiente superior a los 25º C. sumado a un considerable esfuerzo físico en el exterior para que suba nuestra temperatura corporal y estemos cerca de una insolación. En los momentos de mayor temperatura, el organismo reacciona mediante la termorregulación; la transpiración provoca la pérdida del exceso de calor. Si esta condición se prolonga, y no son repuestos los líquidos, los efectos de la deshidratación sobrevienen rápidamente y el individuo cae en estado de inanición. Algunos pierden gradualmente el equilibrio y la capacidad de razonar. Estos sufrimientos aumentan en personas sin la debida aclimatación y sólo se superan descansando a la sombra. Normalmente en reposo y a nivel del mar se necesitan 2 litros de agua por día para no deshidratarse, pero en las provincias del norte de Argentina en verano, algunas personas realizando fuerte actividad física en el monte han llegado a consumir más de **10 litros** de agua en una jornada.

QUEMADURAS

Cuando observe a una persona con las ropas incendiadas, proceda rápida mente y sin perder la calma: detenga a la víctima, que normalmente tratará de huir, y cúbrala con una manta o impida el desarrollo del fuego con tierra, a falta de agua. Cubra las zonas afectadas con pomada especial y entablille si llegara a ser necesario para impedir todo movimiento. Si la ropa se encuentra pegada a la herida, no tire de ella, corte la tela alrededor de la quemadura y deje la otra parte adherida a la piel. Aplique tratamiento para prevenir el shock aun cuando no haya síntomas del mismo. Cuando no se disponga de medicamentos, deje la quemadura sola. No trate de limpiarla o desinfectarla. Los casos de quemaduras por petróleo (naufragios), la mejor forma de quitarlo, es aplicar un aceite liviano y luego lavar todo con agua tibia y jabón. Los ojos podrán lavarse con ácido bórico. No se conocen complicaciones para la cicatrización de heridas por haber tenido contacto con petróleo.

QUEMADURAS DE SOL

En zonas nevadas, la nieve puede producir quemaduras en la piel debido al reflejo del sol. Preventivamente se recomienda colocarse crema protectora en los lugares más expuestos: labios, nariz, pómulos y mejillas. Dado que el jabón quita la grasitud natural de la piel, debe evitarse su uso excesivo en caso de no poseerse dicha crema. Cure las ampollas que se formen para evitar infecciones.

MORDEDURAS DE SERPIENTES

La mortalidad que producen las serpientes anualmente en el mundo es un dato poco conocido, pero se estima que unas 50.000 personas mueren en ese lapso, víctimas de mordeduras de ofidios. Los accidentes de esta naturaleza que suelen ocurrir en nuestro país, por fortuna, no tienen el mismo y abultado registro estadístico como en las latitudes tropicales. Por ello, tal vez, la mayoría de los lectores no tengan una idea concreta de lo que debe hacerse en estos casos. Por otra parte, existen gruesas divergencias entre distintos autores sobre como tratar la mordedura de una serpiente cuando no se cuenta con un hospital cerca. Trataremos entonces de aclarar algunos conceptos:

Qué debe hacerse:

1. Es fundamental que la víctima guarde en todo momento la calma, evitando el pánico y excitación, pues ello conduce a un aumento de la frecuencia cardíaca y por consiguiente, el veneno inoculado circulará en el cuerpo del paciente a mayor velocidad, afectando rápidamente los centros vitales del organismo, especialmente el respiratorio y el cardiovascular. El colapso es el peligro inmediato, sobre todo en los niños.
2. Se debe capturar al ofidio o, por lo menos, identificarlo para determinar el tratamiento a instaurar. En caso de encontrarse solo, alejado del campamento y sin posibilidad de recibir ayuda, aflójese las ropas, deje todo peso innecesario y diríjase sin agitarse hacia donde le puedan prestar ayuda.
3. Sin pérdida de tiempo **aplíquese suero antiofídico.**
4. Limpie la herida con cualquier antiséptico.
5. Coloque abundante hielo en la zona afectada.
6. Haga sangrar rápidamente la herida sin agrandar la misma. Existen jeringas importadas específicas para extracción de veneno ofídico que actúan como ventosa sobre la mordedura. Antes de su viaje Ud. puede improvisar una.

Lo que no debe hacerse:

a. Nunca aplique un torniquete. Éstos no son muy efectivos pues la mayoría de los venenos los atraviesan sin dificultad, y si no se tiene experiencia es probable que produzca un grave daño.
b. No haga incisiones en la mordedura para extraer el veneno suc-

cionado con la boca, pues los dientes inoculadores en la mayoría de las serpientes inyectan el veneno profundamente en el tejido muscular. Es ridículo entonces, intentar extraerlo mediante una cirugía. Por otra parte con la incisión, se corre el riesgo de cortar arterias, venas y vasos, generando una afluencia de sangre que hará más favorable la acción de las toxinas. Los "famosos cortes" constituyen un grave error sin fundamento científico que, lamentablemente se observa repetidamente en los textos y películas de aventuras poco serias.

c. No suministre bebidas alcohólicas al paciente.

d. No cauterice la herida.

e. Nunca abra las flictenas o ampollas que se forman alrededor de la mordedura, pues al romperlas, se puede producir necrosis en la zona, y ello ocasiona una gangrena, que puede obligar a la amputación.

SIntomatología y tratamiento

Los tipos de venenos de las serpientes son dos: los protelíticos y los neurotóxicos. Los primeros actúan directamente las células destruyéndolas de forma casi inmediato, mientras que los neurotóxicos producen fallos pulmonares y cardiacos. Se considera oportuno agradecer en estas páginas la colaboración prestada por los profesores Alejandro Urs Vogt y Marta Elida Miranda, quienes asesoraron sobre el tema síntomas y tratamiento en las mordeduras de serpientes y arañas. Como se sabe, el cuadro de ofidismo que puede presentar una persona, varía sustancialmente, conforme sea la especie que lo haya provocado. A continuación se señalan los más importantes.

Accidente producido por serpiente cascabel sudamericana (Subespecie Crotalus durissus terrificus)

El veneno de esta cascabel es de acción hemolítica y neurotóxica. El cuadro que se presenta es de suma gravedad. Los síntomas locales son pobres. En cambio los síntomas generales consisten en un decaimiento intenso, alteraciones visuales, ptosis papebral bilateral. Disminución o aumento de la temperatura corporal (hipotermia o hipertermia), hipotensión, taquicardia o bradicardia. Signo de nuca quebrada, debido a la parálisis fláccida de los músculos del cuello. Dificultad para respirar, obnubilación mental, colapso y muerte por paro respiratorio.

Es necesario aclarar que en algunos textos, erróneamente se menciona que la acción del veneno sobre la sangre tiene un efecto diferente al que se indicó anteriormente. Ello puede ser debido a que se suele confundir la serpiente de cascabel originaria de América del Norte (Crotalus viridis concolor) y aún las del género Bothrops, con su congénere sudamericana. Ambas no son exactamente iguales y también difieren en los efectos que produce su mordedura.

La sintomatología puede retrogradar en una o tres semanas en un centro asistencial. La mortalidad de los pacientes no tratados con suero antiofídico antes de las 6 horas es de un 72% aproximadamente. Sin embargo hay un pequeño número de casos que no pudieron ser salvados, a pesar de habérsele suministrado el suero antiofídico dentro de las 3 horas de ocurrido el accidente.

Accidente producido por serpiente yarará
(Género Bothrops)

Son los más frecuentes en nuestro medio, ya que este reptil se exaspera con facilidad. El veneno es de acción histiotropa (actúa sobre los tejidos), coagulante y proteolítico. Un centímetro cúbico de sangre es coagulado en 15 segundos por un miligramo de veneno de yarará.

En la región afectada por la inoculación hay edema, inflamación de los ganglios regionales y dolor. Durante la evolución se forman flictenas o ampollas que cambian de color hasta el sanguinolento. Nunca hay que abrir estas ampollas porque se produce necrosis tisular y luego gangrena. En la herida y durante la primera media hora se produce un edema hemorrágico A nivel general, el paciente tiene una gran excitabilidad, shock transitorio acompañado de estado febril, taquicardia e hipotensión. De no aplicarse el suero antiofídico, la muerte sobreviene después de las 12 horas casi nunca antes. Este lapso lo vamos a tener siempre que la serpiente muerda la masa muscular de los miembros inferiores, ya que cuanto mas alta sea la herida y más cerca de la cabeza, mucho menos tiempo se tiene para salvar la vida. La otra posibilidad es que, al morder, se introduzca veneno en una vena capilar o arteria. Esto llevaría al paciente en pocos minutos a la muerte, puesto que se vuelca directamente en el torrente sanguíneo y provoca una coagulación masiva.

Accidente producido por serpiente coral
(Género Micrurus)

Son muy pocos los casos en que una serpiente de coral puede morder a un ser humano. Ello es debido a su "buen carácter" y a que sólo puede hacer presa en bordes cutáneos dado el reducido tamaño de su boca. El veneno es neurotóxico. Los síntomas locales son escasos, como dolor soportable sensación de adormecimiento en el lugar de la mordedura, e infarto ganglionar correspondiente. En los síntomas generales encontramos laxitud, impotencia muscular, alteraciones visuales, aumento de la secreción de las glándulas salivales, depresión del tono vegetativo, respiración superficial colapso y muerte. Se hace notar que, normalmente el desenlace fatal de una víctima no tratada por la mordedura de una coral, como de una cascabel, fluctúa entre 5 y 6 horas.

Comentarios generales

El profesor Vogt hace notar que los cuadros sintomatológicos señalados pueden variar: a) Por la cantidad de veneno inoculado. b) Por el sitio de la inoculación. c) Por el estado orgánico de la víctima.

El hecho de no identificar la serpiente no es motivo para retrasar un tratamiento. En tal caso se sugiere emplear el suero polivalente. Siempre es preferible ello a no hacer nada.

Cualquier síntoma desconocido que aparezca en el enfermo, por extraño que sea hay que pensar que se debe al veneno de la serpiente y por lo tanto **habrá que seguir usando más suero antiofídico** hasta que los parámetros vitales se estabilicen y lleguen a niveles no muy alejados de los normales. En Formosa (Argentina), se registró un caso extraordinario de ofidismo en que al paciente hubo que administrarle 14 dosis de suero antiofídico en veinte horas de intenso tratamiento médico, hasta declararlo fuera de peligro.

También resultará útil saber que el suero, específicamente tiene por función neutralizar el veneno incorporado en el organismo, vale decir que no cura las lesiones que el veneno haya provocado en los distintos órganos. Por dicha razón es importante que al paciente se le suministre cuanto antes el suero antiofídico, evitando con ello que el veneno logre lesionar órganos y tejidos. Esta regla básica es válida para todos los envenenamientos de tipo animal, pero especialmente para los de acción neurotóxica, ya que éstos actúan en los centros nerviosos y, a través de la médula llegan al cerebro, destruyendo sus células; por lo que una vez lesionadas el proceso es irreversible.

Aunque no es muy frecuente, puede ocurrir que un accidentado en estado muy grave tenga alergia al suero antiofídico. En tal caso, recomiendan ciertos facultativos inyectar primero corticoides endovenosos y después el suero, dado que se plantea la cruda alternativa de elegir entre una muerte segura y una probable.

Recuerde que aun cuando desaparezcan los signos de intoxicación, siempre es conveniente mantener al paciente bajo observación médica. Los venenos de acción hemolítica y neurotóxica pueden dejar secuelas si no son neutralizados rápidamente o bien pasado un tiempo, hacen recrudecer los síntomas.

Para salvar una vida, el único tratamiento eficiente es la inyección indicada de antitoxina ofídica en cantidad suficiente y lo más pronto posible, paralela a la atención médica.

PICADURAS DE ARAÑAS Y ALACRANES

El único tratamiento posible para un caso de accidente, es la rápida aplicación del suero antiaracneico. No existen curas caseras valederas contra la picadura de una araña o un alacrán, pues en algunos casos el veneno ataca los riñones y al hígado de la víctima.

Al igual que para los ofidios, estos antídotos son de efectos terapéuticos distintos según sea el género de la araña de que se trate, siendo fundamental capturar el ejemplar para su identificación. De ser posible captúrela sin destruirla. Es importante ir de inmediato a un centro hospitalario sin esperar que aparezcan los síntomas de envenenamiento. Cuando se trate de niños, debe administrarse una dosis superior. Los principios básicos para la aplicación de dichos antídotos son similares a los de las serpientes. Por ninguna causa suministre estimulantes o bebidas alcohólicas a una víctima; están contraindicados. Todo esto es válido para los casos en los que el accidentado haya podido observar al arácnido, pero en ciertas circunstancias el ataque no es visto ni sentido. Entonces el cuadro clínico puede ser difícil de diferenciar de una enfermedad renal, una intoxicación o cualquier otra afección.

Acotamos aquí que los efectos del veneno de ciertas especies, ídem de los alacranes, son más graves en los trópicos. Estas picaduras tienen las mismas contraindicaciones que para el caso de las mordeduras de serpiente y se recomienda lo siguiente:

1. Identificar el ejemplar para valorar si es venenoso.
2. Tranquilizar a la víctima pues las picaduras tiene tratamiento.
3. Mantener al accidentado en reposo y en una postura cómoda.
4. Inmovilizar la zona afectada en posición funcional.
5. Elevar el miembro afectado ante la tumefacción o edema.
6. Si es posible, lavar la zona con agua y jabón.
7. No utilizar desinfectantes que den color a la piel e impidan identificar la lesión.
8. Traslado a un centro sanitario del accidentado.

Al decir de los profesores mencionados anteriormente, si a la víctima no se le administra la medicación correspondiente, este cuadro se puede mantener durante 6 días, comenzando a declinar los efectos luego de las primeras 48 horas. Aplicando el tratamiento con el suero específico sin olvidar corticoides inyectables, el paciente puede recuperarse en 45 minutos. Presenta una mortalidad del 6% en niños y ancianos diabéticos o cardiópatas.

PICADURAS DE INSECTOS

Lave con agua y jabón y aplique un pañuelo húmedo o hielo sobre la parte afectada. También dan buenos resultados contra el ardor de la piel poner sobre la picadura una compresa con amoníaco rebajado, o vinagre. Otra variante es aplicar un ungüento a base de vaselina con mentol, o en su defecto bicarbonato de sodio diluido con poco agua. No se rasque y si la región afectada se hincha mucho o está muy dolorida, llevar al sujeto al médico.

PARÁSITOS

La mejor forma de quitarse del cuerpo una garrapata cuando ha mordido la piel, es acercarle la brasa de un cigarrillo, un alfiler al rojo vivo o verterle un buen repelente contra insectos, de esta manera aflojará las pinzas y caerá. Nunca intente extraerla cuando ha mordido, sus quelíceros quedarán hundidos en la piel provocando una infección. Mismo procedimiento se debe hacer con una sanguijuela, incluso verterle sal. Para prevenir complicaciones se aconseja dejar caer un par de gotas de yodo sobre la picadura.

AMPOLLAS EN LOS PIES

Si se conviene en caminar, luego de la primera jornada de marcha pueden aparecer manchas rojas en la piel de los talones o en el peor de los casos, ampollas incipientes que no deben ser tocadas. En presencia de ampollas más grandes, la piel debe higienizarse, y después perforarse con una aguja esterilizada para extraer el líquido, aplicándose luego un pequeño vendaje. Como en ciertas ocasiones Ud. no podrá quitarse el calzado ni para dormir, necesariamente al día siguiente deberá destinar algún tiempo para su limpieza. Es preferible perder algunas horas de marcha antes que sus pies se lastimen o infecten. No poder caminar significa permanecer en el lugar hasta que cambie la situación. En personas no acostumbradas a caminar (turistas), las complicaciones en los pies son un inconveniente muy común. Estos problemas se dan en todas las otras regiones que trata este libro. No olvide llevar apósitos protector adhesivo para lastimaduras. Ud. no está de vacaciones. **¡Nunca camine descalzo!**

PIE DE TRINCHERA

El nombre de esta afección se debe a que fue padecida frecuentemente por los soldados que debían permanecer largo tiempo en húmedas trincheras. Se produce por la circulación defectuosa de la sangre debido a una sobre exposición a la humedad y al frío. Los síntomas son pies pálidos y arrugados, entumecimiento, inflamación y finalmente dolor. Mueva los pies y dedos frecuentemente. Párese en punta de pies, doble los tobillos, cambie el calzado, medias y masajéense los pies. Si fuera necesario improvise otro calzado como se explicó anteriormente. En climas muy fríos recuerde que la insensibilidad de los pies puede deberse a un principio de congelamiento; deténgase y revíselos. Caliéntese las extremidades inferiores gradualmente cuando llegue a un lugar abrigado. Aproveche toda oportunidad para lavar los pies con jabón, también las medias y ventilar el calzado. Las enfermedades fungosas son muy comunes en zonas de monte y selváticas. Use polvo pédico para evitar el desarrollo de bacterias y hongos causantes de fisuras interdigitales.

PIE DE INMERSIÓN

Los pies sumergidos en agua (no necesariamente muy fría) por espacios prolongados, sufren lesiones comúnmente denominadas "pie de inmersión". Los principales síntomas son hinchazón de pies y dolor que pueden derivar en necrosis de tejidos por gangrena isquémica. Suele ser confundido con el "pie de trinchera", aunque esta última afección no tiene el cuadro de gravedad de la primera.

HIPOTERMIA

Es la disminución general de la temperatura del cuerpo, causada por la exposición del organismo a las bajas temperaturas. Coloque al paciente en una bolsa de dormir y manténgalo abrigado Si fuera necesario se proporcionará calor colocando alrededor de la víctima envoltorios de tela con arena, tierra o piedras previamente calentadas. Estos envoltorios pueden aplicarse en las axilas, pies, estómago, entre los muslos y en la parte mas estrecha de la espalda. Además puede darse alguna bebida alcohólica en pequeñas cantidades.

LESIONES CUTANEAS CAUSADAS POR EL FRÍO

Estadísticas médicas revelan que al descender la temperatura corporal de un sujeto a sólo 2° C, éste experimenta una leve torpeza en el movimiento de los dedos sus manos, que aumenta a medida que bajan los registros térmicos, a tal punto que llega a ser incapaz de abrocharse un botón. Un nivel más agudo del proceso se revela cuando el frío afecta el cerebro. En ese momento, es natural que el individuo llegue a olvidar las normas más elementales de seguridad, e incluso hasta no recordar su lugar natal. Es requisito permanente el proteger la cabeza contra el frío, por ser ella la que contiene vitales sistemas del organismo. Si continúa la persona expuesta, y desciende la temperatura ambiental a menos de 20° C bajo cero, disminuye el ritmo respiratorio y la circulación de la sangre y se pueden registrar marcas inferiores a 40 pulsaciones por minuto, lo que provoca lesiones en los centros vitales. Paralelamente la persona experimenta dolores en su columna vertebral, cansancio generalizado y una profunda somnolencia en la que cae inconsciente para morir de manera insensible a las pocas horas. En esta situación detenerse a descansar o dormir significa la muerte del individuo.

Las lesiones causadas por el frío son reconocidas cuando la piel se torna grisácea y blanca, acompañada de entumecimiento. Quite prendas tales como botas, guantes y medias que estén en contacto o cercanas al lugar afectado. No trate de quitar por la fuerza el calzado, ropas o guantes que estén helados; previamente deberán ser descongelados ya sea con agua tibia o dándoles calor. No haga ejercicios con un miembro helado dado que la piel puede desgarrarse. Nunca friccione con hielo o nieve la parte afectada, como se ha escrito erróneamente en alguna novela de aventuras, con ello sólo logrará herir la piel. Si por haber manipulado nafta tiene la piel de las manos agrietadas se estila untar las manos con una crema dérmica regenerativa y crema cacao para labios agrietados.

En los casos avanzados de congelamiento, la presencia de un médico es imprescindible.

¿CÓMO PROCEDER CON QUIEN TENGA UN MIEMBRO CONGELADO?

El congelamiento ocurre frecuentemente porque las terminaciones de los nervios sensoriales se vuelven menos excitables por la contracción de los vasos sanguíneos. Por ello el individuo normalmente no puede reconocer a tiempo el peligro a fin de prevenirlo.

Cuando el miembro está congelado superficialmente, la circulación de la sangre se encuentra disminuida o ha cesado y ello lesiona los tejidos. Igual que en el caso de quemaduras, existen tres grados de gravedad. Pero, supongamos que usted tiene suerte y el cuadro que se presenta no es tan serio. Entonces actúa de esta manera:

1. Acueste a la víctima y proporciónele abrigo y calor en un refugio apropiado.
2. Aflójele las prendas y, de ser posible, cámbiele las ropas, especialmente las exteriores.
3. No coloque el miembro afectado muy próximo al fuego o a una estufa.
4. Sumerja cerca de una hora la parte afectada en un recipiente con agua templada y luego de unos minutos, eleve progresivamente la temperatura del líquido hasta cerca de los 40° C, cuidando no lesionar la piel, pues como se comprenderá, ella se encuentra insensible. En caso contrario aplique directamente calor de otra persona si no puede hacer lo primero.
5. Alimente a la víctima y dele algo caliente de beber.
6. No le permita fumar. La nicotina constriñe los vasos sanguíneos.
7. No le aplique anestesia para calmar el dolor; déjelo para un médico.
8. Luego del tratamiento inicial, la víctima no debe caminar hasta que lo disponga el facultativo.
9. Si está próximo a un cabaña o al auxilio y descubre a una persona con un miembro congelado, es preferible continuar la marcha, pues un tratamiento apresurado puede llevar a un recongelamiento al reanudarse la travesía y volver a recibir frío, y ello es mucho más grave que no hacer nada.

ENVENENAMIENTO POR MONÓXIDO DE CARBONO

Ocurre en los refugios sin ventilación. En los casos leves puede presentarse con dolores de cabeza, vértigos, bostezos, pesadez, náuseas o silbido en los oídos. Luego sobrevienen palpitaciones y la muerte. La única asistencia que se le podrá prestar al accidentado, es llevarlo al aire puro y practicarle respiración artificial.

CEGUERA DE NIEVE

Los síntomas comienzan con ardor, lagrimeo y fuerte dolor en los ojos. El único tratamiento posible es reposo y oscuridad, colocando un vendaje que impida el paso de la luz a los ojos del paciente. Como prevención, el uso de lentes ahumados es imprescindible aun en días nublados, pues el reflejo del sol es igualmente intenso. Se recomienda usar lentes especiales, que protejan los ojos no sólo de las radiaciones solares frontales sino también de las laterales y superiores. Esta protección adicional podrá improvisarse con material adecuado. Si no se dispone de anteojos oscuros habrá que improvisar un par de ellos como se detalló anteriormente en el Capítulo III: A través de los Andes.

GOLPE DE SOL

Esta es una afección fácilmente evitable si se toma la precaución de llevar la cabeza cubierta en sitios soleados y particularmente en alta montaña. El golpe de sol actúa sobre el sistema nervioso central y provoca congestión sanguínea con inflamación meníngea y aumento de la presión cerebral. Los síntomas son: fuertes dolores de cabeza, pulso acentuado y lento, vómitos, fiebre en aumento y, en casos graves, estado de coma profundo. Debe colocarse al enfermo a la sombra, con las prendas flojas y aplicarle compresas frías o hielo en la cabeza. Se puede suministrar café o jugos de frutas, pero nunca alcohol, o alimentos salados. No confunda "golpe de sol" con "insolación", que deben ser diferenciados rápidamente, ya que son completamente distintos tanto en los órganos que afectan como en el tratamiento a cumplir.

INSOLACIÓN

Afecta particularmente a quienes efectúan tareas pesadas en zonas de calor sofocante. La insolación es provocada por la gran pérdida de líquido y consiguiente deshidratación del organismo; con disminución del cloruro de sodio en la sangre. Esto induce la formación de toxinas que atacan principalmente al corazón y pueden llevar a la muerte. Los síntomas se presentan con sed insoportable, cansancio general, piel reseca, respiración fatigosa, calambres, pulso rápido, débil e irregular, pérdida del conocimiento. Algunos individuos suelen tener vértigos y delirios. Debe llevarse al paciente a la sombra, colocándolo con la parte superior del tronco algo levantada, aflojarle las ropas y aplicarle compresas frías en la cabeza, estómago y vientre.

HIGIENE

En campaña algunos integrantes (en especial nativos de la zona), no suelen ser muy cuidadosos con las medidas de higiene en la preparación de alimentos, su ignorancia llega a tal extremo que suelen ironizar si se los observa. En algunos casos, el abatimiento mental y la tensión por el futuro incierto pueden contribuir a que elementales normas de aseo dejen de observarse. Pero siempre y bajo cualquier situación, las conocidas medidas de higiene deben cumplirse. Lave sus manos antes de preparar la comida, enjuague o cocine los vegetales comestibles y purifique toda agua que inspire dudas de potabilidad. Proteja lo que será consumido y aísle los utensilios de cocina del contacto con los insectos. La carne en especial será colgada de una rama, lejos del alcance de los animales y cubierta de alguna manera para evitar el contacto de las moscas.

Una lata con no menos de 4 litros de agua hirviendo siempre estará preparada en el fogón. Con ella fácilmente podremos lavar cubiertos, platos y todo aquello que lo necesite. A falta de una rejilla metálica, las cacerolas serán refregadas con agua caliente y arena, aunque también puede intentarse hacerlo con ceniza húmeda si nos ayudamos con un trapo. En todos los casos el enjuague final será con agua hirviendo. Las ollas exteriormente recubiertas con barro arcilloso conservan la temperatura de los alimentos por más tiempo y simplifican el lavado. Todos los recipientes cuando no se usen serán guardados boca a bajo; si son de plástico servirá para que no acumulen suciedad y si son de latón evitará que se oxiden rápidamente. Esto es norma en todos los refugios incluso en los hogares.

Los desperdicios merecen una atención especial. Los resultantes del preparado de una comida serán arrojados a un pozo alejado del campamento, que luego se tapará. Si hay roedores cerca, entierre las sobras junto con las cenizas del fogón y vierta agua hirviendo sobre la tierra que cubra los desperdicios. Este procedimiento disminuye los olores. Asimismo habilite otro pozo a modo de retrete a más de 60 metros del refugio. De lo contrario, entierre siempre los excrementos. No ensucie ni contamine el suelo o las aguas. No arroje latas o botellas por cualquier sitio. En una situación límite, los envases de hojalata tienen valor: con ellos es posible improvisar recipientes, balizas, calentadores, etc.

La presencia molesta de la mosca en casi la totalidad de la superficie del planeta hace que sea vista como un insecto común que prácticamente no llama la atención. La negligencia en combatirla constituye un error que se dimensiona con mayor gravedad cuando más remota es la posibilidad de asistencia médica. La mosca posee su cuerpo cubierto con una abundante capa de pelos, que según estudios de laboratorio pueden albergar una importante cantidad de bacterias. Ello es posible pues este díptero gusta posarse sobre materias orgánicas en descomposición, donde además de adherir a sus vellosidades diversos gérmenes, emplea su trompa para absorber tanto sustancias en putrefacción como alimentos humanos, a los que contamina con su solo contacto. La mosca es responsable de diversas fiebres como la tifoidea, disentería infantil y otras.

La cucaracha, aunque de hábitos nocturnos, abunda en lugares sucios o con materias en descomposición. Al igual que la mosca, contamina los alimentos con solo posarse en ellos. Es una agente transmisor de enfermedades que debe ser destruido.

Las ratas son animales de cuidado, pues no sólo producen daños a los alimentos, sino que a la vez son peligrosas por las pestes y enfermedades que ocasionan en aquellos países que no tienen planes para combatirlas sistemáticamente. Esto último es mucho más grave por la extraordinaria facilidad de reproducción que poseen. La única protección posible es organizar campañas de exterminio sin fin. Combata las moscas, insectos y roedores.

La ropa sucia pierde su capacidad aislante y a su vez se vuelve antihigiénica. Lave diariamente sus medias.

Concretamente las bases para mantener la salud consisten en el aseo de todo el cuerpo cada vez que ello sea posible, volcando mayor atención a las manos, uñas, pies, boca y partes íntimas. A falta de dentífrico, bien puede usarse jabón, sal de mesa o masticar algún trozo de alquitrán. Si las condiciones para un baño no son favorables, lave la piel al menos con un trapo mojado. El cabello será mantenido corto y semanalmente se procederá a su lavado. Recuerde que una ducha al igual que una buena afeitada, contribuye notablemente a mejorar el optimismo. Cuide su vestuario y en cualquier clima o región en que se halle revise periódicamente sus pies.

Como se explicara en el Capítulo I, en la selva existen miles de especies de insectos, y algunos pueden producir enfermedades. Si Ud. tiene la fortuna de poseer un buen repelente en aerosol, úselo. Son eficaces 100%, y rinden mucho si se los sabe usar.

La higiene mental es tan importante como las medidas profilácticas aconsejadas. Un individuo con desórdenes mentales representa un problema mayor que cualquier otra enfermedad. El miedo y las ansiedades propias de la situación que se vive sólo podrán ser sobrellevadas, si el grupo adopta una franca actitud de tolerancia y compañerismo.

Sepulte rápidamente a los muertos pues son una grave fuente de contaminación y deprimen la moral. Manténgase activo y optimista. Infunda alegría a sus acompañantes.

Resumiendo

En algunas emergencias como las que se menciona en este Manual "usted será el médico", y de la ayuda que preste podrá depender la supervivencia de una persona, por lo que se recomienda recurrir antes de hacer un viaje, al asesoramiento de un profesional de la salud.

ORIENTACIÓN (Latitud templada sur)

En este Anexo se verán los principios generales para orientarnos y en los capítulos de este libro, las particularidades correspondientes a cada zona geográfica.

La ignorancia asociada con la imprudencia hace que de vez en cuando aparezcan en los diarios noticias sobre personas extraviadas en alejados parajes. Es una situación muy desagradable que paraliza y hasta puede generar pánico especialmente en personas habituadas al "*asfalto*". Esa sensación de temor se acentúa con la llegada de la noche, el frío y de la considerable distancia que nos separa de la civilización.

Cómo perderse.
– No saber ubicar los puntos cardinales.
– No llevar GPS, ni brújula ni mapa de la zona o no saber emplearlos.
– Estar desinformado de las características del terreno.
– Desconocer los horarios diurnos del lugar.
– Brusco cambio de las condiciones climáticas.
– Perder el dominio emocional.
– Tener un accidente.

Tal como lo menciona el instructor en orientación Gabriel Esquivel, cuando una persona se pierde en un terreno agreste y ante la certeza que no será rescatado, rápidamente debe diseñar un plan de emergencia. La base para orientarse es la determinación de los puntos cardinales. No marche sin rumbo definido; invariablemente terminará extraviado y extenuado. Establezca el punto norte, para ello emplee el GPS, la brújula. Si carece de lo expresado siga estas indicaciones:

De día:
Observe la parte más seca de los árboles para ubicar el Norte o el penacho terminal de las coníferas que, generalmente apunta hacia el Sur,

ídem el musgo que suele recubrir los troncos de los árboles. Los nidos de barro de los horneros suelen mirar hacia el norte. También puede orientarse por las distintas posiciones del sol.

Método del sol: El sol se encuentra, a su salida, con bastante exactitud hacia el Este. A las 0900, hacia el Nordeste, A las 1200, hacia el Norte. A las 1500, hacia el Noroeste y a su puesta, hacia el Oeste.

Método del reloj: Coloque horizontal la esfera del reloj, ponga en las 12 un palito o algo similar y procure que la sombra que arroje se proyecten en la línea 12-6 de la esfera. La bisectriz del ángulo formado por esta línea y la aguja horaria le indicará el Norte con aceptable aproximación. (Fig. 47).

De noche:

Método de la Cruz del Sur: Corresponde a un grupo de cuatro estrellas que pueden verse perfectamente en toda época del año y en especial a mediados de mayo. Están dispuestas en forma de cruz, y prolongando imaginariamente el eje mayor de éstas, tres veces hacia abajo, se obtendrá el rumbo sur (Fig. 48).

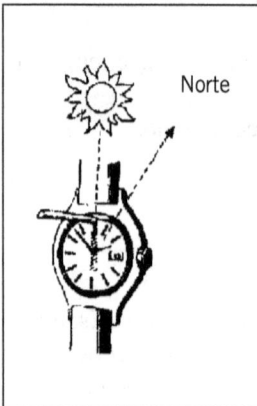

Fig. 47. Método
del reloj

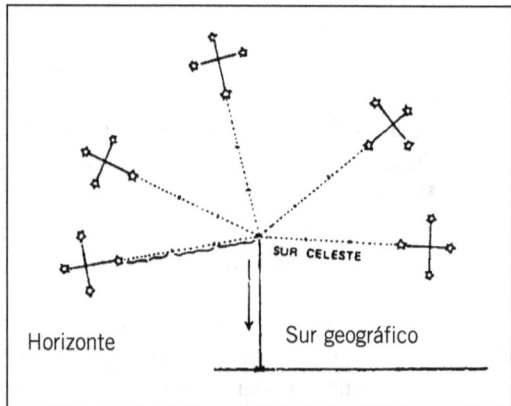

Fig. 48. Método de la Cruz de Sur. Según la época del año o la hora de la noche, este grupo de estrellas puede estar en diferentes ñposiciones

Si posee un teléfono celular y puede dar la posición geográfica donde se encuentra, la mayoría de sus problemas habrán desaparecido

El GPS

Sistema posicionamiento global (GPS), es el método de fijar coordenadas por medio de un instrumento electrónico. Un eficiente Global Positioning System (GPS), se vale de las señales que emite un grupo de satélites, y mediante un complejo sistema de triangulación indica al instante en una pantalla, la longitud y latitud geográfica del usuario, incluso la altimetría del lugar. Todo aún bajo condiciones meteorológicas adversas. Los GPS militares son muy precisos pero los que se venden al público, dan una lectura de error entre los 50 a 100 metros. Estos equipos pueden incluir una serie de planos digitales que nos guiarán hasta un determinado lugar, hasta podemos ir grabando los puntos alcanzados de nuestra trayectoria (way points). Ello nos permite hacer una eficiente "navegación terrestre", para luego regresar a nuestro campamento sin inconvenientes. Su mayor rendimiento se obtiene en montaña cuando nos encontramos en las alturas más altas, pues la señal entra mejor.

Para una emergencia, los datos que se obtienen son muy valiosos si se cuenta con un transmisor de radio o un teléfono celular y Ud. está en condiciones de emitir esa información (algunos teléfonos celulares tienen incorporado un GPS elemental). Esto ha revolucionado la tradicional forma para obtener la posición geográfica. Mi recomendación, es que primero aprenda el uso de la brújula y la forma de leer un mapa, luego estudie el uso de un GPS. No olvide que un Global Positioning System es un instrumento electrónico delicado y si no hay señal de satélite o la batería está descargada, de nada sirve. Nunca descarte la brújula y su compañera la carta topográfica, los tres conforman un equipo pero con diferentes funciones.

Recuerde que sólo el GPS y la brújula le darán con precisión un punto cardinal, y lo leído hasta ahora, sólo la dirección aproximada de marcha. Tenga presente que un mapa no siempre es tan exacto como los informes dados por los pobladores de la zona, pero el interrogatorio en determinados casos requiere cierta habilidad. Nunca pregunte: "¿Este camino conduce a...?", sino: "¿Adónde lleva este camino?". Procure preguntar lo mismo a dos pobladores distintos para asegurarse.

Lectura de mapas

Podemos definir a un mapa como la representación gráfica de una porción de la superficie terrestre. Lo mejor para una travesía son las cartas topográficas que edita el Instituto Geográfico Nacional (I.G.N.), ex Instituto Geográfico Militar Argentino (I.G.M.). En estas cartas encontraremos signos convencionales llamados topográficos, a los cuales se asocian rasgos y características que están indicados en los márgenes de la hoja. Considérese afortunado si tiene una de ellas de la zona en que se encuentra.

Para representar las alturas del terreno el sistema más común es el de curvas de nivel. Estas cartas asimismo poseen una red de cuadrículas formadas por líneas que corren de Norte a Sur y de Este a Oeste. La distancia entre esas líneas representa 1000, 2000 ó 4000 metros, según la escala de que se trate.

No es serio un mapa que carezca de escala, y a ésta la podemos definir como la permanente relación de la distancia real del terreno con la correspondiente en la carta topográfica.

Algunos mapas tienen impresa la final de la hoja una escala gráfica; con ella podemos medir directamente distancias del terreno sobre el propio mapa. Para hacerlo, se toma un trozo recto de papel, un hilo o una regla, se mide la distancia que se desea y se transporte luego la misma sobre la escala gráfica.

Cuando está escrita con números arábigos, se denomina escala numérica, y se escribe (por ejemplo) 1:25.000. Es decir, que la representación de un metro en el mapa equivale a 25.000 metros en el terreno. El desdoblamiento de la escala numérica consiste en dividir el metro (1:...) en décimas, centésimas y milésimas partes, simplificando.

Consideremos el desdoblamiento de la escala 1:100.000. Ello se logra de la siguiente manera:

Medir 1 m. en el mapa equivale a 100.000 m. en el terreno.

Medir 1 dm. en el mapa equivale a 10.000 m. en el terreno.

Medir 1 cm. en el mapa equivale a 1.000 m. en el terreno.

Medir 1 mm. en el mapa equivale a 100 m. en el terreno.

Lo explicado anteriormente nos ayudará para determinar distancias. Recuerde que sólo las cartas topográficas y ciertos mapas tienen escalas precisas para hacer mediciones, lo que no ocurre con algunas hojas de ruta.

Para determinar la propia orientación, haga coincidir el Norte del lugar con el de la carta topográfica, que siempre se encuentra arriba de la hoja impresa, o sea donde se lee el título. Para ello ponga en paralelo el Norte de su mapa con el de la aguja magnética de la brújula. Luego reconozca visualmente la zona y ubique los accidente naturales del área en la carta (montañas, ríos, etc.). Es decir, en base a ellos, **determine en el mapa el lugar donde Ud. se encuentra**, para después resolver el camino a seguir (Figs. 49a y 49b).

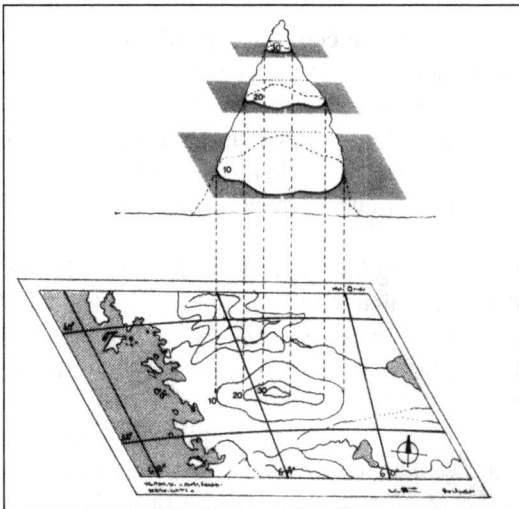

Fig. 49a.

Fig. 49b. Localización panorámica de elementos topográficos.
El observador señala hacia adelante un camino, mientras con su mano izquierda indica en el mapa el sitio aludido.

Navegación terrestre

La navegación terrestre constituye un sistema preciso para marcar nuestro camino mientras avanzamos por el. Luego valiéndose de nuestras mediciones otras personas podrán seguir nuestra trayectoria sin conocerla de antemano. Incluso si dejamos un objeto en el suelo, nos alejamos y anotamos correctamente los pasos y distintos rumbos tomados, más tarde aquel que lea nuestro papel podrá encontrarlo sin dificultad alguna aún de noche.

Para hacer una navegación terrestre a pie sólo debemos disponer de una brújula del tipo militar y un papel donde anotar el azimut (grados que marca la brújula) y los pasos, no es imprescindible un mapa. Se abre la tapa de la brújula hasta que ésta se apoye con el soporte del ocular formando un triángulo.

Luego se introduce el pulgar en el anillo dispuesto para ese dedo, se extiende el índice a lo largo del costado del instrumento y se doblan los otros dedos de manera que forme una base firme. El compás debe quedar equidistante entre la barbilla y la hebilla del cinturón del usuario.

Si se quiere medir un acimut (ángulo), se apuntará por intermedio de la lente ocular, haciendo coincidir el hilo delgado de la ranura de la tapa con el objetivo deseado (Fig. 50).

Fig. 50.

Se registrará el punto inicial de partida (PI) y el punto terminal, (PT). Para ello tendremos que apuntar en la dirección de nuestra marcha hacia un objeto algo lejano. Una vez detenido el limbo graduado se podrá leer con sólo mirar hacia abajo. Ejemplo: Pl rumbo 40°. Se caminará hacia dicho punto contando los pasos. Al llegarse al mismo o al primer cambio obligado de dirección, mida como en el caso anterior el nuevo azimut, anote los grados y la cantidad de pasos.

Así sucesivamente cada vez que haya un cambio de rumbo. Mejor aún si anotamos el tiempo tardado. La navegación terrestre es un método muy práctico para describir una senda que luego nos llevará a un determinado lugar muy difícil de encontrar.

Aunque sea incómodo deberá bajarse de un vehículo automotor cada vez que haga mediciones con una brújula y alejarse de metales, transmisores de radio o líneas de alta tensión; la brújula por ser magnética marcará un rumbo equivocado.

NAVEGACIÓN TERRESTRE
PARA LLEGAR AL REFUGIO AZUL

Secuencia	Rumbo	Cantidad de pasos	Observaciones
1. PI Aserradero 8:15 h	20°	39	
2.	60°	155	Badén con poca agua
Etc.	....	....	....
14. PT 10:30 h	85°	338	

Ubicación de un punto en la cuadrícula

Existen varios métodos para ubicar un punto en la cuadrícula. El más sencillo es el siguiente:

1. Identifique la cuadrícula por los números de las coordenadas que se interceptan en el ángulo inferior izquierdo
2. Escriba dichas coordenadas como una serie de números continuos. Los dos primeros de la cifra representan la lectura de la ordenada (10), y los otros dos la lectura de la abscisa (20).

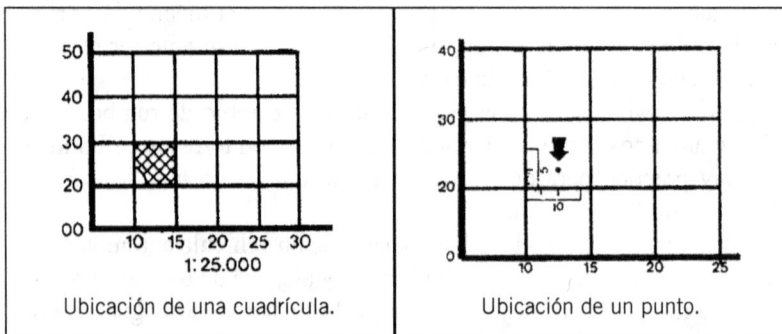

Ubicación de una cuadrícula.

Ubicación de un punto.

Fig. 51.

Ejemplo: cuadrícula 1020 de la figura Nro. 51. Con una regla mida en milímetros desde el referido ángulo inferior izquierdo hacia arriba hasta alcanzar el punto buscado, luego efectúe el mismo tipo de medición con la abscisa hacia la derecha hasta llegar al punto que se desea. Tal como se indica en la figura, cuadrícula 1020 ordenada 5 mm. abscisa 10 mm.

Mantenga el rumbo

Sólo en los desiertos se sugiere caminar de noche; es fácil seguir el rumbo de una brújula y mantenerlo. En el caso de montañas, montes y selvas, es conveniente hacerlo con luz diurna.

Forma práctica para retomar el rumbo

Cuando tenga necesidad de apartarse de su proyectada ruta para bordear un obstáculo, si no pierde de vista el punto donde desea llegar, no tendrá dificultad para alcanzarlo. En algunos bosques, donde la visión esta dificultada, usar los rumbos de la brújula es lo más indicado. Si por ejemplo, se va siguiendo el rumbo 340° y se llega a un bañado, proceda de la siguiente manera: Haga desvíos en ángulo recto y cuente los pasos que camine, de modo que AB sea igual que CD. Cuando llegue al punto D, compruebe con la brújula el rumbo 340° (Fig. 52).

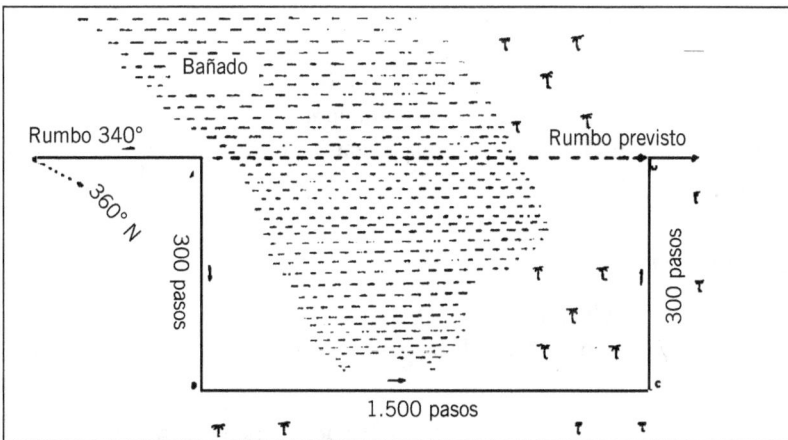

Fig. 52. Forma práctica para retornar un rumbo.

Cuando no se conozca el monte por donde se avanza, evite la tentación de acortar el camino por lugares dudosos. Es preferible usar la brújula y caminar con seguridad un poco más.

Cálculo de distancia

Si se desea calcular visualmente una distancia en forma relativamente exacta, se hará apreciar la misma individualmente a cada uno de sus acompañantes, cinco a lo sumo. Luego sume todas esas cantidades y divídalas por el número de los que participaron en el cálculo. Se obtendrá un promedio muy aproximado a la distancia.

Se tendrá en cuenta que las condiciones atmosféricas inciden en los cálculos de distancias. Tanto es así que un observador terrestre aprecia distancias mayores que las reales en las siguientes circunstancias:

– Con el sol de frente, con tiempo lluvioso, nublado, en los crepúsculos, en superficies rectas (caminos, costas) y en cuestas ascendentes.

En cambio puede calcular distancias inferiores a las reales en:

– Días claros y diáfanos, con el sol detrás, en planos lisos (salinas, arenales, agua o nieve), y en superficies descendentes.

Como interesante motivo de enseñanza, consiga una brújula y una carta topográfica del lugar donde pasa sus vacaciones. Después ubique el punto donde se encuentra, desdoble la escala, mida distancias, calcule tiempos de marcha y compruébelos. Esta ejercitación le permitirá leer un mapa de un vistazo, adquiriendo conocimientos de orientación muy útiles. Desde hace algunos años la orientación es un deporte popular en Europa y en EE. UU., donde se organizan con gran entusiasmo competencias al aire libre.

El baqueano

Se denomina baqueano a una persona que merced a muchos años en una zona, conoce muy bien el terreno y la meteorología. Todos ellos al

Siga el curso de agua más importante y encontrará auxilio.

igual que un montaraz son hábiles para sobrevivir aún sin recursos, a su vez son excelentes guías, asesores e intérpretes y en ciertas ocasiones son irremplazables. Esas personas no necesitan de instrumentos para orientarse, pero Ud sí, de modo que aprenda a usar a usar una brújula, su compañera la carta topográfica y el GPS. Juntos los tres elementos constituyen un excelente soporte.

LOS EQUIPOS

No es tarea fácil seleccionar el material a transportar, todo depende si nos organizamos para una emergencia determinada o para una expedición de varias semanas. Si estará destinada a cubrir las necesidades de una sola persona o de un grupo numeroso. Cuál será el medio de transporte, la zona elegida, y cual será el propósito del viaje. Una vez que nos respondamos estas preguntas, recién se podrá esbozar una primera lista. Cuanto más agreste y difícil sea la región, la nómina de efectos a considerar se vuelve interminable y hay que tener suficiente información y experiencia para seleccionar lo justo a transportar. Recuerde que todo aquello que adquiera en una ciudad importante, siempre será más económico y mejor de lo que exista en los comercios de pueblos alejados. Es decir, cuanto más lejos, más caro. Lo primero a considerar es dónde llevar el equipo, que deberá ser fácil de transportar, liviano y funcional. Siendo el nuestro un país de gran diversidad de climas no existe un equipo de supervivencia único que se adapte a todos ellos. Por lo tanto, cada zona requiere elementos adecuados.

Equipo individual

Generalmente basta una pequeña mochila para transportar un conjunto aligerado de efectos, seleccionados conforme a una determinada región geográfica. Para todas las latitudes Ud. incluirá: un **cuchillo** estilo Bowie y un **cortaplumas multiuso**. El cuchillo mediano es importante para cualquier región. Pero en monte o la selva un machete corto bien afilado, constituye una herramienta fundamental para sobrevivir y ningún campesino carece de el. Una **linterna** a pilas es indispensable. Un **espejo** pequeño puede ser el único medio para hacerse notar a la distancia, un silbato, una o varias **caramañola con agua**. Un GPS es necesario, pero una **brújula** con mapas de la zona son imprescindibles.

Para que no se pierdan o se mojen, guarde sus efectos más pequeños, en bolsas de plástico herméticas de las que se usan para freezer. En una de ellas pueden ir sus documentos. En otra, elementos de higiene, hilo y agujas para coser, corta uñas, jabón, etc. En otra bolsa pueden guardarse, un abrelatas, una tijera, **encendedor** y **fósforos** de supervivencia que pueden ser encendidos bajo condiciones extremas: fuerte viento o gran humedad y no se apagan con facilidad. Mechas para encender fuego como se explicó en el Capitulo III: Cómo encender fuego. Finalmente en una restante pueden protegerse los elementos de primeros auxilios.

Un rectángulo de tela impermeable donde la aislar la bolsa de cama de la humedad, nunca está demás. Para limpiarse los dedos o desinfectar una herida; una buena solución es guardar algodón embebido en alcohol medicinal dentro de un pequeño envase plástico. Si hay espacio, una marmita de aluminio que tenga componentes mínimos. Según la zona, una red pequeña, anzuelos y sedal. Dos metros de alambre fino suele ser muy útil. Un simple termómetro ambiental no ocupa lugar y nos permitirá advertir cuando la temperatura exterior alcanza niveles de cuidado.

Aparte de los objetos ya nombrados existirán otros no menos imprescindibles que normalmente son portados con uno mismo: **teléfono celular**, lapicera bolígrafo y libreta de anotaciones. Un reloj de pulsera con alarma despertador no viene mal para salir temprano. Pero los análogos permiten orientarnos cuando carecemos de una brújula. Ver Anexo I: Orientación.

Los profilácticos son muy útiles, no sólo por su específico uso sino porque con ellos se puede transportar casi un litro de líquidos (agua o combustible). Sirven como estuche improvisado de pequeños objetos que no pueden humedecerse (pastillas, etc.). Incluso rellenos de pólvora, bien atados y con una mecha lenta en su parte superior, se lo convierte en una bomba de estruendo que en ciertas circunstancias son necesarias.

Si se planifica una expedición en zonas montuosas o en montaña, el equipo debe ser reducido, priorizando llevar suficiente agua potable.

Dentro de los efectos nombrados se enfatizan con letras negritas aquellos que a juicio del autor son imprescindibles en todo equipo por más reducido que se pretenda.

CÓMO SELECCIONAR EQUIPOS

Ropas

Al tratar el tema de vestimenta no podemos tener duda acerca de una condición elemental: la misma debe ser óptimo rendimiento, entendiéndose por esto que la confección ha de ser cómoda, de excelente tela y de hechura práctica.

Las fibras industriales constituyen un notable avance científico, pero es un error creer que pueden solucionar todas las necesidades de un usuario. Las fabricadas con fina trama de loneta impermeable son superiores (por ahora), a las realizadas con telas sintéticas. No sufren desgarros y no se incendian con facilidad. Es decir, entre una campera de nilon y otra de género fuerte, no dude en elegir esta última. Lo mismo puede decirse de las carpas, mochilas y bolsos.

El espesor requerido para una prenda varía, entre otros factores, por el metabolismo que difiere mucho según los individuos. Merced a ello, los alcances de temperatura indicados por algunos fabricantes para sus sacos de dormir u otras prendas, deben ser considerados solamente como guía y no como una afirmación absoluta.

La mayoría de las ropas son abultadas y ocupan demasiado espacio, por lo que deben seleccionarse muy bien. Por principio debe llevarse puesta la ropa indicada para la zona y especialmente el calzado adecuado. Los sombreros no sirven en la selva, pero en nuestro clima subtropical aquellos de tela y alas anchas (tipo australiano) son insustituibles y cumple varias funciones. Con él se puede recoger y filtrar agua a la vez que brinda eficaz protección del sol y la lluvia. Un tul aplicado nos protegerá de los insectos dañinos (Fig. 2). Para la montaña el clásico gorro de lana cubierto por la capucha del anorak, es lo indicado. Un poncho militar de buena tela engomada es la prenda más apropiada contra la lluvia y la intemperie. Con él podemos improvisar una pequeña carpa, un toldo, hacer un "mono flotador", etc. (Fig. 1). Se aconseja para las zonas frías la bolsa de cama con doble relleno de duvet y la "carpa o hamaca de jungla", para la selva y el monte tropical (Fig. 10). Varios pares de medias apropiadas serán provistas y el doble de ellas para regiones frías.

Los pantalones del tipo cazador que reúnen las propiedades necesarias, pero deben sujetarse en extremo inferior a la bota. Existen, para regiones de intenso frío, pantalones acolchados con fibras sintéticas, que deben ser usados bajo la protección de un pantalón convencional, pues de otro modo se destrozarán. Este liviano y térmico pantalón, con su conjunto, la blusa, puede estar en contacto directo sobre la piel del usuario para mantener una adecuada aislación exterior. Debido a su especial composición textil, luego de su lavado se seca en poco tiempo.

Sin duda, un saco de cazador apropiado a la zona supera ampliamente a cualquier otra prenda con mangas, ya se trate de una campera o una blusa. Se recomienda un saco de tela de óptima calidad, repelente al agua, resistente y no muy ceñido al cuerpo.

Un buen par de guantes es sin duda una prenda importante en la temporada invernal o para grandes alturas, pero salvo casos excepcionales, para mantener las manos calientes, lo mejor es ejercitarlas de modo casi continuo. Para trabajos pesados, los guantes gruesos con materiales aislantes y resistentes a la abrasión permiten manejar cuerdas.

Un conjunto saco y pantalón de nilon reforzado como los que usan los motociclistas, da buenos resultados por ser impermeable, pero en el monte debe protegerse de las malezas para evitar desgarros.

Cualquiera sea el clima en que se actúe, las mujeres deberán vestir exteriormente y usar el mismo calzado que los hombres. Las faldas femeninas para la vida en campaña están contraindicadas.

La mayoría de las ropas militares que se ofrecen en venta son aptas para nuestro propósito. Sea cuidadoso al comprar, existen imitaciones deplorables. Como se explica en el Anexo III, es preferible no usar ropas con telas teñidas de mimetismo.

Los borceguíes

Dentro de un extenso surtido de venta, para el frío húmedo de montaña se recomienda el inmejorable borceguí de media caña que no exceda los 24 centímetros de altura donde el pie calce con comodidad enfundado en varios pares de medias, pero cuidando que no se deslicen entre ellas. Este calzado presenta la virtud de ser fuerte y resistente al agua. Los de mejor calidad son de escaso peso. Por otra parte, al mantener en su interior el pie ajustado, permite un andar más cómodo que la bota. Se sugiere elegir aquellos borceguíes provistos con gruesa suela de goma montañera, que esté cosida, pues en algunas marcas es casi indestructible y superior a la goma vulcanizada. Necesariamente contará con ojales metálicos y una combinación con ganchos inoxidables, de modo que los cordones se amarren con ellos en la caña. Para frío seco se recomienda el calzado de fieltro o de lona hasta la pantorrilla que es más cálido que el cuero.

Para zonas selváticas húmedas, existe para fines militares, un borceguí corto, combinando con fuerte loneta y suela de goma vulcanizada. Es muy eficaz, por la facilidad que tiene en secarse rápidamente sin consecuencias para el material. Constituye un calzado práctico, cómodo y económico.

Recuerde que una bota mal elegida puede ocasionar dolor, lesiones y el fracaso de una travesía.

Si tiene espacio, no dude en incorporar en su mochila un par de zapatillas de loneta; serán muy útiles para descansar los pies en el campamento.

La bolsa de dormir

Es muy necesaria, y en montaña, cuanto más alto nos encontramos, tanto más vital se hace su empleo. Es, sin lugar a dudas, casi insustituible. En plaza pueden adquirirse dos modelos clásicos: la de forma rectangular y la anatómica (Fig. 53).

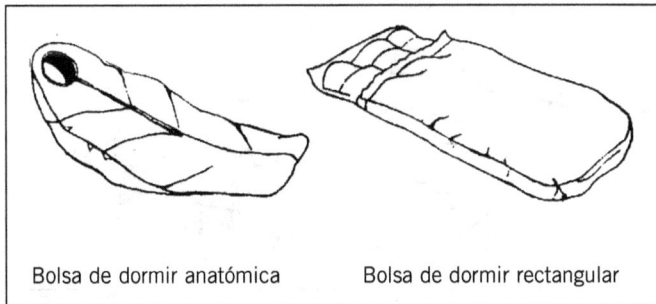

Bolsa de dormir anatómica   Bolsa de dormir rectangular

Fig. 53. Bolsas de dormir.

Esta última puede ser, al igual de relleno, algo más térmica que otros modelos, debido al escaso volumen de aire que contiene entre el tejido interno y el cuerpo humano, pero obliga a dormir boca arriba casi sin moverse. La calidad de estas bolsas se mide por su óptima confección: fuertes costuras en forma de paneles, buenos cierres y fundamentalmente, por su relleno. Sobre este punto, aunque algo costosas se aconseja elegir las que contengan en su interior doble relleno de duvet, es decir, el plumón del buche y cuello del ganso, liviano y fino, que permite conservar un agradable calor en temperaturas exteriores muy rigurosas. Pero si se moja, se apelmaza y pierde toda su capacidad aislante. Conforme a la experiencia, siempre es preferible adquirir una bolsa de cama sumamente abrigada que puede ser abierta durante el sueño para refrescar el cuerpo, que comprar una de insuficiente capacidad térmica que luego nos haga pasar una noche desagradable. En lo que respecta a su conservación, siga estos conejos:

1. Colocar siempre un trozo de polietileno, o cualquier otro aislante entre la bolsa de cama y el suelo para evitar la humedad y la suciedad.
2. Exponer su interior al sol y ventilarla todas las mañanas.

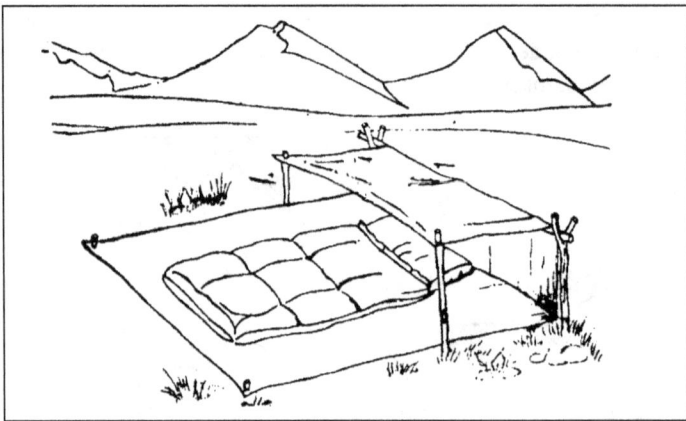

Fig. 54. Una forma de proteger la cabeza de la intemperie.

Las bolsas de cama que contienen rellenos de materiales sintéticos son menos térmicas que las de plumas y algo más pesadas, pero tienen como ventaja que no necesitan tantos cuidados, se pueden lavar fácilmente y son más económicas. Pero ya hemos visto que, en materia de prendas y equipos, no existen improvisaciones baratas cuando el termómetro marca varias líneas bajo cero y ráfagas de viento helado golpean el cuerpo Conozco al respecto algunos ejemplos lamentables.

En el Capítulo III: Cuidado de la Ropa y el Calzado, se explicaron los motivos por los cuales suele ser preferible dormir desnudo dentro de la bolsa de cama. Por eso, algunos de estos sacos dormir poseen una funda interna de quita y pon, a guisa de sábana, que permite ser lavada cuando así lo requiere, con lo que se logra una mejor conservación de este costoso elemento. Se recomienda aplicar esta funda de fácil confección a toda bolsa de cama que no la tuviera. Si el rostro se enfriara se lo cubrirá con una prenda o como se indica en la Fig. 54.

Cómo improvisar un acolchado

Con un poco de ingenio y un mínimo de elementos, podemos ser capaces de improvisar un acolchado de excelentes condiciones térmicas. Para ello simplemente se superpondrán dos mantas, las que serán cosidas por tres de sus bordes. Hecho esto, se procederá a rellenar la "bolsa" así formada con bollos de papel. Por último, se coserá el borde restante, y se darán algunas puntadas en la superficie para evitar que el papel se amontone con el movimiento. Este sistema ha sido observado por el autor de algunas regiones frías de América del Sur, entre gente de escasos recursos, con óptimos resultados debido a la aislación que se logra.

Alimentos

No existe una dieta ideal para todos los climas. Se sugiere llevar alimentos de alto contenido calórico que se puedan comer directamente sin mucha cocción. Ciertos especialistas prefieren el "pemmican" para regiones polares, que incluye en su composición ingredientes varios deshidratados, de alto valor calórico. Ver Capítulo III. La ración de supervivencia no debe ser abultada y debe poder guardarse por tiempo prolongado. Para los climas subtropicales se recomienda llevar por lo menos dos días de ración y para la Patagonia o el Macizo Andino mayor cantidad con más calorías, siempre que haya espacio. Para la zona tropical o desiertos, cuanto más agua lleve más lejos podrá llegar. Las latas de alimentos envasados son muy prácticas. En ocasiones después de un período prolongado en el terreno y antes de regresar, algunas patrullas suelen enterrar en sitios ocultos las latas de conserva no utilizadas. Si el terreno es húmedo, para evitar el oxido las protegen envolviéndolas con papel aceitado. Ello les permite recuperarlas en otra oportunidad.

Medicamentos

No es posible llevar medicinas para hacer frente a todas las emergencias, pero sí para las más comunes. En todos los climas, además de lo clásico de todo botiquín de primeros auxilios, se llevarán apósitos protector adhesivo para lastimaduras, alfileres de gancho, hojas de afeitar, antidiarréicos, laxante, desinfectante, **agua oxigenada**, antibióticos y analgésicos recetados por el médico, tabletas purificadoras de agua, tabletas de sal, papel higiénico, polvo para los pies y anteojos oscuros. Para climas secos se incluirá cremas para la piel, y para la zona subtropical, repelente para insectos y suero antiofídico. Esto último puede encontrarse en el Instituto Nacional de Microbiología Dr. Carlos G. Malbrán. **Conserve ese suero a temperatura de 5°C y protegido de toda luz,** de lo contrario se deteriora rápidamente. No obstante, el suero antiofídico polivalente producido en ciertos laboratorios en forma liofilizada es estable por 5 años, sin requerir refrigeración. ¡No olvide la jeringa!

Para expediciones de cierto riesgo, consulte con un médico los elementos que debería transportar en su botiquín de primero auxilios.

Insecticidas

Para exterminar insectos en una vivienda, lo indicado es usar un buen aerosol específico de acción instantánea. En algunos almacenes de campo se venden pastillas fumígenas de Gamexane, cuyo poderoso veneno es superior a los rociadores, pero deben ser encendidas sobre un ladrillo o una baldosa para no provocar un incendio y no es posible ingresar a la casa hasta después de varias horas. Los combustibles derivados del petróleo como el kerosén, son muy eficaces y económicos, con unos 250 Cm3 se puede exterminar al instante, hormigueros grandes, ídem otros insectos.

Señales

Son esenciales para todas las zonas. Un espejo de señales, dos bengalas de mano o una señal fumígena anaranjada, un género brillante de ese color y una linterna de dos pilas, es suficiente. Algunos elementos de señalización pueden adquirirse en un buen almacén naval. En ciertas ocasiones, un pequeño "flash light" como el que usan los ciclistas, impide extravíos cuando varias personas caminan juntas en una noche cerrada.

Brújulas

Las brújulas son de uso rutinario entre profesionales y debemos incluirla en todos los casos que se decida un viaje por lugares desconocidos. Pero recuerde que los objetos metálicos y las conducciones eléctricas de alta intensidad próximos alteran su orientación. El autor inclina sus preferencias en aquellas del tipo militar con marcas fosforescentes y una abertura en la tapa que sirve para marcar rumbos. Estas resisten un trato más duro que las suspendidas en aceite. Regularmente controle el funcionamiento de ese instrumento; su vida podría depender de su óptimo estado.

GPS y rastreadores

Los equipos que funcionan mediante el sistema posicionamiento global (GPS) son muy útiles para cazadores, navegantes, geólogos, militares, exploradores, etc. Algunos son impermeables por lo que no deberían faltar en nuestro equipo. Esta pequeña maravilla conjugada con un simple transmisor de radio o un teléfono celular, puede solucionar rápidamente un serio problema. Constituyen instrumentos valiosos, pero este prodigio electrónico exige cuidados, incluso se puede extraviar. Algunos creen que con un GPS ya es suficiente y ese error se puede pagar caro. Nunca descarte la brújula y su compañera la carta topográfica.

Mapas y cartas topográficas

Aquellos que con responsabilidad planifiquen un viaje, deben necesariamente consultar en primer lugar a un mapa geográfico de la zona elegida y luego recurrir a una carta topográfica del lugar, que nos dará detalles de interés que podremos medir con exactitud. Lo más preciso para estudiar una zona de nuestro país, son las cartas topográficas que imprime el Instituto Geográfico Nacional (I.G.N.), ex Instituto Geográfico Militar Argentino. Constituyen planos de absoluta precisión, son elementos primarios de orientación y si se las sabe usar juegan un papel vital en el trabajo de obras civiles, planificación de expediciones, operaciones militares y policiales, y aún de un simple paseo turístico.

Los mapas de caminos que hace el Automóvil Club Argentino, por ser específicos, están más actualizados con relación a las rutas, incluso periódicamente imprimen nuevos folletos. Con toda esa información tendremos una clara idea de las distancias y los tiempos que demande cubrirla, consumo de combustible, alimentos, etc. La información que se obtenga en la misma zona, siempre será más importante.

Quien se acostumbra a leer mapas pronto comprenderá su importancia y tendrá muchas satisfacciones. Pero debo recordar que basta solamente una breve salida para que el mapa que nos acompaña se deteriore con lamentable rapidez, el viento, la lluvia, etc. estropean un plano antes de finalizar nuestro viaje. Lo más indicado es introducirlo en una bolsa rectangular hecha por nosotros mismos de buen plástico transparente. Se deben coser los bordes a máquina dejando un costado abierto para ir poniendo nuevos mapas. De esa manera podremos leer dos planos de ambos lados de la funda, marca rumbos y otras escrituras hechas sobre el plástico, a la vez que el papel estará protegido de cualquier inclemencia.

Cámaras y filmadoras

No existe una expedición o viaje de aventura donde no se lleven filmadoras o cámaras fotográficas. La persona encargada de llevar ese equipo deberá tener claros conceptos de cómo componer una determinada ambientación fotográfica y sobre todo será muy cuidadosa en el transporte. Piense que habrá ocasiones en que deberá caminar o cabalgar por horas bajo una lluvia o trepar por una montaña escarpada. En tales ocasiones el cuidado del equipo electrónico se vuelve crítico. Bastará una simple caída al agua o un descuido durante una llovizna, para que una excelente filmadora quede inutilizada. Idénticos cuidados merecen los transmisores y receptores de radio, teléfonos celulares, teodolitos, GPS, etc. Con altas temperaturas, si ingresa a un lugar con aire acondicionado o si viene de una latitud muy fría y se pasa a un ambiente cálido, hay que dejar los equipos una media hora en el bolso hasta que las temperaturas se igualen. El material electrónico es muy vulnerable a la humedad y al trato rudo, nunca debemos dejarlos directamente al sol o expuestos al salitre, la arena o el polvo. Por ello la mejor combinación es llevar una cámara de buena marca del tipo mecánica (35 mm.), con los opcionales que se desee y otra digital en uno de nuestros bolsillos. Proteja todo el equipo en estuches impermeables y acolchados. No olvide de llevar pilas especiales de repuesto, tarjetas de memoria y una buena cantidad de película.

Visores nocturnos y miras ópticas

Los visores nocturnos con sistemas por imagen térmica disponen de un campo de aplicación prácticamente ilimitado, y pueden ser utilizados tanto en días nublados como de noche, a larga y a corta distancia para la búsqueda y rescate de personas. Una buena alza óptica para fusil le permitirá abatir blancos a considerable distancia y no se concibe un tirador que no la use.

Binoculares y lentes

Un buen largavistas que dé imágenes claras y nítidas, puede ser muy útil en montaña y grandes planicies como el desierto, mar o ríos importantes. Los aumentos en un binocular están identificados por cifras, el primer número le indica el "aumento" y el segundo el "diámetro" del lente. Es decir, si se lee 10 x 50 significa que podemos observar un objeto alejado como si este se encontrara a una distancia 10 veces menor y que el diámetro luminoso de la lente es de 50 mm. Para las situaciones que trata este Manual, se sugiere elegir binoculares de hasta 10 aumentos. Si fuera más potente, el temblor de la mano dará una imagen borrosa. Las antiparras y/o lentes ahumados son imprescindibles para travesías con suelo nevado.

Radios, teléfonos celulares y satelitales

Una simple radio de bolsillo nos prestará utilidad para escuchar noticias de las que podremos ser protagonistas, a la vez que la música contribuirá a mantener la moral. Prefiera las que incluyan onda corta.

Los transmisores VHF (handy) caben en la palma de la mano, la mayoría posee teclado y display iluminado además de una carcasa impermeable que permite sea usado en el exterior bajo la lluvia. Poseen más de una docena canales de memoria, y algunos modelos pueden grabar y retrasmitir conversaciones efectuadas. Son ideales para comunicación entre vehículos, refugios de montaña y travesías. La mayor eficacia se logra en el campo donde no hay obstáculos y con 5 Watt tendría un alcance de unos 15 Km. según las condiciones. Infórmese sobre qué frecuencia está habilitado a usar.

Los teléfonos celulares son de inestimable ayuda siempre que conserve la batería bien cargada y que esté debidamente probado para la zona donde Ud estará.

El teléfono satelital puede ser la solución para aquellas expediciones o patrullas en constante movimiento por lugares remotos donde no llegue la cobertura de los convencionales teléfonos celulares. Existen en el país empresas que los alquilan.

Reflectores y linternas

Los proyectores luminosos de gran potencia, que se venden en la actualidad, son muy buenos y de escaso peso. Como iluminan a gran distancia, son imprescindibles en la mayoría de los casos. Normalmente siempre resulta insuficiente la cantidad de reflectores y linternas que se llevan. Adquiera un producto de buena marca y resistente al agua. Calcule una buena provisión de baterías y pilas.

Pilas y baterías

La moderna tecnología posibilitó que casi todos los equipos funcionen con energía eléctrica. Ello en cierto modo facilita las cosas siempre que estén protegidos contra la humedad y tengamos la previsión de llevar una buena cantidad de pilas y baterías de repuesto. Existieron casos lamentables.

La mochila

Es otro de los elementos básicos. Pero es asombroso ver cómo algunos grupos de inexpertos mochileros, llevan sobre sus espaldas enormes y pesadas mochilas conteniendo una variedad considerable de cosas que tal vez no lleguen a usar jamás. Separe por rubro y guarde en bolsas de plástico rotuladas sus objetos, luego ingrese todo en la mochila, de esa forma le será más fácil encontrar lo que busca. Cualquiera sea la mochila elegida, tendrá que ser de buena calidad y tener las siguientes características:

1. Estar confeccionada con lona muy fuerte o en gruesa tela de material sintético.
2. Presentar costuras dobles y resistentes a la tracción.
3. Tener una amplia cubierta de plástico en la tapa superior que impida la filtración de la lluvia.
4. Disponer de correas anchas (4 cm.) y acolchadas donde contacten con los hombros.
5. Poseer varios bolsillos funcionales que permitan una rápida localización de efectos.
6. Que nos impida la tentación (tal vez la mayor virtud) de llevar más cosas que las necesarias.

No existe una mochila apta para todos los fines. Antes de comprar una debemos establecer qué tipo de empleo le daremos. En este sentido existen tres modelos clásicos: la mochila noruega, la mochila de bastidor o estructural y el bolso-mochila (Fig. 55).

Una vez efectuada la compra debemos seguir estos consejos:

a. El tamaño de la mochila cargada debe estar en proporción con la persona que la transporte.
b. Ninguno de estos sacos sujetos a la espalda deberá sobrepasar la altura del cuello, ni tendrá un ancho superior al cuerpo del usuario.
c. El peso mayor estará equilibrado en el fondo, de forma tal que el centro de gravedad esté bajo y bien adherido a la espalda. Esta distribución favorece la estabilidad.
d. Debe evitarse una carga excesiva. La experiencia indica que luego de caminar una hora, cada kilo dará la sensación de pesar mucho más. Esto es crítico en montaña.
e. No cuelgue a los costados aquellos objetos pesados o voluminosos que puedan desequilibrarlo o entorpecer el caminar por lugares

difíciles. Aparte de provocar molestos ruidos, son complicados de desatar y presentan un aspecto poco estético y funcional.

f. Cuando de grupos se trata, lo más indicado es distribuir entre todos y de manera equitativa el equipo de uso común, como ser provisiones, elementos de cocina y otros.

g. Por principio, toda carga será seleccionada minuciosamente, dándose prioridad a la ropa de abrigo y a una caramañola con agua, aunque ello dependerá de la latitud geográfica y la estación del año de que se trate.

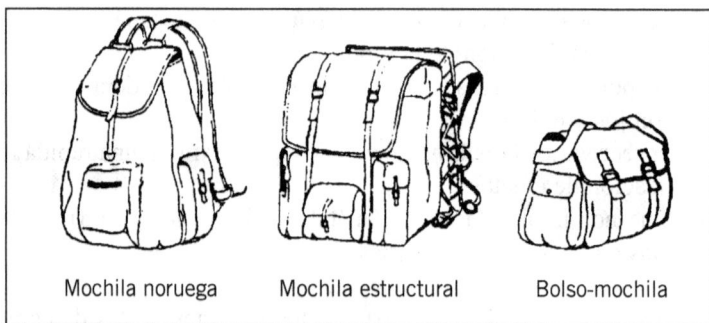

Mochila noruega   Mochila estructural   Bolso-mochila

Fig. 55. Mochilas.

La mochila noruega tiene formato de pera, y sus medidas son intermedias. La mochila estructural o con bastidor, por su amplia capacidad es muy apta para "mochileros" de físico privilegiado que deban recorrer zonas desiertas y tengan que llevar un amplio equipo a cuestas. Tiene un armazón metálico rectangular sobre la que se monta la bolsa de carga. Por último, el bolso-mochila, más pequeño, también de forma rectangular, tiene una práctica correa de suspensión que permite ser transportada como bolso o como mochila, según las necesidades.

Chaleco de supervivencia

Un chaleco de supervivencia como el que usan los pilotos de combate puede ser la solución. Los mejores son acolchados y en sus múltiples bolsillos internos y externos, pueden contener: pastillas potabilizadoras, un sobre plástico con agua, raciones, equipo paramédico, un cortaplumas, un mini transmisor, un GPS, espacio para mapas y bolsillos libres. Externamente es posible ver un cuchillo, una mini bengala y una linterna. Siempre prefiera los de fuerte loneta antes que los confeccionados en telas sintéticas. Algunos llevan una pistolera adherida del lado izquierdo, que obliga a desenfundar el arma cruzando el antebrazo derecho delante del cuerpo. Si el usuario tiene a un adversario enfrente, a éste le resultará muy fácil quitarle la pistola. Nunca la empuñadura del arma debe orientarse hacia delante.

Cinturón de supervivencia

El cinturón de supervivencia es un elemento muy práctico si está bien confeccionado y preparado con lo necesario. Para breves expediciones es muy práctico. Ud. mismo puede prepararse un cinturón multipropósito de acuerdo con sus necesidades. El primer paso es conseguir uno ancho del tipo militar con ojalillos continuos. Habrá que agregarle estuches donde guardar los objetos de distinto tamaño. Todo puede adquirirse en casas que venden rezagos militares. No olvide una o dos caramañolas con agua y un manual de supervivencia para la zona específica. Aunque después de algunas horas se sienta incómodo, no se lo quite. Perder este equipo en parajes inhóspitos puede ser grave.

La carpa

Como es común a todo lo que a equipos se refiere, existe un modelo de carpa para cada necesidad. De ahí que sea posible encontrar desde las más reducidas y de ínfimo peso para albergar a "ermitaños cazadores", hasta las más confortables estructurales de varios ambientes, capaces de cobijar a más de una docena de personas. La variedad es muy amplia y la calidad de los materiales mejora año a año.

Previo a la elección es importante determinar el número de personas que ocuparán la carpa, volumen físico de las mismas, y en base a ello, elegir el medio de transporte que se empleará. Básicamente, existen diversos tipos de carpas. Pero las más importantes para nuestro estudio son: la canadiense, la estructural, la tienda india, la isotérmica y la tipo "iglú" (Fig. 56).

La canadiense es la más difundida, posee el clásico techo a dos aguas y existe en todas las medidas. La estructural, como su nombre lo indica, tiene también en su interior un armado metálico generalmente de aluminio, donde se monta la tela, y es lo más parecido a una "cabaña portátil". La tienda india se asemeja a un cono sujeto desde adentro por varios parantes que suelen asomar por la parte superior. No es un modelo de venta comercial, pero en ciertas ocasiones se le suele improvisar con elementos de circunstancia. Por último, la isotérmica, muy adecuada para campamentos del orden de los 5.000 metros de altura o las frías regiones antárticas, consiste en una carta dentro de otra. Ha sido diseñada con una técnica casi científica: su baja altura, líneas aerodinámicas, mangas de acceso, piso impermeable y doble techo especial, la convierten en un preciado oasis para campamentos en alejadas regiones de fríos muy rigurosos y vientos constantes.

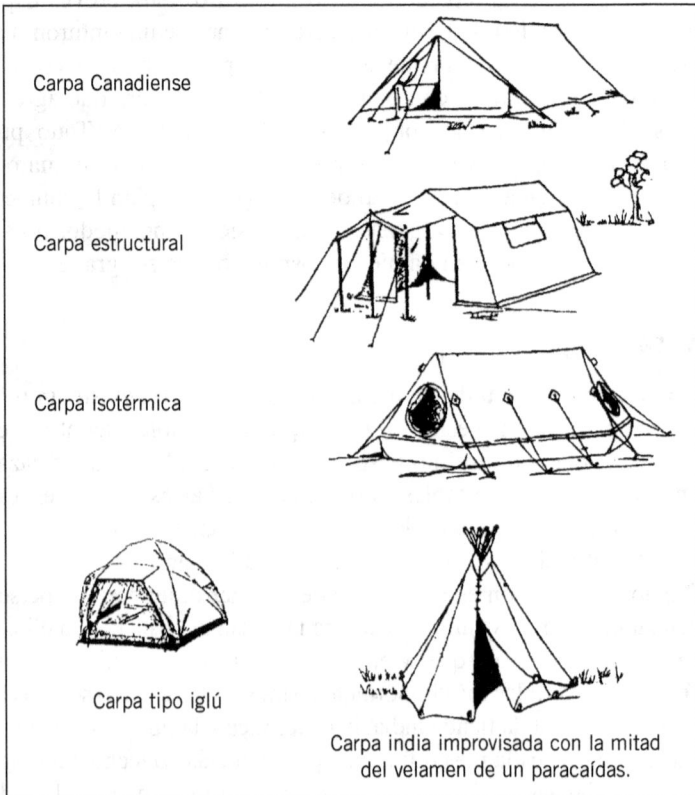

Carpa Canadiense

Carpa estructural

Carpa isotérmica

Carpa tipo iglú

Carpa india improvisada con la mitad del velamen de un paracaídas.

Fig. 56. Distintos tipos de carpas.

De la calidad de una tela dependerá el rendimiento de una carpa, se recomienda elegir las más livianas, aunque las de peso excesivamente escaso no tiene suficiente resistencia a la tracción. Las telas sintéticas por lo general, deben emplearse sólo como dobletecho, aunque también se confeccionan carpas de ese material para su empleo en montaña. Aquellas de mejor calidad presentan como ventaja una considerable resistencia a la tracción y desgarros, ínfimo peso e inalterabilidad a la acción solar. Sin embargo, tienen el inconveniente de no conservar la temperatura como las otras tiendas, además, hay que añadir que debido a su cerrada trama, se produce una condensación del ambiente que se traduce en molesta humedad cuando se acampa en épocas lluviosas.

Nunca encienda un farol a kerosén, fume y menos aún intente cocinar en el interior de una carpa confeccionada totalmente de nilon o en telas tratadas con ceras; este material, por ser muy combustible, arderá en pocos segundos convirtiendo la tienda en una trampa de fuego. Tampoco la instale cerca de un fogón pues con el viento, las chispas voladoras ocasionarán deterioros.

Las estacas merecen una consideración especial. Una cosa es pretender levantar una carpa en terreno duro, donde son necesarias estacas cortas y de hierro, y otra cosa es montar esa misma carpa en una playa arenosa, donde será preciso hundir profundamente estacas de casi 40 centímetros de longitud o aún más. Como este material luego de algunas excursiones se suele extraviar con toda facilidad, se recomienda improvisarlas con aquellos hierros que se utilizan en construcciones. Con este excelente metal podremos sin dificultad alguna adaptar estacas eternas, de la longitud que deseemos, a un costo muy bajo, y tener siempre una reserva disponible. Si se les pinta de rojo o anaranjado serán casi imperdibles. Obviamente, en caso necesario usted podrá improvisar estacas de ramas que se pueden utilizar sin ninguna preparación previa. El modelo elegido deberá tener otras condiciones y ellas son las siguientes: disponer de un amplio dobletecho, piso impermeable no inferior a los dos milímetros de espesor, entradas con cierres a cremallera y por lo menos una ventana con tela mosquitero para ventilación. En lo que hace a la altura y dimensiones, no existe limitación alguna, salvo que ello estará directamente relacionado con el peso, y por lo tanto con el medio de transporte a emplear.

Para incursiones en selva y montaña las más indicadas son las carpas pequeñas, bajas y livianas. Al elegir el color, recuerde que el anaranjado es el que mejor contrasta en cualquier lugar y condición.

Finalmente, en lo que a conservación del material se refiere, no guarde nunca una carpa mojada o sucia. Cepille cuidadosamente el polvo o arena acumulada, seque la humedad al sol y luego proceda a un prolijo plegado. De esta manera podrá usarla por muchos años.

Sogas y nudos

Por lo general, las cuerdas que se aconsejan usar para expediciones son las de nilon, de un espesor no mayor de 9 milímetros, y de una longitud cercana a los 50 metros. Para operaciones de salvatajes se emplean las de 11 milímetros de espesor. Las cuerdas siempre serán conservadas perfectamente secas en rollos de amplios círculos y en recintos apropiados al abrigo del sol y del calor. Revise prolijamente y deseche de inmediato toda cuerda golpeada, deshilachada o afectada por sustancias abrasivas. El riesgo de un accidente justifica ampliamente una nueva adquisición. No intente acelerar el secado natural de una cuerda para escalamiento con fuego o excesivo calor.

Conocer el arte de realizar nudos, puede hacernos más fáciles las cotidianas tareas del campamento pero no es posible hacer aquí un detallado estudio de esta antiquísima habilidad que ya practicaban romanos y fenicios. En el caso que no disponga de cuerdas puede intentar confeccionar una, las mejores fibras vegetales son las de los cocoteros, el palo borracho, el abacá (Ecuador), el cáñamo, el algodón y otros. Retuerza apretadamente las fibras conseguidas hasta formar un delgado hilo; luego con dos hilos entrelazados formamos un cordón; finalmente, con dos o más cordones firmemente sujetos armaremos la soga.

El cuchillo

Así como no existe un destornillador óptimo para todos los fines, no cualquier cuchillo podrá ser útil en todos los casos para un pescador o para la cocina. Veremos entonces cuál será el más indicado para nuestras necesidades. Como se supone que el tratamiento será rudo, propio de una emergencia, los cuchillos que se exponen y describen en estas páginas son los indicados (Fig. 57).

USMC Combat knife

USN Combat knife

ARMY/USAF
Survival knife

SEAL Team knife

Cuchillo bayoneta M.16

Cuchillo supervivencia

Modelo comando

Cuchillo de supervivencia clásico

Cuchillo de caza

Improvisado hoja de sierra

Modelo Gendarmería Nacional
Argentina

Supervivencia militar
(Guerra de Vietnam)

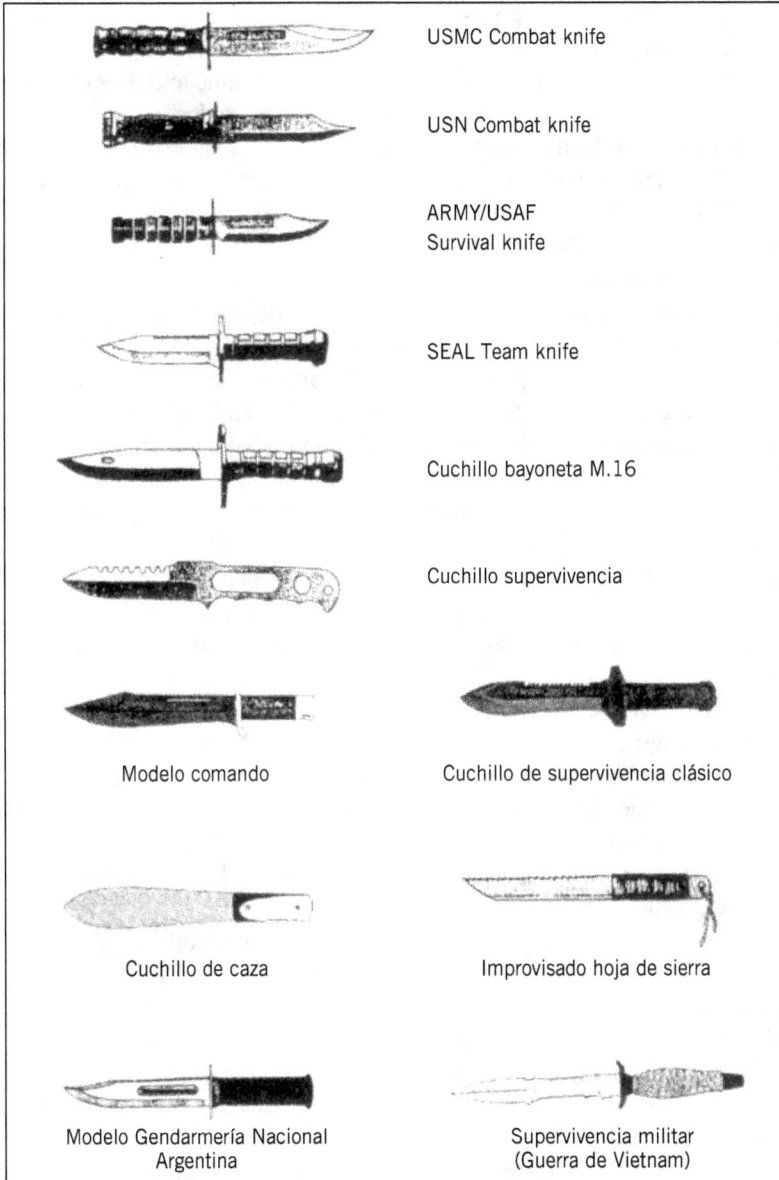

Fig. 57. Algunos cuchillos apropiados

Un mango anatómico es importante, pero no imprescindible. Las mejores empuñaduras son las construidas con materiales nobles como la madera dura, el asta de ciervo y el plástico de alto impacto. Los mangos metálicos segrinados también dan excelentes resultados, pero en regiones polares o en la alta montaña, la epidermis de la mano puede pegarse al metal helado si no se usan guantes, y ello limita un empuñe ajustado.

Básicamente se preferirá una hoja que no sobrepase los 20 cm con 3 mm de espesor, y un ancho aproximado a los 3 cm. Con respecto al peso del cuchillo elegido diremos que puede oscilar, entre los 300 a 700 gramos, pero no más. No se confunda, en el 90% de los casos Ud. necesitará un buen cuchillo estilo Bowie de estas medidas.

Cuando decida adquirir un machete prefiera las hojas cortas. En estos casos nadie necesita un sable sino una herramienta maniobrable y útil. Su empleo y ventaja dependen de la habilidad de quien lo maneja. Para dar un golpe, en el instante en que la hoja toque el objeto, la empuñadura deberá tomarse fuertemente con toda la mano. Los golpes siempre serán dados en 45° con respecto a los objetos, nunca en ángulo recto. Con el fin de evitar cortaduras si resbalara la mano, la hoja se afilará periódicamente hasta cuatro dedos de la empuñadura. No es conveniente enrollar el mango con cuerdas o trozos de tela; lastimarán la mano en poco tiempo.

Aunque se suele manchar el metal y hasta le transmiten "gusto a hierro" a los alimentos, el autor se inclina por los aceros al carbono (oxidables), y no los inoxidables. La razón estriba en que, por un precio sustancialmente menor, se puede adquirir un buen cuchillo con un filo más fácil de conservar. Pero debo reconocer que en la actualidad y mediante modernas aleaciones con alto contenido de carbono, el mantenimiento del filo de los actuales aceros inoxidables es superior a los de antaño.

Para supervivencia elija puntas de gran penetrabilidad y agudos dientes cruzados de serrucho en el lomo. Obviamente el filo será inmejorable. Los cuchillos de acero brilloso tienen una buena presentación clásica y son de utilidad para quien en el momento oportuno recuerde de reflejarlo apropiada mente con el sol para hacer una señal identificable.

La bayoneta tradicional, para engarzar en el fusil, no es una herramienta adecuada para ser empleada en la vida en campaña y al igual que los puñales sólo son apropiados para la defensa personal; no sirven para nuestro caso.

Un excelente cuchillo para cualquier actividad de campaña es aquel adoptado en 1986 por la Gendarmería Nacional Argentina. La empuñadura es de metal y la hoja del tipo Bowie mide 18,5 cm. Su peso es de unos 470 gramos.

No menos importante es la funda que acompaña a un arma blanca. En este aspecto las vainas de cuero bien curtido y cosido suelen ser las preferidas entre los cazadores de tradición. Muy funcionales son aquellas confeccionadas íntegramente en tela reforzada de poliamida, con prácticos bolsillos adosados en su frente exterior y tahalí incorporado. Las vainas de metal o de plástico rígido siguen en el orden de preferencias, pero debemos asegurarnos de su correcto y silencioso ajuste de la hoja.

No se puede decir a ciencia cierta el lugar indicado donde llevar suspendida la funda, todo depende de la costumbre del usuario, pero se reconoce que debe transportarla colgada del cinturón o sujeta a la pierna. Algunas mochilas permiten adosar la vaina de un machete a un costado para su rápido desenfunde desde la espalda (Fig. 58).

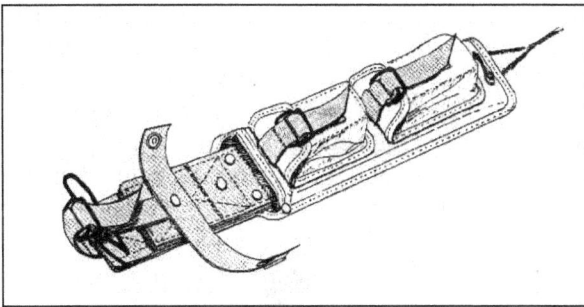

Fig, 58. Vaina funcional de poliamida.

Desde los primitivos cuchillos ideados por el hombre, su diseño no ha sufrido modificaciones sustanciales desde los últimos 5000 años. Sin embargo podríamos llamar de segunda generación a los cuchillos de supervivencia. Todos tienen la empuñadura hueca (punto crítico de rotura si está mal construido), para la guarda de objetos pequeños. Sin excepción quite el tapón roscado del pomo cuando deba tratar con violencia la hoja. Ello es necesario pues la mayoría de estos cuchillos guardan en su interior una brújula cuya aguja puede saltar con un fuerte golpe (Fig. 59).

Fig, 59. Con la ayuda de una caña y una cinta pedernera, un cuchillo de mango hueco puede convertirse en una lanza.

Los cuchillos caseros suelen ser muy prácticos. Conozco algunos forjados con acero de rodamiento de rulemanes o elásticos de automotor, en talleres rudimentarios, que tienen un rendimiento muy bueno. Por otra parte si planea incursionar por parajes agrestes en sitios alejados de toda civilización, el dinero en esos lugares carece de valor práctico (esto pasa aún en Argentina), y puede que deba necesariamente cambiar con un nativo, un favor por algún objeto de su equipo. Un trueque o una pérdida, es menos dolorosa con un cuchillo no muy caro. Por otra parte, una compra de elevado precio no le garantizará el éxito de un buen desempeño si Ud. no es idóneo en actividades de campaña. Recuérdelo.

Cuando deba afilarse una hoja por primera vez, lo más aconsejable será recurrir a un profesional del ramo. Para la conservación de cualquier cuchillo no se precisa de técnica especial alguna; un suave asentamiento sobre una piedra arenisca bastará. Si por el contrario, presentara manchas metálicas de óxido incipiente, estas pueden quitarse fácilmente de la hoja frotando repetidamente sobre el lugar un corcho de botella con polvo limpiador de cocina humedecido (forme una pasta). En breves instantes la suciedad habrá desaparecido adquiriendo el acero su brillo característico. Mientras no se use es conveniente cubrirlo con un engrase ligero. Nunca lo emplee como palanca, hacha o pala, y no haga pruebas de lanzamiento si el cuchillo no es el adecuado. Tampoco golpee el filo de un cuchillo contra otro buscando descabelladamente probar cuál es el mejor acero. Ello sería como chocar su propio automóvil contra un árbol para observar su resistencia. Ningún fabricante del mundo construye cuchillos para otros fines que los ya conocidos.

Los cortaplumas multiusos son muy útiles para toda ocasión pues en ellos uno encuentra la casi totalidad de herramientas que se pueden necesitar. Además, algo tan simple y común como el pelar una fruta puede convertirse en engorroso si lo intentamos hacer con algún cuchillo como los ilustrados en estas páginas. Existen modelos suizos con decenas de utilidades, todo un kit de supervivencia, calidad y precisión. Pero dado su considerable volumen, un modelo más reducido podrá darnos también rendimientos satisfactorios. Estos cortaplumas, como son joyas de cuidado, se recomienda en forma periódica limpiar y lubricar los muelles en especial cuando se mojan y ensucian. Estos mini "talleres de bolsillo", son muy necesarios como complemento de nuestro equipo, pero es erróneo pensar que pueden en toda ocasión reemplazar a un buen cuchillo. Para su propia seguridad no use un cortaplumas con las manos mojadas; por su estructura, cualquier deslizamiento que ocurra puede herir los dedos o hacer perder este elemento por caída libre.

Como no existe un cuchillo apto para todas las necesidades, lo mejor es llevar uno para el trabajo específico complementado con un cortaplumas multiuso. No lo olvide.

La necesidad de las herramientas punzo cortantes nunca podrá desaparecer por más sofisticada que sea la tecnología del futuro. Puede decirse con certeza que el arma blanca nació con el hombre y se extinguirá con él.

LAS ARMAS DE FUEGO

Con excepción de patrullas policiales y militares o que se planee una excursión de caza, en la mayoría de las veces, las armas de fuego no tienen aplicación alguna y es preferible no llevarlas. Para defensa personal, son más útiles en una gran ciudad que en el campo, donde las personas tienen la mente más sana. Un agresivo químico en aerosol puede ser suficiente.

Para aquellos casos de expediciones por lugares dudosos, lo más lógico es gestionar con la debida antelación una custodia policial.

El cuidado de las armas de fuego

Disponer de un arma de fuego en una situación límite puede salvarle la vida, ya sea para cazar o llamar la atención de las patrullas de rescate. En consecuencia, la conservación requiere tantos o más cuidados que en un concurso de tiro, salvo que en este último caso no salir óptimamente clasificado no significa pasar hambre. Como primera medida estudie el manejo del arma que posee, alcance eficaz, calibre, magnitud de las presas que podrán ser abatidas y cantidad de municiones disponibles. Mantener los proyectiles siempre limpios y libres de toda humedad es un hábito entre los profesionales.

Recuerde que después de disparar un arma de fuego, el interior del cañón queda recubierto de partículas residuales de pólvora deflagrada, que es corrosiva para el acero. Debe, por lo tanto, procederse a su remoción. Con un alambre de longitud adecuada se puede improvisar un práctico baquetón de limpieza. Simplemente se doblará no más de un centímetro uno de sus extremos en forma de ojo, en el que se ajustará un trozo de género o pasto seco embebido en antióxido para armas, repitiéndose esta operación 24 horas después. De no disponerse de este líquido, inmediatamente luego de usarse el arma, vierta en el interior del cañón agua hirviendo y luego proceda a su secado. Después de la última limpieza, hay que lubricar muy ligeramente el eje de ánima del cañón y quitar estos aceites antes de entrar en acción.

En supervivencia no envaseline nunca su arma de fuego, sólo unas gotas de aceite liviano en los lugares vitales son suficientes. La mejor manera de guardar un rifle o una escopeta cuando no se usa es apoyarlo de culata, apuntando hacia arriba. De esta manera se evita que el metal tome contacto con el suelo húmedo o polvoriento y se introduzcan cuerpos extraños en el cañón. Éstos deben ser quitados antes de disparar pues la presión del proyectil podría reventarlo. Excepto que desee destruir o afectar seriamente un arma de fuego, nunca la use como herramienta de fuerza o para golpear; no se construyeron para eso.

Las armas y los accidentes

"Los accidentes jamás ocurren, siempre son provocados". Nunca apunte con un arma a una persona aunque crea que esté descargada y menos aún colocando uno de sus dedos en la cola del disparador. Como se supone que Ud. no está en un combate, por principio cargue un arma sólo ante la inminencia de ser usada. Es decir que, normalmente, estará descargada. Los rifles o fusiles de alimentación automática y de repetición podrán transportarse con su carga de proyectiles, pero con la recámara vacía. De forma tal que, para disparar, sólo se tenga que accionar la manivela del block de cierre.

Aun con todas estas precauciones, cuando camine con un arma larga transpórtela "a la cazadora" o colgada de un hombro, pero siempre apuntando hacia arriba. A menos que se desee provocar un accidente, no intente nunca pasar un obstáculo con el arma lista para disparar, sea trasponer un alambrado, montar a caballo o subirse a un árbol. Procure formarse un hábito de las medidas de seguridad. Las armas son objetos inanimados que se activan y producen un resultado esperado o un daño cuando alguien las acciona con pericia o sin ella. Para evitar un accidente siga las siguientes recomendaciones:

Las armas esperan de Ud. lo siguiente:
- Que se las considere y respete.
- Que no se las golpee y se las cuide con esmero.
- Que después de su uso se las limpie. Su propia seguridad depende de un buen funcionamiento.
- Que se conozca su rendimiento y se las emplee sin abuso.
- Que no se juegue con ellas ni se apunte innecesariamente a nadie.
- Que al sostenerla o transportarla se mantenga la boca del cañón hacia arriba.
- Que se las guarde limpias y preferentemente descargadas en lugar seguro.
- Que siempre se las maneje con cuidado, aún cuando Ud. crea que están descargadas.
- Que no las toquen manos inexpertas; "al igual que las mujeres reaccionan mal..."

VEHÍCULOS, EMBARCACIONES, CABALLOS Y PERROS

Según la zona elegida, toda expedición necesitará de alguno de los medios que se mencionan que por sus virtudes también tienen uso militar.

Vehículos todo terreno

Para expediciones a lugares inaccesibles los vehículos 4x4 son excelentes máquinas. Pero hay que seguir estas indicaciones:

1. Todos pueden atravesar riachos que tengan una profundidad limitada hasta el eje sin tomar precauciones especiales. Pero cuando el curso de agua es desconocido, es imprescindible bajarse del vehículo para inspeccionar y descubrir cual es el paso más seguro. Es necesario saber adonde se encuentra la toma de aire para evitar que por ella se aspire agua. También deberá observar la computadora de abordo para asegurarse que el agua no llegue hasta este equipo. Haga uso de la prudencia, conduzca lentamente creando una ola en el frontal para evitar que entre agua en la toma de aire y al equipo electrónico del motor. Trate de cruzar donde haya un suave oleaje en sentido lateral, pero nunca lo intente con corrientes muy fuertes, ya que el vehículo puede ser arrastrado e incluso dado vuelta. En algunos casos, será necesario asegurar el automotor con una cuerda muy fuerte atada a un árbol. Recuerde que el agua seguramente habrá afectado el sistema de frenado, por ello accione los frenos una vez haya cruzado para secarlos.
2. Para el barro y la nieve, adosar cadenas en forma de malla a las ruedas tractoras evita que el vehículo quede atascado y son fáciles de instalar.
3. Para superar un atolladero o una zanja, algunos utilitarios llevan un par de angostos ensambles de metal o plástico resistente, donde los neumáticos pueden rodar sin inconvenientes. Empalmando varios, se puede conseguir una suerte de rieles paralelos de la longitud que se desee.
4. Si en alguna oportunidad quedara atrapado en la nieve, barro o arena, intente con calma dar marcha atrás con la palanca de relación más alta, dado que si utiliza la baja, puede que las ruedas patinen y giren en el vacío con lo que el automotor quedará "colgado".
5. Si no puede sacar su vehículo de un paraje aislado por estar descompuesto o atascado, recuerde que es mejor quedarse en el sitio por las mismas razones que se explicaron en el Capítulo IV. Pero si decide buscar ayuda, deje en la cabina un mensaje visible con

estos datos: rumbo o lugar a donde se dirige, y sus datos personales. Esto puede facilitar su búsqueda en caso que las patrullas de rescate encuentren primero su rodado.

6. Lleve todo el año las herramientas necesarias como ser: destornillador, una llave inglesa, críquet, llave cruz, rueda de auxilio, lanza para remolque, balizas y matafuego. En los viajes largos por sitios alejados de toda ayuda, agregue a lo mencionado anteriormente: una soga para cuarta, cinta aisladora, un juego reducido de llaves, cadenas para ruedas (nieve barro), pala, serrucho, alambre blando para realizar uniones de emergencia, pinza, dos bidones, uno con agua para beber y el radiador del motor y otro con combustible de reserva. También repuestos estimados. Un equipo de supervivencia para el grupo que viaje y adaptado a la zona geográfica nunca está de más.

7. Para no llamar la atención y otras relacionadas con la seguridad, se recomienda acondicionar debidamente el caño de escape para hacer lo más silencioso posible la marcha por parajes agrestes.

8. Los vehículos a oruga, los 6x6 y los 8x8, pueden superar casi cualquier obstáculo en terrenos donde otros ni siquiera pueden aproximarse.

9. ¡Nunca abandone a nadie durante una travesía....!

Los consejos leídos son válidos para todas las regiones geográficas. Ver Capítulo III: La Montaña y los Automotores, y Anexo VI: Desastres Naturales.

Bicicletas Mountain Bike

Están fabricadas con la mejor tecnología y los metales que se usaban en otras épocas, han sido sustituidos por materiales como el carbono, el titanio y otros que son más livianos y fuertes. Se caracterizan por tener componentes (cuadro, ruedas y sistemas de cambio), más resistentes a los impactos del camino y por estar provistas en muchos casos, con un sistema de suspensión en ambas ruedas. Todas llevan neumáticos de mayor grosor con tacos que absorben mejor las irregularidades de terreno. Son muy aptas para caminos difíciles y entre sus ventajas, permite adosar en su cuadro bolsos donde guardar nuestro equipo, incluso botellones con agua.

Por razones de seguridad, todas las excursiones deberán estar integradas por un mínimo de cuatro ciclistas.

Motos y cuatriciclos motores

Las motocicletas poseen más capacidad de maniobra que un vehículo convencional de más peso, consumen poco combustible y pueden ocultarse fácilmente, por eso se hicieron un lugar en la historia militar y policial. Sólo un inconveniente limita sus virtudes; no puede circular en invierno por regiones nevadas ni en playas arenosas. Una moto debidamente preparada y equipada, o "scooter" de buena marca cuyo motor supere los 150 cm^3 de cilindrada, es apta para excursiones. Una moto puede transitar huellas angostas en los faldeos como en los bosques, cruzar arroyos, y acceder a lugares que no podría aventurarse un vehículo 4x4. Con una adecuada distribución del equipo a transportar, los conductores de una o varias motos, pueden desplazarse en casi cualquier terreno y apoyarse mutuamente sin dificultades apreciables. Sin despreciar la excelente tecnología de las poderosas máquinas de cuatro tiempos, los motores de dos tiempos se adaptan mejor al trato rudo por tener una mecánica que no requiere tantos cuidados.

Los cuatriciclos motores 4x4 con alta, baja, súper baja y bloqueo de diferencial, fueron creados para fines militares, pero luego se popularizaron para otras actividades. Algunos llevan incorporado un malacate a control remoto con capacidad de más de 1000 Kgs. Son excelentes, pero queda claro que a la hora de transitar por una picada cerrada, serán las motos quienes podrán pasar y a la inversa en las dunas o caminos de arena.

Motos de nieve

Las motos de nieve son máquinas sumamente útiles en áreas nevadas o con hielo. Sirven para el traslado de dos personas y algo de carga. Por sus virtudes son empleadas en montaña y hasta en la Antártida. Según su potencia, alcanzan velocidades de hasta 100 Km/h, pero son delicadas y se necesita idoneidad para conducirlas, de lo contrario, una avería nos puede dejar aislados en circunstancias no deseables. En cualquier época y más aún en invierno las condiciones climatológicas se vuelven adversas en cuestión de minutos y el viento helado que se recibe puede llegar a niveles peligrosos. Por ello, en todo momento debemos vestir con la ropa adecuada.

Conceptos similares podemos decir de las motos de agua.

Kayak

Presentan varias ventajas y algunos apenas calan 30 centímetros Hay modelos para mar, ríos y lagos, pero se debe estar capacitado para navegarlos. El chaleco salvavidas es fundamental, ídem guantes que protejan de la fricción. El traje térmico debe considerarse. Los kayak están hechos de materiales sintéticos, lo que permite ser transportados a pulso. Hay que elegir aquellos que tengan compartimentos estancos para guardar equipo y que posean bomba manual de achique, una pértiga y un par de remos de repuesto. Algunos transportan lo necesario: agua potable, ropas, elementos de pesca, linternas para inmersión, un reflector, silbatos, balde y equipo para reparar (masillas epoxy).

Botes neumáticos

Suelen ser necesarios, en especial si tienen un buen motor. Sus principales virtudes son el ínfimo espacio una vez plegados para su guarda y el poco calado que necesitan. Si la intención es navegar en condiciones seguras, deberá contar con piso firme, gruesas telas revestidas de material sintético resistentes a la abrasión, y varias cámaras estancas que le permiten mantenerse a flote aún desinflado. Todos deben usar chalecos salvavidas y contar con el equipo necesario para la travesía, incluso lo estipulado por las autoridades de Prefectura. El color anaranjado es característico de las balsas salvavidas, pero si quiere pasar desapercibido, puede elegir el negro o la forma de pintar que se señala en el Anexo III.

Los caballos

Para determinadas expediciones o patrullas el caballo será insustituible. Para su propia seguridad observe lo siguiente:
  1. Se descarta que el equino está bien herrado. Antes de montar regule el largo de los estribos y el ajuste de la cincha.

2. Cuide que la montura (o la albarda) durante el viaje no se deslice y produzca con el roce lesiones en la cruz y en el lomo. Es común que la carga transportada por algunos animales, debido a lo accidentado del terreno, tienda a desequilibrarse. Periódicamente deténgase y observe que esto no ocurra. Recuerde que la carga normal de un equino y un mular son 90 y 120 kg. respectivamente.

3. Si usted se encuentra extraviado y posee la fortuna de montar un equino, lo único que deberá hacer será aflojar la tensión de las riendas y dejarse conducir. Al igual que los perros, tienen un extraordinario poder de orientación, tan eficaz de día como en la noche más oscura, y se mueven con absoluta seguridad en senderos difíciles donde el jinete no puede ver ni la palma de su mano. Tal vez en un primer momento usted no esté de acuerdo con el rumbo elegido por el animal, pero pronto comprenderá que es el correcto para regresar.

4. Cuando deba franquear un obstáculo estribe con la punta de los pies, de modo de no quedar atrapado con el peso del caballo, si éste ocasionalmente llegara a caer. En esta circunstancia, y cuando cruce un río no trate de dominarlo; esto suele ser peligroso. Por ello, en los senderos difíciles, es conveniente palmear al animal, infundirle seguridad, y no apurarlo. ¡El caballo debe elegir el lugar por donde pasar..!

5. Algunas películas de aventuras suelen mostrar jinetes cabalgando casi permanentemente al galope, nada de eso ocurre en la realidad. Como el objetivo es llegar en buen estado y no batir marcas mundiales, el aire de marcha siempre será "al paso", matizándose con altos y descansos.

6. En las cabalgatas prolongadas por terreno escabroso, es tan conveniente para el jinete como para su caballo, alternar períodos desmontado, llevando al animal del diestro. En los descansos, no se olvide de aflojar la cincha y atar convenientemente el equino, aunque ello no debe impedirle comer o abrevar. Olvidar este consejo podrá hacerlo caminar muchos kilómetros.

7. En ninguna otra ocasión como en terreno montañoso, el ganado debe estar bien alimentado para superar el considerable esfuerzo que impone subir cuestas empinadas. La avena previamente humedecida es la ración ideal.

8. En los vadeos profundos, los animales que llevan carga pesada deben ser alivianados porque existe la posibilidad que se traben y ahoguen.

9. Al final de una travesía fatigosa en montaña, evite que los animales inmediatamente abreven agua helada de los ríos o lagos. Lo prudente es dejar que descansen antes de hacerlo. El agua muy fría tomada en demasía ocasiona trastornos digestivos al ganado.

10. Desde hace siglos los indios que viven en Macizo Andino, transportan a lomo de mula o a caballo su mercadería en "chiguas" sin inconvenientes. Consiste en dos armazones redondos de unos 70 centímetros de diámetro, que confeccionan con ramas recién cortadas o con alambre. Una vez logrado el círculo, entrelazan sus bordes internos con tiras de géneros o tientos como si fuera de una raqueta, con recuadros libres de unos 10 centímetros. Sobre este entretejido depositan su mercadería que superponen con el otro armazón, sujetando firmemente ambos entre sí. La "chigua" terminada con el producto a transportar se asemeja a un grueso emparedado redondo tipo "hamburguesa" y es necesario construir dos. El transporte se realiza poniendo equilibradamente esas dos petacas a ambos lados del anca del animal y sostenidas por encima con dos cintas. El autor cruzó la Cordillera de los Andes a caballo, llevando en una de esas "chiguas" un traje de vestir sin que sufriera arruga alguna.

11. De la adecuada administración de las energías y del cuidado que se prodigue a su cabalgadura, dependerá sin dudas la suerte de su viaje. "Debes adivinar los pensamientos del noble caballo que vas a montar, no debes exigirle nada imprudente ni disparatado". Goethe.

Los perros

Contar con perros adaptados a la zona es de una importancia inestimable porque interactúan con los caballos formando un excelente equipo que desde hace siglos emplean los campesinos de todas las regiones. Como tienen un asombroso sentido de orientación jamás se pierden y en más de una ocasión lo salvarán. Pueden oír a grandes distancias y distinguir olores anteriores de hasta tres días. Casi todos los perros son excelentes guardianes, "olfatean" el peligro y podrán descubrir una serpiente, una alimaña o a una persona extraña mientas Ud. camina o duerme. Estos amigos buscarán rastros, perseguirán un animal localizarán la presa, y luego la "empacarán" para su amo. El valor de ellos es tan grande, que deberá evitarse que ataquen en forma indiscriminada animales como felinos salvajes y al oso hormiguero, que por sus poderosas uñas es peligroso, incluso para un humano. Cuide a su perro y no permita que nade en cursos de agua desconocidos donde puede haber boas o caimanes. Los perros de ataque, a las virtudes anteriores se suma que están entrenados para que actúen en silencio, pueden correr casi 15 metros por segundo y ser tan eficaces como un arma. En operaciones bélicas son muy útiles para evitar infiltraciones y ubicar francotiradores. Toda patrulla o expedición en monte o montaña debería contar con un par de ellos.

Regalos

Aunque parezca extraño, los regalos deben incluirse en los equipos de aquellas expediciones que se planean a lugares muy remotos, donde los escasos nativos carecen de lo necesario para subsistir. Esa realidad contrastará con su llegada y una atención de su parte abrirá puertas y obtendrá valiosa información. A fin de no hacer papelones, dimensione bien qué regala y a quién. Tenga presente el personaje y el rol que tenga asignado. Para pobladores campesinos de alejados parajes: ropas de ambos sexos, implementos de pesca, vajilla, radios AM a pilas, cigarrillos, vino, etc. siempre es bien recibido. Los indígenas por no poder darle utilidad práctica al dinero, suelen apreciar más los cuchillos, anzuelos, machetes, sal, caramelos, harina, y también algo de ropa. Evite obsequiar medicinas: no las sabrán usar.

Por lo general lleve regalos económicos pero en cantidad suficiente. Salvo casos puntuales, no dé dinero a ningún grupo étnico. Asigne importancia a estos consejos que fueron practicados por exploradores de todos los tiempos.

Lleve un equipo adecuado para su auto, embarcación, avión, etc. adaptado a la zona geográfica. Incluya este Manual.

ANEXO III

ENMASCARAMIENTO

El ojo humano como el de los animales de escala superior es un detector preciso y sensible que percibe objetos con su relieve y la imagen es analizada instantáneamente por el cerebro. Toda silueta ajena al espacio geográfico es detectada en el acto. En nuestra mente cada objeto tiene una forma que reconocemos desde diferentes ángulos, el perfil de una cabeza vista atrás de una planta causa la inmediata identificación del resto del cuerpo. Es necesario entonces alterar radicalmente las formas para imposibilitar al cerebro el procesamiento de la figura observada como información conocida.

Alterar el tamaño del bulto para confundir la visión de la presa significa por lo general hacerlo más grande o más pequeño de lo que es en realidad. La silueta de un hombre rota en varias partes por diferentes colores, no puede ser identificada como tal y carece de peligro.

Los uniformes mimetizados sólo son útiles para fines militares. No obstante, ojos humanos perfectamente entrenados pueden reconocer a determinada distancia a una persona vestida con ropas de diseños mimetizados standard, en especial durante su movimiento. Algunos especialistas en estos temas aseguran que el teñido mimetizado de origen industrial sirve únicamente para elevar la moral del usuario haciéndole creer que no necesita otro ocultamiento. En realidad es notorio observar que los diseños de algunas telas son tan pequeños y minuciosos que a cierta distancia se confunden para convertirse en una mancha de tonalidad oscura con lo que se identifica la silueta del individuo que viste esa prenda (efecto desdibujo). Por otra parte la mayoría de los animales no distinguirían la amplia gama de colores que ve el ojo humano, daría lo mismo entonces usar ropas grises o verde oliva para cazar. Aunque debo reconocer que la sabia naturaleza hizo que la piel de ciertos felinos se confunda con el ambiente exterior de su hábitat.

Todo buen cazador o tirador emboscado, debe saber entre otras cosas cómo enmascarar su cuerpo y equipo. Nuestra mayor atención debe volcarse a ocultar las formas que van desde la cabeza hasta la cintura. Las extremidades inferiores son más fáciles de disimular. Los uniformes mimetizados de uso militar no constituirían una gran ayuda para la caza menor, incluso dificultan la localización de individuos extraviados. Pero si a Ud. le preocupa más atrapar animales o está interesado en ocultarse y sus ropas no se adaptan al color del terreno, puede proceder a su modificación. Para lograrlo emplee pintura, barro, aceite quemado de motores o una mezcla de grasa y barro. Desfigure con el pincel el contorno regular del cuerpo. Algunos montaraces aplican el follaje del lugar a sus prendas. Ello aunque tiene ventajas es incómodo, el vegetal cortado se marchita (cambia de color) en pocas horas y se debe tener experiencia para avanzar con él.

El poder de concentración de nuestra mente también es importante. Si Ud. está firmemente convencido que podrá "desaparecer" con el trabajo de mimetismo que realice sobre su persona, es seguro que lo logrará. Ver Capítulo I en: Normas para Cazar.

Elimine o neutralice: relojes que produzcan brillo, fosforescencia o emitan alarma sonora, anillos, libretas y lapiceras brillosas que sobrepasan de los bolsillos. Los lentes ahumados están contraindicados. Los mapas deben verse a la sombra, pues el blanco del papel puede contrastar en el suelo. Envuelva o pinte las partes metálicas de su equipo que no pueda prescindir. Una remera militar hecha flecos sirve para envolver un fusil. En determinados comercios es posible adquirir cintas adhesivas y otras con sistema velcro (abrojo) con verde oliva mimetizado para cubrir objetos que no pueden ser pintados.

Un buen enmascaramiento consiste en no aplicarse ni excesivos trazos de maquillaje en la cara o incluir abundantes frondosidades de hojarasca sobre uno mismo. Elija colores que no contrasten con los alrededores. Para cada región geográfica se necesita un enmascaramiento específico en perfecta armonía con la estación del año. El mimetismo es casi todo un arte con técnicas en constante superación, así lo entienden los verdaderos profesionales sean estos cazadores o militares.

Estar correctamente enmascarado puede traer algunos inconvenientes. Si dos o más cazadores deciden mimetizarse en una zona, todos necesariamente deben tener distintas áreas asignadas y conocidas por ellos. Incluso un horario de iniciación y terminación de la cacería, como un código de señales. Cuando el coto de caza es muy extenso y no exista organización entre los cazadores, no es absurdo llevar un gorro de tonalidad naranja para hacerse notar entre los demás. Ya hemos mencionado que la mayoría de los animales no distinguirían el amplio espectro de colores que ve el ojo humano. Por esa circunstancia existen prendas con teñidos especiales de seguridad para cazadores. Los accidentes de caza suelen ser muy comunes y graves en personas inexpertas o imprudentes.

Es básico tener presente que en Sudamérica, el hombre de campo no acostumbrado a las prendas con mimetizados y tradicionalista en sus costumbres, no suele ver de buen grado a los forasteros que las visten. Ni hablar si portan armas, usan barbas o son más de dos. Pero si Ud. insiste en estrenar un lucido uniforme de combate úselo sólo en zonas de caza y no para pasear por un pueblo.

GÉNEROS MIMETIZADOS

Las telas que se fabrican en el mercado mundial, son de una asombrosa variedad con motivos y diversos colores que armonizan con el ambiente elegido. Las más comunes son:

Selva y monte

Para el monte se destaca aquella en tela a 4 colores; negro, marrón, kaki y verde claro, sin simetría y en forma de manchas multiformes. Para la selva el sugerido es el símil tigre verde oliva con manchas de marrón terroso y líneas negras horizontales. Para los entendidos estas rayas negras deberían ser verticales (como las del tigre), dado que las sombras en la selva caen hacia abajo. Pero por alguna razón textil alguien confeccionó los uniformes con los trazos negros paralelos al suelo y el error se extendió a otros fabricantes que lo imitaron. Salvo esta curiosa circunstancia, dicha tela es la que a mi juicio se adapta más a la vegetación espesa debido a un mejor aprovechamiento de los colores atigrados que se disimulan con las sombras forestales. En el modelo cazador, el fondo de la tela es color kaki con dibujos de pequeñas hojas verdes y marrones. Originariamente fue un diseño de los US Marines en la 2da. Guerra Mundial para las islas del Pacifico. Es muy efectivo en otoño.

Bosque

Posee dibujos rectangulares de bordes irregulares en forma vertical a dos colores con dos opciones de tela; violeta oscuro con combinaciones verde azuladas apto para vegetación espesa, o verde claro con gris para foresta abierta y luminosa. Todo ello se asemeja a las distintas cortezas vegetales muy comunes en los bosques. La integración de esos colores permite que una persona aun de pie contra un árbol grueso pueda pasar inadvertida.

Desierto y baja montaña

Para esta geografía existe una tela con ingeniosos dibujos. La base lo constituye el color kaki con diversas manchas de tonalidad canela y lunares blancos semi contorneados de negro. Como en el desierto también encontramos arbustos y piedras, un mameluco de color tostado también da excelentes resultados. El calor que se levanta del suelo crea ilusiones ópticas, a pleno sol el aire reverbera hasta 1,50 m del suelo y no es posible tener sino una visión distorsionada aun con binoculares. Cualquier persona quieta y cubierta con una red es casi imposible de visualizar. La experiencia indica que la arena, el viento y el sol en poco tiempo espolvorean y blanquean la ropa asemejándola a los colores naturales circundantes. La pintura más indicada para el desierto es una tonalidad pardo-rosada (Fig. 60).

Nieve

Necesariamente el 100% de las ropas deberán ser de color blanco. Cualquier sombreado que tengan sus prendas lo acompañará en los movimientos que haga y ello contrastará sobre la blanca superficie. El calzado puede envolverse con géneros blancos o pintarse, ídem el correaje. Una máscara facial blanca en estos casos es sumamente práctica contra el frío, quemaduras solares y el propio enmascaramiento.

Todo terreno

Se denominan "todo terreno", debido a que eliminan el efecto desdibujo, inconveniente muy común en otros teñidos cuando se observa a distancias superiores a los 20 m (Fig. 61).

Fig. 60. Tonalidad kaki con amplas manchas color canela matizadas con lunares blancos con algo de negro, es lo indicado para el desierto.

Fig. 61. Conjunto apto para todo terreno donde se conjugan trazos negros sobre un fondo canela con cierta tonalidad gris. El maquillaje sobre el rostro debe guardar relación con la tela que se viste.

ENMASCARAMIENTO INDIVIDUAL

Se entiende por ello a las diversas técnicas para desdibujar la figura humana confundiéndola con el medio ambiente.

Técnica para pintarse el rostro

La piel blanca de la cara se contrasta entre el follaje y aun en la penumbra marcando todos sus contornos y señalando inequívocamente la existencia de una persona. Para contrarrestar este efecto podemos recurrir al corcho quemado para tiznar o a un tul oscuro y transparente que nos tape el rostro. Una máscara de género con teñido del tipo enmascarado en forma de "pasamontaña" que cubra toda la cabeza, combinando con un par de guantes de fuerte tela oscura, puede ser una alternativa.

Las modernas cremas especiales para el pintado del rostro fueron siempre usadas con buenos resultados y pueden ser adquiridas en casas que venden rezagos militares o en armerías. Los colores más indicados para nuestra geografía son el negro, el verde y el marrón claro. El barro aunque incómodo suele usarse como sustituto para ser aplicado en manos y cara, pero se lo debe elegir con cuidado pues en algunos terrenos suele estar contaminado.

Observamos algunos ejemplos de las muchas maneras de usar dichas cremas. Pero atención, pintarse el rostro para disimularlo no significa embadurnarse sin sentido. Pintarrajearse sólo conduce a lograr un resultado contrario al deseado como en el dibujo 62a, que resaltan las orejas, ojos y nariz. Para tiznar la piel existe una técnica especial que debemos respetar.

En la figura 62b, el rostro fue cubierto íntegramente con una base de color verde y sobre ella se aplicaron grandes manchas multiformes de distintos tonos que colorean extensos sectores de la cara. Vemos que desde la frente desciende un trazo negro que cubre la órbita izquierda y el tabique nasal. Amplia superficie marrón abarca la mejilla derecha y marca hacia arriba la órbita restante, mientras un fuerte trazo negro engloba en ángulo el mentón. En este caso la cabeza del cazador fue cubierta con una red que le llega hasta la espalda y contiene aplicaciones menores de hojas vegetales existentes en el lugar. El usuario ha alcanzado un excelente ocultamiento para regiones selváticas o montuosas.

Un modelo diferente consiste en cubrir primero el rostro con una base marrón claro (para montaña-desierto) o verde (para llanura y áreas boscosas), luego fuertes trazos negros serán pintados siguiendo líneas que resulten perpendiculares o en ángulo al mentón, nariz o las órbitas de los ojos. De esa forma se conseguirá el efecto de desfigurar los rasgos característicos de la cara que en definitiva es lo más importante. Como se comprenderá, para llevar a cabo un correcto pintado del rostro es necesario hacerlo frente a un espejo o que otra persona con idoneidad lo haga por nosotros. Para quitarse este maquillaje existen dos procedimientos: puede usarse un algodón con crema de limpieza para cutis o pasarse por la piel un papel suave y luego abundante agua enjabonada

Fig. 62a. Mal

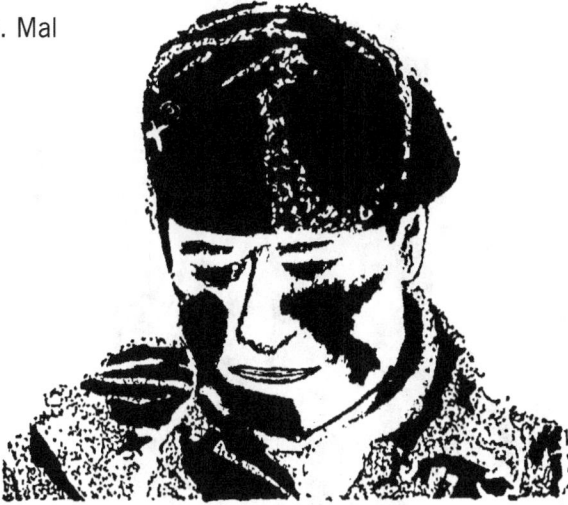

Fig. 62b. Bien

BIEN

Fig. 62c.

Bien

Fig. 62d.

Bien

Fig. 62d. (Continuación)

El "Ghillie suit"

Ninguno de estos uniformes es por sí sólo garantía de ocultamiento, pues necesitan que se les agregue otro encubrimiento auxiliar que desfigure la silueta. La única excepción es el equipo que usan los tiradores emboscados llamado "Ghillie suit", que consiste en cubrir todo el cuerpo con tiras cortas de arpillera lo que le da aspecto de arbusto, ver dibujo 62c.

El tirador tiene el rostro a color, lleva puestos guantes mimetizados, y ha envuelto su arma con un género para hacerla menos identificable, cuidando de no tapar la mira y la aireación del cañón. El ocasional destello de la óptica del fusil cuando se apunta hacia un ángulo cercano al sol, puede ser neutralizado aplicando un tul sobre la mira telescópica.

Se puede confeccionar algo similar sobre un buzo oscuro de dos piezas con capucha, pantalón y mangas, al que haya adosado una red y sobre ella cosido verticalmente, más de 1000 tiras de arpillera con una longitud que vaya de los 12 a los 30 centímetros. La parte frontal debe ser de loneta impermeable gris **sin tiras**, de lo contrario será una molestia cuando deba arrastrase. Por ese motivo debe contar con adecuado refuerzo de material plástico gris en los codos y otro que cubra desde las rodillas y muslos hasta la cintura. La lluvia aumenta considerablemente el peso, por lo que deberá rociarse el material con impermeabilizante para telas.

La mochila está contra indicada, por lo que una reducida bolsa militar será adosada a la cintura. Terminado puede llegar a pesar un par de kilos y no dificulta caminar. El equipo es lo más parecido a una planta cubierta de hojas, y estando inmóvil es imposible descubrir que en su interior hay una persona. También es usado en operaciones bélicas por tiradores especiales (sniper).

Para montaña y desierto, la tonalidad de las tiras de arpillera no debe modificarse. Para zonas boscosas habrá que pintar una buena cantidad de verde oliva mate. Pero para zonas nevadas, toda la confección debe ser de tela blanca impermeable y las tiras que se hiciera referencia deberán ser delgadas de nilon y muy blancas.

TRAJE "GHILLE SUIT"

Ventajas	Inconvenientes
– Deforma un 100% la figura humana.	– Es muy caluroso y deshidratante en verano.
– Se adapta a todo terreno.	– Puede incendiarse.
– Se acomoda a cualquier situación meteorológica.	– Aumenta su peso con la lluvia.
– Tiene duración ilimitada.	– Si el usuario cae a un río puede ahogarse.
– Puede transferirse a otro usuario.	– Sólo es apto para tiradores experimentados.
	– Ocasionalmente debe tratarse con insecticida.

Capa Ghillie

Esta variante no dificulta el desplazamiento, se lleva sobre los hombros con una capucha que disimula la cabeza. La mayor ventaja es que permite llevar un chaleco antibalas y el correaje. Algunos de estos equipos (ídem mochilas), para abaratar su costo son fabricados con telas poliméricas que son de fácil combustión. El incendio es inmediato y el material fundido se adhiere a la piel del usuario dejándolo fuera de combate. Todos estos diseños si no están confeccionados con material anticombustible es preferible que estén elaborados con tela de arpillera deshilachada.

No es conveniente llevar botas y ropas nuevas por más que tengan el teñido apropiado; hacen ruido y tiene algo de brillo. La solución es adosarle tiras cortas de género de arpillera o una red.

Las figuras 62d son ingeniosas y buenas variantes según los materiales que se posean y el ambiente geográfico en que se va a actuar. El usuario que lleva un fusil viste símil tigre, tul que le cubre la cabeza y lleva cintas de género que le cuelgan desde los hombros hasta los pies incluyendo su arma.

Red de enmascaramiento

La ventaja de la red de enmascaramiento artificial consiste en la propiedad de disimular cuerpos estáticos. Ud. puede confeccionar una de ellas cuya superficie compuesta de distintas capas terminen en flecos multiformes. Básicamente son tiras de arpillera cortas (para evitar enredos) de manera irregular, procurando componer con cada una de ellas una letra **U** alargada. Los espacios de la trama no deben sobrepasar los 3 cm^2, siendo suficientes dos metros cuadrados para ocultar el cuerpo de una persona. Aunque dé un poco más de trabajo, una red a la que se hayan aplicado copiosamente géneros cortos de arpillera en forma de moño de corbata y distribuidos sin simetría, es la que da mejores resultados.

Si Ud. ya eligió un enmascaramiento, puede caminar con libertad de movimientos y a la vez su cuerpo no desentona con la geografía del lugar, no se preocupe más. Está bien oculto. Procure aprender los conocimientos básicos de esta fascinante materia y desaparezca en el terreno, ¡esfúmese...!

CÓMO PINTAR VEHÍCULOS Y OBJETOS

Como he visto algunos vehículos utilitarios ridículamente pintarrajeados con un pretendido enmascaramiento, indico aquí algunos consejos para quien teniendo un todo-terreno, desee darle un toque personal para el próximo safari. En primer lugar para ahorrar tiempo, dinero y dolores de cabeza es fundamental hacer un dibujo del automotor y volcar en él las formas y colores que se buscan antes de iniciar el trabajo. Otra manera es observar previamente los efectos delineando con tiza sobre la carrocería los trazos a decidir.

Use pintura mate y mejor aún si por medio de una esponja logramos el efecto de superficie rugosa. Si tiene que usar pintura brillante para obtener el efecto deseado, luego que esté seca, frote la superficie con lana de acero.

Pinte trazos que tengan dimensiones armónicas con el tamaño del automotor, procurando que las pinceladas continúen en los contornos. El negro es el color principal para interrumpir las formas en los ángulos y en determinadas secciones. Con ello se logrará "romper" con las conocidas formas de un vehículo (Fig. 63).

Enmascaramiento de vehículos y equipos (con pintura)

En toda tarea de mimetismo debemos buscar engañar a la mente del observador para que no pueda visualmente estructurar la percepción de

ENMASCARAMIENTO DE VEHÍCULOS Y EQUIPOS (CON PINTURA)

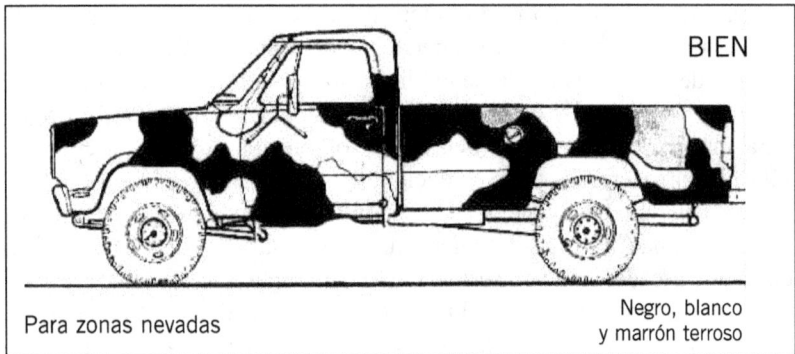

BIEN

Para monte y llanura   Gris oscuro y marrón terroso

BIEN

Para zonas nevadas   Negro, blanco y marrón terroso

Fig. 63.

El movimiento atrae la atención de manera instantánea.

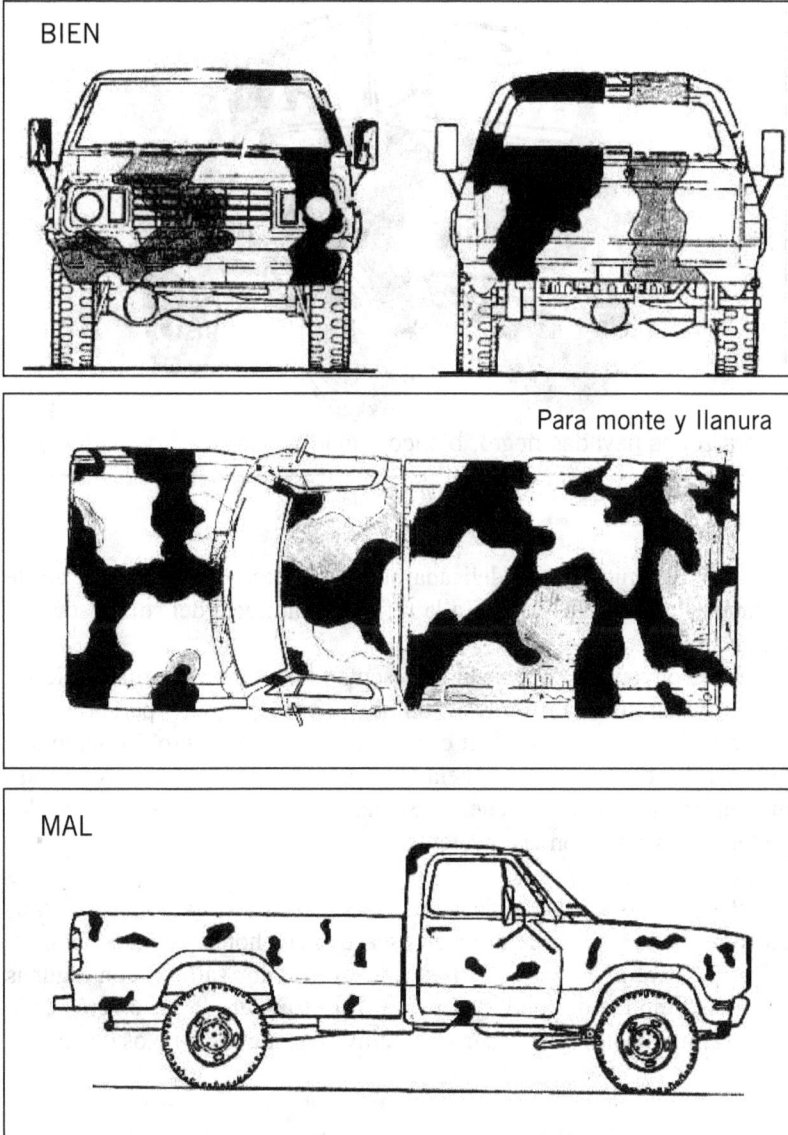

la figura que queremos ocultar. Todo será hecho en tal sentido. La labor

Fig. 63 (Continuación).

BIEN

Para zonas nevadas negro, blanco y marrón terroso

Fig. 63 (Continuación).

de enmascaramiento más delicada puede ser descubierta incluso desde distancias apreciables debido a la reflexión indirecta del sol en superficies brillantes.

El inconveniente mayor lo representan los vidrios. Lo más indicado es adherir un tul oscuro (media sombra) sobre los faros y parabrisas, de lo contrario habrá que recubrir esas zonas con barro ligero. El polvo que levantan las ruedas en movimiento por caminos de tierra es otro problema importante a tener en cuenta. Según la geografía que se recorra, las pinturas indicadas son las siguientes:

Para *playas arenosas*, se aconseja el gris claro o una mostaza pálido como base, y el verde oliva en escasos manchones alargados y multiformes. Para el *desierto*, lo indicado es el color salmón con algunas manchas amplias de tonalidad parda. En el *monte*, la base será verde oliva seguido por el gris oscuro. Concluya con algunos trazos de marrón claro.

Para *montaña*, el gris claro con manchones negros prolongados es lo apropiado. En montaña los vehículos pueden observarse a grandes distancias y la menor superficie pulida (parabrisas), el sol la hará reflejar más de 20 kilómetros. En *zonas boscosas nevadas*, se debe emplear el blanco en un 90% de la carrocería del vehículo, luego se pintarán trazos negros del tipo tigre de diferentes longitudes y sinuosas formas. Algunos autores prefieren emplear únicamente el blanco en extensas regiones donde la nieve y el hielo permanecen cubriendo todo por varios meses.

Técnica para pintar objetos

Cuando debamos pintar superficies más pequeñas (Fig. 64) que un automotor como ser un cajón o un fusil, proceda de la siguiente forma:

1. Recoja hojas de arbustos con sus tallos y prense prolijamente estas formaciones vegetales durante varias horas bajo un vidrio o en algunos libros grandes.
2. Una vez preparado el sector elegido y suponiendo el uso del elemento en una zona selvática comience pintando toda el área con tonalidad amarilla Cuando esté seca la pintura coloque algunas hojas, no más de un grupo de tres o cuatro.
3. Rocíe con aerosol verde hasta que haya cubierto todas las hojas y alrededor del 90% del resto de la superficie.
4. Ponga el doble de hojas sobre la superficie con pintura en aerosol marrón rojiza con pasadas rápidas y cortas cerca del área.
5. Estando frescos los colores distribuya en forma apropiada más hojas y luego rocíe todo el conjunto con negro mate. Inmediatamente después comience a quitar las distintas capas de hojas. El trabajo quedó terminado.

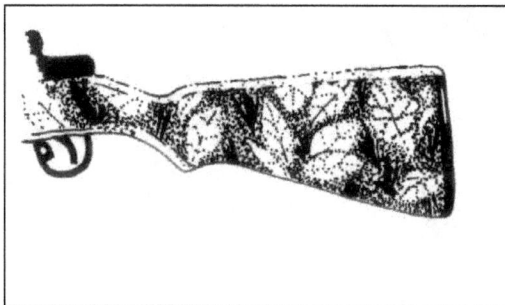

Fig. 64. Culata de fusil piuntado de objetos pequeños.

6. Si piensa que el diseño quedó muy oscuro agregue más hojas antes de pintar con negro. Si está muy claro ponga menos hojas, pero sin esperar a que la pintura se seque. Un consejo: adquiera experiencia sobre objetos descartables antes que arruinar un elemento costoso.

Los conceptos sobre enmascaramiento que se dan en estas páginas son de aplicación para cazadores y ocasionalmente para operaciones tácticas. Para fines militares no es mucho lo que se logra, pues existen equipos electrónicos de observación y detección incluso nocturnos, que hacen totalmente inútil el enmascaramiento convencional. Para neutralizar estos visores existen ropas y redes de ocultamiento especiales que absorben o dispersan las ondas del radar y otros sensores hasta confundirlos con los ecos del terreno circundante. El estudio de estas técnicas no es motivo del presente libro. Una última recomendación no diga "camuflaje"; no es castellano.

PROCEDER EN UN CAMPO MINADO

Desafortunadamente en el Continente Americano suelen ocurrir distintos conflictos armados denominados de baja intensidad (guerras limitadas) muy prolongados, y en toda actividad bélica el sembrado de minas es lo habitual. Lo lamentable es que el peligro aún subyace casi indefinido a pesar de alcanzarse la paz. Es común y poco conocido que existan extensas áreas sin delimitar con pocos o ningún cartel indicador, donde un inadvertido individuo en tránsito puede quedar atrapado. Desde hace algunos años, Chile instaló considerables campos minados en la frontera con Perú, Bolivia y Argentina. Otro tanto puede decirse de Ecuador y Colombia. Es decir, existen minas terrestres activas en montañas, en desiertos y en selvas, incluso en zonas que no son de frontera. Cómo han ocurrido numerosos accidentes fatales, es necesario informarse con las personas que viven en proximidades de terrenos con estas características.

Si Ud. se da cuenta que ha entrado accidentalmente en un campo minado, lo primero que hará será permanecer inmóvil y advertir a las personas que eventualmente lo acompañen. Luego examine el suelo alrededor de los pies u otra parte de su cuerpo que esté tocando la tierra. Evite los movimientos al mínimo. Regrese sobre los pasos andados siguiendo paso a paso las pisadas anteriores, si las huellas no son claras, arrástrese muy lentamente sobre el camino seguido. "Abra bien los ojos" y no se desespere, lo contrario será fatal. Si es de noche no existe otra alternativa que permanecer inmóvil hasta el amanecer.

Si las circunstancias le imponen seguir adelante utilice el método del "sondeo", una sola persona cubre 1 metro de frente, se arrastrará despacio, mirando, tanteando con las manos y con las mangas arremangadas para aumentar la sensibilidad de los brazos. Observe si hay alambres de disparo que estén tirantes u ocultos **y nunca los corte o toque**, seguramente habrá una violenta y mortal explosión. Tantee las zonas sospechosas con los brazos por encima de la cabeza, péguese perfectamente al piso durante la operación. Sondee suave y lentamente el suelo en 45° con un cuchillo, bayoneta, lápiz o una estaca fina cada 4 ó 5 cm en la dirección de avance. Deténgase si al sondear toca algo duro, casi "acariciando" remueva la tierra y examine el objeto, si llegara a ser una mina tiene dos opciones o marca el lugar haciéndolo bien visible o se procede a hacerla estallar. El método más seguro es volarla a distancia usando un detonador conectado a una libra de TNT casi en contacto con el artefacto letal. Nunca levante una mina con las manos, es normal que tenga una segunda espoleta anclada en la tierra esperando ese momento. ¡No intente desarmarla! ni haga nada heroico. Si debe seguir adelante, avance centímetro a centímetro. **No se apure, no se descuide.**

Si ocurre un accidente y una persona está agitándose herida, prevéngale que no debe moverse, que van a ayudarlo. Arrástrese hasta el accidentado, empleando los procedimientos anteriores. No se apresure, si se tropieza contra una mina no será para nadie ninguna ayuda. Al llegar bríndele los primeros auxilios. Elija un camino de salida, preferentemente será el mismo por donde vino y que Ud. habrá debidamente marcado con cintas, palos, piedras, etc.

En zonas que fueron teatro de operaciones militares no recoja objetos presuntamente abandonados, podría ser una trampa explosiva de las denominadas "cazabobo". Cajones cerrados, armas, bolsos, vehículos y todo aquello que despierte curiosidad puede ocultar una carga explosiva en estado activo con un iniciador latente en espera de un movimiento. La imaginación para instalar este tipo de trampas no tiene límites. Por su desconocimiento, los niños suelen ser las víctimas más frecuentes. La solución es engancharle una cuerda larga (no menos de 30 m) y arrastrar el objeto, seguramente explotará antes de recorrer algunos centímetros. Ud debe estar cuerpo a tierra con su cara pegada al suelo cuando ocurra.

Si Ud. descubre un proyectil militar abandonado, enterrado o bajo de agua ¡**no lo toque!,** deje esa tarea para los expertos. Han ocurrido gravísimos accidentes por imprudencia con decenas de víctimas.

Jamás intente remover, trasladar y menos desarmar un proyectil de guerra hallado a la intemperie. Todas las granadas, cohetes, bombas y torpedos como cualquier otro ingenio explosivo, una vez disparado tienen los sensibles mecanismos de la espoleta activados. Si por alguna causa no explotó en el debido momento del impacto, cualquier manipulación es suicida, pues "ni el propio demonio" sabe cuándo detonará. Recuerde que ni los años ni la humedad afectan a los explosivos modernos. Ocasionalmente cuando se halla alguna mina o bomba de la Segunda Guerra Mundial, los técnicos en lo posible prefieren hacerla detonar a distancia.

Actualmente se estima que cada veinticuatro horas que transcurren, en el planeta mueren o resultan heridas unas 20 personas, víctimas de minas explosivas en áreas que son o fueron bélicas. Suman decenas de millones las minas diseminadas en los últimos 50 años y no detectadas, con dispositivo activo para explotar.

Tal vez usted crea que las situaciones que trata este libro, no podrán jamás ocurrirle.
No obstante periódicamente le suceden a personas que pensaban de igual manera.

ANEXO V

PRINCIPALES FACTORES DE CONVERSIÓN

Para convertir medidas inglesas al sistema métrico decimal y viceversa emplee la siguiente tabla:

MULTIPLICAR

Medidas de longitud	*Por*	*Para obtener*
Kilómetros	0,62145	millas terrestres
Kilómetros	0,5282	millas marinas
Millas terrestres	1,609	kilómetros
Millas marinas	1,853	kilómetros
Pies	0,3048	metros
Metros	1,094	yardas
Yardas	0,9144	metros
Metros	3,281	pies
Metros	100	centímetros
Pies	30,48	centímetros
Centímetros	0,03281	pies
Centímetros	0,3937	pulgadas
Pulgadas	0,0254	metros
Pulgadas	0,08333	pies
Pulgadas	2,540	centímetros
Pulgadas	25,4	milímetros
Milímetros	0,039	pulgadas

Medidas de peso		
Libras	0,454	kilos
Libras	453,6	gramos
Gramos	0,002205	libras
Kilos	2,205	libras

Gramos	0,0306	onzas
Onzas	28,350	gramos
Granos (grains)	0,0648	gramos
Gramos (gr.)	15,432	gramos (grains)

Medidas de superficie

Millas cuadradas	2,590	kilómetros cuadrados
Kilómetros cuadrados	0,3861	millas cuadradas
Hectáreas	2,4711	acres
Acres	0,004047	kilómetros cuadrados
Acres	0,405	hectáreas
Acres	4,046	metros cuadrados
Metros cuadrados	1,196	yardas cuadradas
Yardas cuadradas	0,8361	metros cuadrados
Metros cuadrados	10,76	pies cuadrados
Pies cuadrados	0,093	metros cuadrados
Pulgadas cuadradas	6,4521	centímetros cuadrados
Centímetros cuadrados	0,155	pulgadas cuadradas

Medidas de volumen

Metros cúbicos	35,31	pies cúbicos
Pies cúbicos	0,02832	metros cúbicos
Pulgadas cúbicas	16,387	centímetros cúbicos
Galón británico	1,201	galón EE.UU.
Galón EE.UU.	0,8327	galón británico
Galón británico	4,546	litros
Litros	0,2205	galón británico
Galón EE.UU.	3,785	litros
Litros	0,2642	galón EE.UU.

Medidas de presión

| Atmósferas | 1,033 | kgs/cm^2 |
| Libras/pulgadas | 0,0703 | kgs/cm^2 |

Medidas de velocidad

Km/hora	0,6215	millas/hora
Millas/hora	1,6092	km/hora
Kms/hora	0,5396	nudos

Nudos	1,8532	km/hora
Km/hora	0,6215	millas/hora
Millas/hora	1,6092	km/hora
Kms/hora	0,5396	nudos
Nudos	1,8532	km/hora
Millas/hora (mi/h)	0,02682	km/minuto
Metros/minuto (m/min)	0,0600	km/hora
Metros/segundo (m/s)	3,281	pies/segundo
Pies/segundo (pies/s)	18,29	metros/minuto
Pies/segundo (pies/s)	1,097	km/hora

Medidas de temperatura

Grados centígrados + 17,8	1,8	grados Farenheit
Grados Farenheit -32	0,5558	grados centígrados

Cálculo rápido

Fahrenheit	0	10	20	30	40	50	60	70	80	90	100
Celsius	-18	-12	-7	-1	4	10	16	21	27	32	38

DATOS DE INTERÉS

Un milímetro de lluvia representa un litro de agua caída en cada metro cuadrado de superficie. Así en 1 Km^2 tendremos 1000 toneladas de agua, o sea 1.000.000 de litros.

Una canilla que gotea pierde cerca de 4 litros en 24 horas y si la abrimos normalmente durante (10 minutos una afeitada), se habrán escurrido unos 40 litros. Una ducha breve insume 60 litros en 15 minutos.

Peso

Tonelada	= 1.000 kilos
Kilo	= 1.000 gramos

Superficie

Hectárea	= 10.000 metros cuadrados
Area	= 100 metros cuadrados
Acre	= 4.050 metros cuadrados

Volumen
Metro cúbico   = 1.000 litros
Hectolitro   = 100 litros

Presión
Atmósfera   = 1.033 kgs/cm^2
Atmósfera   = 10,347 metros de columna de agua

Velocidad	m/s	km/s
Luz en vacío	299.800.000	1.079.000.000
Rayos catódicos (electrones)	100.000.000	360.000.000
Rayo	50.000.000	180.000.000
Sonido en el hierro	5.050	18.200
Propagación ondas sísmicas	3.600	13.000
Sonido en el agua	1.450	5.200
Sonido en el aire	340	1.200
Corriente de golfo	1,1	4

Corriente marina = 8 millas por día

Distancias astronómicas
1 segundo luz   = 300.000 km.
l minuto luz   = 18 millones de km.
l año luz   = 9,46 billones de km.
l Parsec   = 3,26 años luz

Medidas de calor - energía - potencia
BTU	252	Calorías (cal)
Calorías	4,1858	julios (j)
Caballos de fuerza por hora	0,7457	kilovatios hora (k/h)
Kilovatios hora (kw/h)	1,341	caballos de fuerza/hora (hp/h)
Ergios (E)	0,000001	julios (j)
Kilovatios (kw)	1,3596	caballos de fuerza métricos
Kilovatios/hora (kw/h)	3.600.000	julios (j)
Termias (ter)	1.000.000	calorías (cal)
Vatios (w)	1	julios/segundo (j/s)
Julios (J)	0,1020	kilográmetro (kgm)

Kilográmetro (kgm)	9,087 julio (j)
Pie-libra (ft/lb-s)	0,1383 kilográmetro/segundo (kgm/s)
Kilográmetro/segundo (kgm/s)	7,233 pie-libra (ft/lb-s)

Pesos y medidas usados en países de habla inglesa

Unidades comunes de peso
1 grains = 0,0648 gramos – 1 gr = 15,43 grains
1 ounce (onza) = 28,350 gr.
1 pound (libra) = 16 onzas = 453,6 gr.
1 hundredweight (quintal) = 112 libras = 50,8 kg.
1 US short ton (tonelada corta EE.UU.) = 907,2 kg.
1 British long ton (tonelada larga británica) = 016,06 kg.

Medidas y capacidad para líquidos
1 pint (pinta) = 0,47 lt
1 quart (cuarto de galón) = 2 pint = 0,946 lt.
1 US gallon (galón EE.UU.) = 4 quarts = 3,785 lts
1 imperial gallon (galón británico) = 4,836 quarts = 4,546 lts.
1 US barrel (barril EE.UU.) = 31,5 gallons = 119,7 lts.
1 British barrel (barril británico) = 163,65 lts.

Medidas de longitud
1 inch (pulgada) = 2,540 m
1 foot (pie) = 12 inches = 30,48 cm
1 yard (yarda) = 3 feet = 91,44 cm
1 miles (milla terrestre) = 1.76.0 yards = 1.609 m
1 milla marina = 1.853 m

Medidas de superficie
1 square inch (pulgada cuadrada) = 6,45 cm^2
1 square foot (pie cuadrado) = 114 square inches = 0,093 m^2
1 square yard (yarda cuadrada) = 9 square feet = 0,836 m^2
1 acre = 4,830 square yard = 40,468 hectáreas
1 square mile (milla cuadrada) = 640 acres = 2,59 km^2

Medidas de temperatura

Congelación del agua: 0° C = 32° Farenheit
Ebullición del agua: 100° C = 212° Fahrenheit

Medidas en desuso

Braza   = 1.83 m (6 pies)
Cable   = 185,20 m (Equivalente a la décima parte de una milla)
Vara   =   0,866 m
Legua   = 5.572 m (El hombre de campo le otorga una longitud de
          5.000 m es una medida itineraria anticuada).

DESASTRES NATURALES

Para todo tipo de desastre, usted deberá conocer sencillos procedimientos de urgencia y adoptar de antemano ciertas previsiones. Poseer conocimientos de primeros auxilios, saber nadar, tener próximo un botiquín con medicamentos, comida enlatada, un matafuego y conocer las salidas de emergencia. Establezca con su familia un punto de reunión por si llegaran a separarse. Éstas son, entre otras, algunas medidas que se deben resolver antes de una catástrofe. En una contingencia grave deberá actuarse conforme a las instrucciones que para cada caso particular sean impartidas por las autoridades. **¡Colabore con la Defensa Civil!**

Inundaciones:
1. Ud. tendrá que saber la altura que tiene el terreno que ocupa con respecto del río más próximo, a niveles normales.
2. Desconecte todos los artefactos eléctricos y corte el ingreso de energía a su casa.
3. Traslade los muebles y efectos de más valor a un nivel superior y cierre las puertas y ventanas antes de dejar su casa.
4. Si se refugia sobre el techo, junto a todo lo necesario, procure una buena reserva de agua potable. En este caso, en forma bien visible, extienda sobre el techo una sábana blanca, de modo de alertar a las patrullas de rescate aéreo.
5. Cuando se retiren las aguas, sea cauto antes de ingresar a una casa. Observe la posible presencia de ofidios y alimañas que puedan haber buscado refugio. Con idéntica precaución no toque accesorios eléctricos si no está seguro que la energía ha sido cortada, y menos aún lo haga con los pies húmedos.
6. Si se traslada en un bote, no olvide su chaleco salvavidas, y tenga una idea clara hacia qué lugar piensa trasladarse. Aléjese de fuertes correntadas, de camalotes y troncos flotantes.

7. Si maneja un automotor sobre un camino cubierto de agua, procure hacerlo a marcha lenta y con el distribuidor protegido con algún género o plástico. Según la altura del agua, puede ser necesario sacar la correa del ventilador del motor cuando se deba vadear un curso de agua. De esa forma se evitará salpicar y humedecer vitales conexiones eléctricas.

8. Si conduce sobre agua, como todo estará cubierto y no se observarán banquinas ni puentes, esté muy atento con los puntos de referencia identificables para no apartarse del centro del camino.

9. En todo momento lleve consigo una radio AM para informarse de la situación y las indicaciones que dan las autoridades. No olvide su equipo de supervivencia.

10. Extreme precauciones con alimentos y agua para beber en dudoso estado.

Si maneja un automóvil liviano, recuerde que es posible avanzar por una calle o camino, siempre que la altura del agua no supere los 40 cm. Cubra el distribuidor preferentemente con un trozo de nilon procurando hermetismo. En algunos badenes hasta es necesario quitar la correa del ventilador para evitar salpicaduras en el circuito eléctrico. Circule a marcha lenta sin soltar el acelerador; de lo contrario podría entrar agua por el caño de escape y el motor se detendría No se olvide que al estar mojadas las cintas de freno le será muy difícil aun yendo despacio detenerse antes de los próximos 10 metros.

Si desafortunadamente su automotor fuese cubierto por las aguas, podrá más tarde recuperarlo para el servicio siguiendo estos pasos:

- Reemplace el aceite del cárter incluyendo el filtro.
- Desarme el carburador, el distribuidor, el alternador y las bujías.
- Una vez secas y limpias las piezas, proceda a su armado.
- Drene el combustible del tanque cambiándolo por otro.
- Reemplace los filtros de aire y combustible.
- Si el agua penetró por los orificios de respiración del circuito de freno habrá que purgar el sistema.
- Revise la caja de cambios y el diferencial por si existe filtración de agua. De ser así cambie todo el lubricante.

– Haga revisar el instrumental de tablero y quite todo el equipo electrónico que posea (ya no le servirá más).

– Desmonte los asientos y lo que queda del tapizado para su secado natural.

Terremotos:

a. Aléjese de edificios, de toda instalación de cables de alta tensión, de vidrieras y ventanas.

b. No use ascensores; un corte de energía lo dejaría atrapado.

c. Cuando se desploma un techo aplasta todos los muebles, pero siempre queda un espacio vacío al lado de ellos que se llama "triángulo de vida" y están en todas partes. Por eso algunos autores aconsejan no colocarse debajo de las mesas y si está en la cama es preferible rodar y acostarse en el suelo justo a su lado en posición fetal.

d. Si viaja en un automotor no se baje de él; es un buen refugio. Pero si su alrededor hay edificios altos, sería mejor estar acostado al lado del vehículo, pues siempre quedará un espacio vacío junto a Ud.

e. Si para protegerse del derrumbe se sitúa abajo del marco de una puerta de una casa podría salvarse, pero si lo hace en un edificio que tiene varios pisos sobre Ud, éste al colapsar lo partiría en dos.

f. Se deben cerrar todas las conexiones de gas. En los edificios sin corriente eléctrica no se encenderán fósforos sin comprobar previamente si hay o no pérdida de gas.

g. Sea cauteloso al ingresar a un edificio después de un terremoto. Verifique su estado.

h. No propague rumores.

TIEMPO MÁXIMO DE VIDA CALCULADO PARA UNA PERSONA EN EMERGENCIA

Situación	Tiempo de vida	Ver página
Sin aire	3 minutos	————
En agua helada	4 horas o 25 minutos	181 a 183
Temperatura extrema	1 hora	134 a 135, 182 a 183
Nadando en el mar	Variable	221 a 222
Sepultado en nieve	1 a 12 horas	133
Mordido por serpiente (Argentina)	6 a 12 horas	254
Sin agua	2 a 10 días	119, 124, 234
Expuesto a radiactividad letal	7 a 30 días	————
Sin alimentos	20 a 30 días	234

Según este cuadro, una persona puede morir en el lapso indicado. Pero sin lugar a dudas, el pánico podría llevarlo a la muerte en cuestión de segundos.

BIBLIOGRAFÍA

The Survival Book (EE.UU.)

Surviving the Unexpected Wilderness Emergency (EE.UU.)

Los Polos - Colección de la Naturaleza - Life.

Survival on Land and Sea (EE.UU.)

The Complete Survival Guide (EE.UU.)

El Porqué, Cuándo, Cómo y Dónde de los Ofidios (Alejandro U. Vogt).

INDICE ALFABÉTICO

ALGO SOBRE EL AUTOR

Recorrió el país y algunas regiones Sudamericanas, llegando hasta la Antártida. A temprana edad ingresó en una Fuerza de Seguridad. Cursó diversos estudios a nivel terciario y se desempeñó en distintos cargos en su profesión. Por años vivió en zonas muy agrestes de nuestras fronteras. Incontables valles, ríos y montes lo vieron pasar. La soledad y las penurias fueron rutina dentro de una vida austera en apartados parajes, allá.....en el desierto o en la imponente Cordillera de los Andes, donde hasta es posible "escuchar" el silencio que nos lleva al recogimiento ante tanta belleza y aislamiento. Estas y otras mil vivencias más fueron del autor. Su espíritu observador y su ánimo autodidacta lo llevaron a redactar apuntes sobre supervivencia aprovechando su valiosa experiencia. En tal sentido dictó numerosos cursos a instituciones oficiales y privadas. Colaboró con prestigiosas revistas gráficas nacionales y extranjeras. Su primer trabajo escrito y debidamente registrado sobre supervivencia se remonta al año 1966, siendo sin dudas el precursor de esta materia en la Argentina.

CONSIDERACIONES FINALES

Hemos llegado al final de este libro. Cerrémoslo y meditemos unos instantes. Esta lectura es de por sí importante, pero no suficiente. La supervivencia en apartadas regiones constituye un tema muy serio y es un error creer que sin experiencia se puede sobrevivir con el solo hecho de leer estas páginas y tener optimismo. La práctica gradual y repetida en la vida de campamento es la que en definitiva dará la experiencia y enseñará lo que debe hacerse, antes de convertirse en una desagradable y continua advertencia de todo aquello que no debe realizarse.

En una adversidad de este tipo todo será realizado con sentido común y amplio espíritu de colaboración, acrecentando la solidaridad y formando un excelente equipo físico-moral que, en definitiva es la base de todo buen trabajo. Naturalmente, los distintos procedimientos a emplear en las más diversas situaciones de supervivencia que se pueden presentar, están muy relacionadas entre sí, teniendo por lo tanto aplicación, en cualquiera de ellas, las técnicas expuestas en estas páginas.

¡SUERTE...!

Walter A. Martínez
Comandante (R) GNA

No existe un manual de supervivencia único aplicable para todo el planeta